公共管理热点理论：
概要与实践

GONGGONG GUANLI REDIAN LILUN
GAIYAO YU SHIJIAN

云　展　何思长　唐江浩　冯建萍◎著

西南财经大学出版社

中国·成都

图书在版编目(CIP)数据

公共管理热点理论:概要与实践/云展等著.
成都:西南财经大学出版社,2024.10. --ISBN 978-7-5504-6423-0
Ⅰ.D035
中国国家版本馆 CIP 数据核字第 2024NX3550 号

公共管理热点理论:概要与实践

云　展　何思长　唐江浩　冯建萍　著

责任编辑:周晓琬
责任校对:肖　翀
封面设计:墨创文化
责任印制:朱曼丽

出版发行	西南财经大学出版社(四川省成都市光华村街 55 号)
网　　址	http://cbs.swufe.edu.cn
电子邮件	bookcj@swufe.edu.cn
邮政编码	610074
电　　话	028-87353785
照　　排	四川胜翔数码印务设计有限公司
印　　刷	成都国图广告印务有限公司
成品尺寸	170 mm×240 mm
印　　张	14
字　　数	243 千字
版　　次	2024 年 10 月第 1 版
印　　次	2024 年 10 月第 1 次印刷
书　　号	ISBN 978-7-5504-6423-0
定　　价	78.00 元

前言

全球化和信息化的发展催生出日益复杂的社会问题，给社会治理带来挑战，这要求公共管理理论进行持续的创新与发展——从新公共管理到新公共服务，再到多元化的治理模式探索。这些学术探索不仅响应了社会对高效、透明、责任和公众参与的公共管理新诉求，也为公共管理领域积累了许多重要的理论成果。

然而，从纵向上看，专门介绍公共管理重点理论的著作并不多，既有著作大部分是在介绍公共管理学科的发展时穿插着部分理论介绍，内容不够翔实。从横向上看，已有的著作还存在一些不足：一是在理论选取上仅局限于对"西方公共行政"经典理论的介绍，没有将近年来公共管理领域自身发展、应用的新兴理论或其他学科应用于公共管理领域的理论纳入其中；二是在内容上对理论的起源与发展、核心观点及其变化、应用情况和不足之处等多个方面没有进行比较详细的介绍。然而，基于自身的学习与研究经历，我们认识到，拥有一本专门阐述公共管理领域常见理论的书籍是至关重要且必不可少的，它既能满足众多公共管理专业学生、研究者的需求，也同样对公共管理的爱好者和实践者具有价值。

鉴于此，《公共管理热点理论：概要与实践》这本书应运而生。本书按照一定标准筛选出国内公共管理学界最常用的 20 个理论，并对其内容与实践应用情况进行详细介绍，涵盖了政策创新扩散理论、多中心治理理论、资源依赖理论、委托代理理论、多源流理论、公共选择理论等。书中不仅重点阐释了各类理论的核心概念、主要内容、发展历程及批判观点等，还通过实际应用分析，展示该理论在公共管理领域的应用情况，以及学术界如何运用有关理论解释和分析现实问题。

我们期待此书能够为广大公共管理学者、决策者和实务工作者提供系统全面、贴近实践的公共管理理论参考，助力提升我国乃至全球公共管理的研究水平和实践效能，为解决复杂的公共管理问题提供理论依据与策略指引。具体而言，本书适合公共管理专业的本科生、硕士生和博士生学习使用，也适合有兴趣进行公共管理学相关研究的读者阅读参考。此外，希望本书的出版有助于学习者了解和掌握公共管理领域的热点理论，提出更多适合中国情景的公共管理理论。

本书还具有以下优势：

首先，在新颖性方面。一是本书的理论内容具有新颖性。本书关注并系统梳理了公共管理领域的经典理论和新兴理论，以及其他学科理论近年来在公共管理领域的应用，一定程度上弥补了当前市场上此类著作对公共管理新理论介绍不足的缺陷。二是本书涉及的理论选取方式具有新颖性。本书是以相关理论在中国公共管理权威期刊上发表的文章中的使用情况作为选取依据，这就更契合公共管理热点理论的实践应用。

其次，在科学性方面。第一，本书遵循学术规范，详细追溯了每个理论的历史渊源和发展脉络，确保了内容的准确性和完整性。第二，本书引用了大量权威学者的研究成果，进行深入分析和批判性评价，为读者提供了科学严谨的知识框架。第三，本书对各理论的核心观点、适用条件、局限性以及未来发展趋势进行了阐述。

最后，在实用性方面。本书以实用性为导向，不仅详细介绍了各种相关理论，还注重理论与实践相结合，展示了这些理论在实际公共管理问题中的应用和影响。同时，通过清晰的结构设计和易于理解的语言表述，增强了本书的易读性与适用性。

本书对国内公共管理学界重要刊物《公共管理学报》所刊载的文章进行了全时间段、全范围的梳理与统计，同时进行了规范化处理，发现所有文章中所涉及的理论/视角高达上百个。其中，治理理论体系、新制度主义理论范式等大的理论内容，均引用超过了 30 次，部分理论仅出现一两次。接着，笔者对经规范化处理后的理论按照出现频次进行排序，并观察它们可能存在的共同之处。经过仔细讨论并借鉴《公共管理学》《公共管理学新编》等著作的分类方法，我们将涉及的所有理论按照"公共管理主体与组织""公共管理政策与过程""公共管理行为与关系""公共管理变革与治理""公共管理环境与资源"聚类为五个方面。最后，从每个方面选择出现频次排名前四的理论来进行详细介绍，总共选取了 20 个热点理论。这么处理是希望所选取的理论能尽可能地涉及公共管理研究的各方面，尽量涵盖经典理论、新兴理论和在公共管理领域应用的其他学科理论，避免有些重要理论由于出现时间较晚，或者所在的细分领域没那么强势，导致在出现频次上没有进入前 20，进而没有入选到我们的"热点理论"数据库中。对于这 20 个理论的处理方式是：首先，反复阅读与理解理论的出处文献；其次，阅读涉及相关理论的评述的文献；最后，详细分析理论的内容、发展及实践应用。

本书是对公共管理热点理论及其实践应用的介绍。为了方便读者更准确地理解和把握这些理论，本书在谋篇布局上充分考虑了现实需求。本书共分为五章，每章均采用了同样的结构——每章收录了四个相关理论，每个理论的介绍都分为三部分：第一部分介绍理论的起源与发展；第二部分概述理论的主要内容；第三部分说明理论的实践应用。本书各章的编写情况如下：第一章由唐江浩、冯建萍编写；第二章由唐江浩编写；第三章由冯建萍编写；第四章由云展编写；第五章由何思长编写。以下对各章内容做简要介绍。

第一章介绍了公共管理主体与组织的有关理论，具体为利益相关者理论、集体行动理论、需求层次理论和复杂适应性系统理论。

第二章介绍了公共管理政策与过程的有关理论，具体为多源流理论、间断-均衡理论、政策执行理论和政策网络理论。

第三章介绍了公共管理行为与关系的有关理论，具体为协同治理理论、社会网络理论、公共选择理论和新制度主义理论。

第四章介绍了公共管理变革与治理的有关理论，具体为制度变迁理论、多中心治理理论、新公共管理理论和政策创新扩散理论。

第五章介绍了公共管理环境与资源的有关理论，具体为资源依赖理论、社会资本理论、交易成本理论和风险社会理论。

本书在编写过程中，借鉴、引用了国内外大量学者许多有意义的研究成果，特致以最诚挚的谢意！

在本书的编写过程中，笔者们虽投入了大量的时间和精力，力求不出纰漏，但由于研究能力和水平有限，书中难免存在错误和疏漏之处，敬请学界前辈、同行和广大读者理解、批评和指正，也期待其他学科的专家学者不吝赐教。

作者

2024 年 4 月

目录

第一章　公共管理主体与组织

第一节　利益相关者理论

"利益相关者"这一概念是由斯坦福大学研究院于 1963 年首次提出。安索夫（Ansoff）最早在经济学领域使用"利益相关者"一词；1984 年美国著名学者弗里曼（Freeman）在《战略管理：利益相关者方法》一书中正式提出利益相关者理论。弗里曼（Freeman）和克拉克森（Clarkson）是利益相关者理论的奠基者，随着实践的推进和学术研究的深化，利益相关者理论经历了从最初对企业内外部关键群体的识别，到关注这些群体对企业影响的深入分析，直至他们如何参与公司治理的这一逐步发展的过程。之后，学者们又对如何实现利益相关者的利益诉求进行了研究。尤其是《战略管理：利益相关者方法》一书的出现，引发了学者们对利益相关者理论研究的高潮，并将其运用到企业实践中。

一、利益相关者理论的起源与发展

20 世纪 60 年代，在公司治理的相关研究中萌发了利益相关者理论。潘罗斯（Penrose）于 1959 年在《企业增长理论》中提出的"企业是一种资产与关系集"的概念，是利益相关者理论的基石。"利益相关者"这一概念的提出源自西方学者对传统"股东中心"治理模式的反思与怀疑，"股东中心"治理模式仅注重公司全体股东的整体利益，而忽略了其他利益相关者的利益①。安索夫最早将"利益相关者"这一概念引入经济学，主要是为了解决利益相关者之间的矛盾②。

20 世纪 70 年代和 80 年代，企业的社会责任、伦理、环保等问题，都在企业的治理过程中逐渐暴露出来。在企业治理领域中，利益相关者的议题引起了企业管理者与学术研究者们的广泛关注。随着时代的发展，这一议题在学术界的共同努力下获得了深入的研究，逐渐构建起一套较为完善的理论体系。弗里曼在《战略管理：利益相关者方法》一书中，对其进行了系统而全面的探讨，这本书又被认为是利益相关者理论的奠基之作③。经济学家和管理者们，如唐纳森（Donaldson）、克拉克森（Clarkson）、米切尔（Mitchell）、裘诺斯（Jonos）、柯林斯（Collins）、卡洛（Caroll）、布莱尔（Blair）等，都对利益相关者理论的发展作出了自己的贡献。这些研究不仅丰富了理论界对于利益相关者在公司治理中的认识，也促进了实践界对理论的广泛应用。

20 世纪 90 年代，利益相关者理论已形成较为完善的理论体系。20 世纪 90 年代中后期，利益相关者理论在我国也得到了快速发展，并在社会治理中得到了广泛的应用。随着利益相关者理论研究的不断深入和拓展，该理论引起了管理学家的关注，并被广泛应用于公共管理等领域，利益相关者理论不仅被应用于组织行为识别和分析，而且成为协调利益相关者权益的理论依据。利益相关者共同治理作为公共管理与实践创新的新兴视角，正日益受到重视，其核心理念与协同治理的概念紧密契合，强调在多元主体间达成共识基础上的平等参与和合作。这一模式聚焦于如何在共享目标指引下，不同主体通过协同行动，共同参与决策与规划过程，其特点与实践模式成为研究的重点。

---

① OLANDER S. Stakeholder impact analysis in construction project management [J]. Construction management and economics, 2007, 25 (3): 277-278.

② ANSOFF H I. The emerging paradigm of strategic behavior [J]. Strategic management journal, 1987 (6): 501-515.

③ 弗里曼. 战略管理：利益相关者方法 [M]. 王彦华，梁豪，译. 上海：上海译文出版社，2006.

二、利益相关者理论的主要内容

1. 利益相关者理论的核心理念

"利益相关者"是利益相关者理论中最重要的概念之一。弗里曼和克拉克森各自对"利益相关者"这一核心概念进行了界定与阐释,为该理论的形成与发展奠定了基础。弗里曼采用了较宽泛的定义——能够影响组织目标实现能力的,或受到组织目标影响的人①。克拉克森在界定利益相关者时采用了较为严格的表述,他强调,利益相关者应该是经营活动中进行了专门投资的人,而且只能是那些在其中投入了特定资源的人②。根据其与企业关联的紧密程度,利益相关者被划分为主要利益相关者与次要利益相关者两大类别。其中,主要利益相关者指的是那些对企业运营有着直接影响且至关重要的群体,他们的持续参与构成了企业存续发展的必要条件,缺乏这部分群体的支持,企业的持续运作将面临严峻挑战。次要利益相关者是间接影响企业运作,对公司生存不发挥根本性作用的群体。学者米切尔(Mitchell)和阿格尔(Agle)在前人研究的基础上,梳理了利益相关者理论,归纳出了27种不同的利益相关者定义,他们提出,不同的判断适用于不同的公司背景,只有对利益相关者网络进行全面的考量,才能够准确地判断出哪些是利益相关者③。基于国外的研究成果,我国学者贾华生和陈宏辉对利益和风险的关系进行了更多的研究。他们提出,利益相关者应当是那些在运营过程中投资了专用性成本的组织或者个人;其次,利益相关者还需要承担一定的风险,其利益会受到目标实现情况的影响,反过来又会对目标的达成产生影响④。

---

① 弗里曼. 战略管理:利益相关者方法 [M]. 王彦华,梁豪,译. 上海译文出版社,2006.

② BIGGS E M, DUNCAN J M A, ATKINSON P M, et al. Plenty of water, not enough strategy:How inadequate accessibility, poor governance and a volatile government can tip the balance against ensuring water security:the case of Nepal [J]. Environmental science & policy, 2013, 33:388.

③ MITCHELL R K, AGLE B R, WOOD D J. Toward a theory of stakeholder identification and salience:Defining the principle of who and what really counts [J]. Academy of management review, 1997, 22 (4):853-886.

④ 贾生华,陈宏辉. 基于利益相关者共同参与的战略性环境管理 [J]. 科学研究,2002, 20 (2):209.

学界对利益相关者的界定，从各个角度来看，已经有三十余种。这些定义大致可分为广义与狭义两类。从广义的角度看，最有代表性的是弗里曼对利益相关者的定义，他明确提出，利益相关者指的是某个个体或群体的存在与否对组织的发展进程具有影响力，这意味着他们的行为、决策或状态能够对组织的运行结果造成直接或间接的作用，并且会受组织的发展影响。但是弗里曼对利益相关者的界定过广，在实践中难以确定利益相关者的边界，这会影响调查的可操作性。从狭义的角度来看，利益相关者的界定聚焦于那些对组织有所"投入"、持有权益要求或愿意共同承担组织发展风险的个人或群体。在这个视角下，克拉克森的定义尤为具有代表性，他强调了利益相关者与组织间这种互惠互利、风险共担的关系本质，凸显出其定义的典型性与深度。他把这种"投入"看作是有价值的，可以是看得见的，也可以是看不见的，比如实物、金钱、人才等。这一定义更为明确，可以界定利益相关者的边界，缩小其范围，让研究更具可操作性。该定义侧重于各利益相关者与组织间的交互作用，较为综合。在对利益相关者的研究持续深化的同时，其内涵也得到了进一步的丰富和发展，并逐步形成了相应的理论体系。在利益相关者模型中，所有群体及他们的目标是相互联系的，任何一个群体的失败都将影响其他群体。我国学者在对此进行研究时，往往引用利益相关者的狭义定义。

在利益相关者理论中，关键是界定利益相关主体及其分类。当前学术界对于利益相关者的分类主要采纳了三种方法：其一为"一维细分法"，依据利益相关者与组织的关联紧密程度进行区分；其二为"多维细分法"，结合多项标准，对各因素综合考量进行细致划分；其三为"属性分析法"，米切尔（Mitchel）和伍德（Wood）于1997年提出[①]。属性分析法是目前被众多研究人员使用最为广泛的一种方法。与"一维细分法"和"多维细分法"相比，"属性分类法"更具动态性和可操作性。米切尔和伍德特别

---

① MITCHELL R K, AGLE B R, WOOD D J. Toward a theory of stakeholder identification and salience: Defining the principle of who and what really counts [J]. Academy of management review, 1997, 22（4）：853-886.

强调了权威性、合法性和急迫性应作为评估公司利益相关者地位的关键属性。其中，权威性指的是利益相关者对企业的影响力程度，包括其决策过程中的潜在控制力和影响范围。合法性就是他们的诉求与法律法规和伦理道德的一致性，急迫性就是他们的要求在多大程度上被重视。从权威性、合法性和急迫性这三个维度对利益相关者进行细致分类，可划分为三大类别：确定型利益相关者、预期型利益相关者及潜在型利益相关者。确定型利益相关者具备所有三项特征，是这一分类中最为核心的一组群体；预期型利益相关者则符合两项特征，显示出较为显著的相关性；而潜在型利益相关者只符合其中一个特征。此外，组织利益相关者的权威性、合法性和紧迫性都在不断变化和发展，因此利益相关者的具体类型也会相应发生变化，重要的利益相关者可以成为潜在的利益相关者，潜在的利益相关者也可以变得更重要。

利益相关者理论认为，组织实现稳定发展的最佳方式在于充分考虑并满足其核心利益相关者的期望。为实现这一目标，组织需做到以下三点：首先，辨识出各利益相关者的权重与影响力；其次，将关键利益相关者的诉求融入组织愿景与目标设定中，确保其在治理结构中占有一席之地；最后，在目标追求过程中，灵活调整组织行为与策略，以确保与关键利益相关者的期待相匹配，及时响应其需求。自 20 世纪 90 年代中期以来，学术界对利益相关者理论的关注增加，研究趋于深入。学者们从多元视角出发，不仅界定了利益相关者的内涵，还对其进行了详尽分类，进一步丰富了这一理论的内涵与实践应用。

2. 利益相关者理论的经典分析框架

尽管弗里曼和米切尔等人对此进行了深入的研究，但其对不同利益相关者的划分及主体框架仍有不足之处：一是未考虑到组织内外部环境的局限性及层级差异；二是未充分考虑企业内外部环境因素。另外，这一理论并未考虑对组织施压的主体的影响与地位差异。

（1）弗里曼的利益相关者模型

该模型认为利益相关者的管理应该包含三个层面：理性层面、程序层面和交易层面。在理性层面，主要需要回答一些理论的相关概念的含义是什么，例如，谁是组织的利益相关者？他想要通过对组织的投入得到什么？即他与组织的交换是什么？所有的利益相关者的权益优先顺序是什么？在这个层面上，有必要对这些问题做出全面的分析和评估。程序层面就是以利益相关者为中心来进行组织策略的制定，重点是对组织与各利益相关者的相互作用的看法。交易层面就是在项目立项过程中，组织和各利益相关者确定各自的权利，并在此基础上进行必要的资源投资。在这个层面上，组织与利益相关者之间需要互动沟通、双向合作，组织要切实利用自身的资源与利益相关者建立合作关系，同时利益相关者也必须尽力发挥自己的作用。

弗里曼的利益相关者模型从理论层面阐释了以利益相关者为视角的管理过程，以及在这个过程中不同阶段的各个层面。但这个管理模型并未给出各个层面具体的行动方法，例如以何种方法界定组织的利益相关者。所以严格来说，它更多体现为一种管理理念，而非一个操作性很强的管理模型。

（2）米切尔的利益相关者模型

自1963年斯坦福研究所提出的"利益相关者"概念后，米切尔与伍德（1997）对西方学者关于利益相关者的定义与表述进行了细致的梳理与归纳。他们认为，想成为组织的利益相关者，需要具备下列三个特征：第一，合法性，也就是特定的利益团体对组织有没有合法的或者道德的索取权；第二，权威性，也就是一个特定的利益群体，它有没有可能影响到公司的决策；第三，急迫性，也就是某一利益群体的诉求能否被组织管理层及时关注。

基于上述三种属性，将利益相关者分为三类：满足三种特征的确定型利益相关者，满足两种特征的预期型利益相关者，以及满足其中一种特征的潜在型利益相关者。米切尔的属性评分法为识别与评估利益相关者提供了具体的操作框架，不仅在研究方法论上实现了创新，还促进了利益相关者从被动参与到主动治理的角色转变，推动了利益相关者理论的深化与实践应用。该方法逐渐得到学术界的关注，并发展成为划分利益相关者的一种常用方式。

（3）法森的利益相关者模型

法森（2009）在此基础上，将利益相关者划分为三大类：第一类是直接利益相关者，此群体与组织的关联密切，体现在其要求的合法性及对企业的影响力，以及组织是否对该群体承担责任。第二类是间接利益相关者，也就是特定的利益团体对组织提出了一些衍生的需求，这部分人对组织有一定的影响，但组织并不必须对此负责，例如，工会与消费者协会便属于典型的间接利益相关群体。第三类是外部利益相关者，这一群体对组织的诉求合法性具有复合性特点，对企业有一定的影响，且企业对他们的责任是源自外部的强制性，例如政府机构和新闻媒介等。法森提出的利益相关者分类模型，被广泛认为是当前国际上最先进的分类方法之一，它更细致地反映了组织内部各利益相关者的特点与状况，有助于组织更好地理解各利益相关者，并据此制定出有针对性的对策。

三、利益相关者理论的实践应用

1. 利益相关者理论在实践上的应用

利益相关者理论最初起源于企业管理，经过不断发展，政府部门也会借鉴其思想和经验来进行社会治理。利益相关者理论认为企业的所有者不仅是股东，而是一个由多元利益相关者共同构建的"契约共同体"。在此框架下，除了股东还应包括雇员、供应商、债权人等利益相关者。后来，利益相关者理论被应用于德国、日本的一些企业，这些企业的进步和发展证明了利益相关者理论的有效性。利益相关者理论的应用在实践中得到不断推进与深化，经历了从初期的企业对利益相关者的初步识别，到逐步重视其对企业行为与决策的影响力，再到现今阶段，利益相关者积极参与企业共治的过程。

2. 利益相关者理论在学术上的应用

当前，利益相关者理论的研究已趋于成熟，并广泛渗透到多个学科领域中。在公共政策研究中，学者们往往运用利益相关者理论来分析利益相关者的利益诉求与博弈过程，找到其中的利益制衡点，探讨在保证社会公平的同时减少政策实施的阻力，并以此推动政策的执行优化和目标实现。在此基础上，我国学界主要运用利益相关者理论对集体土地政策①、商品房政策②和保障性住房政策③等议题展开研究。也有学者基于利益相关者视角对我国数据要素市场的构建路径与各利益相关者的反复博弈进行了研究④。赵梦瑶（2016）将利益相关者理论作为研究的理论基础，在研究的过程中系统运用文献研究法、对比分析法、案例调查法等多种研究方法，综合分析了当前我国公立大学各利益相关者在大学治理结构中的现状，并找出现实状况与利益相关者理论下大学治理结构的差距，即当前我国公立大学各利益相关者在大学治理结构中存在的问题，最后提出利益相关者理论下建构和完善我国公立大学治理结构的具体对策⑤。姚润玲（2019）以应用型本科院校为研究对象，以利益相关者理论为指导，从确定型利益相关者角度出发，建立了应用型本科院校产教融合绩效评价体系并进行了应用⑥。吕超等（2023）的研究中，从改进的利益相关者理论视角出发，针对"双高计划"院校，对其核心利益相关项目、重要利益相关事项以及主要利益相关事项等三类别的八项绩效进行了细致评估。基于此，他们构建了一套"双高计划"院校绩效评价框架体系，旨在通过层次分明的评估方法，为该类院校的绩效管理与提升提供科学指导⑦。

---

① 于洋，李艺琳，余孟璇，等. 集体土地租赁住房开发中的利益相关者及其网络分析：以北京市十八里店乡项目为例 [J]. 城市问题，2022 (11)：84-93.

② 顾红春. 基于利益相关者视角的住房政策社会影响评价 [J]. 建筑经济，2013 (10)：74-77.

③ 韩娱，李德智，李启明. 国内公共租赁住房利益相关者研究综述 [J]. 工程管理学报，2015，29 (2)：121-125.

④ 马洪超，张浩楠. 基于利益相关者视角的数据要素市场培育对策 [J]. 理论探讨，2024 (2)：149-155.

⑤ 赵梦瑶. 基于利益相关者理论的大学治理结构研究 [D]. 成都：电子科技大学，2016.

⑥ 姚润玲. 基于利益相关者理论的应用型本科院校产教融合绩效评价研究 [D]. 哈尔滨：哈尔滨工业大学，2019.

⑦ 吕超，彭俏. "双高计划"建设院校绩效评估：自评框架体系与指标构建研究：基于利益相关者理论的改进视域 [J]. 职业技术教育，2023，44 (15)：60-66.

第二节　集体行动理论

曼瑟尔·奥尔森（Mancur Olson）是集体行动理论的代表人物，也是公共选择学派的主要成员。他以公共物品理论为基础，着重对经济、社会、政治等方面的集体行为进行分析，捕捉集团内部个人理性与集体理性的冲突，提出了颠覆传统的理论观点。奥尔森在理性人假设和方法论个人主义的基础上，将个人理性作为判断准则，将个人理性和集体理性之间的冲突作为基本线索，构建了集体行动及其功能的理论框架。奥尔森提出了著名的"搭便车"行为，搭便车是集体行动困境的中心问题，集体行动的逻辑、公地悲剧和囚徒困境博弈是搭便车理论的三种经典表述。

一、集体行动理论的起源与发展

奥尔森于 20 世纪 60 年代提出了著名的集体行动理论（the theory of collective action）①，该理论的提出在学术界得到了研究者多角度的论证。奥尔森提出集体产品的非排他性激励"搭便车"行为将导致集体行动困境，他认为，有效的集体行动取决于三个前提：一是成员数量不宜过多；二是大多数成员必须承担不成比例的成本；三是在成员之间建立选择性激励机制。

在奥尔森发表《集体行动的逻辑》后不久，加勒特·哈丁（Garrett Hardin）于 1968 年在《科学》杂志上发表题为《公地悲剧》的文章。哈丁认为，很多人共用稀缺资源，会造成资源枯竭、环境恶化。他还提出，如果大家都能使用公有的草场，那么每个人都必然会因自身利益而不断扩大畜牧规模，从而造成草原的过度开采与荒废。哈丁提出，在一个相信公共资源可以被自由利用的社会中，每一个人都在寻求他们自己的最大利

---

① 奥尔森. 集体行动的逻辑 [M]. 陈郁，郭宇峰，李崇新，译. 上海：格致出版社，上海人民出版社，2014.

益，最后的后果就是大家都去追逐自身最大利益而导致毁灭。梅里尔·弗拉德（Merrill Flood）和梅尔文·德里舍（Melvin Dresher）于 1950 年提出了囚徒困境理论，艾伯特·塔克（Albert Tucker）将其作为一个模型加以细化。囚徒困境模型是假设两个嫌疑人被关在两个不同的房间中，彼此之间没有任何联系，他们同时面临着两个决定：一个是选择认罪，另一个是选择不认罪。这是一个由两个人共同做出的决策，决定着二人的命运，不管另一个人做出什么样的选择，其中一个人都会知道自己认罪是一种优势，所以，最终的结果往往是两个人都会服刑 5 年，这就是纳什均衡①。

在奥斯特罗姆看来，上述三种模型均围绕一个核心情境展开，即"搭便车"问题。当个体能无偿享受他人努力带来的公共福利时，便缺乏为公共资源贡献的动力，转而倾向于坐享其成。哈丁则从人性的视角出发，提出"搭便车"现象的普遍性，并将其视为导致公共资源耗竭，即所谓"公地悲剧"的关键因素。与此同时，弗拉德等人通过构建简明且极具说服力的博弈模型，为理解此现象提供了有力的理论支撑。奥尔森则依托于个体的经济动机分析框架，融入公共物品经济学的视角，详尽探讨了"搭便车"行为的内在生成机制，深化了解释了该现象。

二、集体行动理论的主要内容

1. 集体行动理论的核心概念

（1）"理性"和"理性人"是奥尔森理论的核心概念

"理性"概念涉及个体在追求特定目标过程中展现出的最高效率行动抉择能力，而理性行为指的是行为主体为实现明确目标所采取的一系列合乎逻辑且以目的为导向的行动。奥尔森强调，个体层面的这种理性考量是行动者决策过程中的一个核心要素。集体理性是个人理性在集体层面上的集合与体现，旨在促进共同目标及公共利益的实现，体现了个体追求与公共利益相结合的集体行为逻辑。奥尔森将分析单位扩展至个人、团体乃至

---

　　① 奥斯特罗姆. 公共事物的治理之道：集体行动制度的演进 [M]. 余逊达，陈旭东，译. 上海：上海译文出版社，2012.

国家层面，将其视作"理性人"，这些行为体的根本动力在于最大化自身的利益，这就导致了个人、集团、国家之间的矛盾。奥尔森在解决这一矛盾时，引入"共容利益"这一重要概念，通过"共容"对利益进行限制，以达到公共利益最大化的善政。

（2）集团、集体行动是奥尔森研究的基本对象

奥尔森对于集团的阐释与多元主义者的观点存在着根本性差异。多元主义者通常强调，集团的维系与发展依赖于成员间共享利益；而奥尔森则质疑此观点，特别是对公共利益作为集团存续与发展的前提提出了批判。他借助公共物品理论与理性人假设，揭示出集体物品的效用不可分割特性和消费的非排他性，导致了集团内部的"搭便车"问题，进而成为集体行动的一大障碍。在此逻辑下，理性的个体行为导向在于最大化个人利益，而非主动为集体或团体的整体利益采取行动。多元主义者倾向于将共同利益视作集团存在的根基，并自然而然地假定这是进行集体行动的充分条件。相比之下，奥尔森虽认可共同利益对于集团存续的重要性，但他明确指出，这并不足以成为触发有效集体行动的充分条件，如果没有强制或选择的奖励，仅凭共同的利益集团很难成功组织起集体行动。他的理论框架凸显了从共同利益到有效集体行动之间存在的复杂鸿沟，强调了在追求个体私利主导的现实环境中，实现集体行动的挑战与限制。

（3）奥尔森对集团的分类

现实生活中出现了越来越多的集团种类，这是科技和经济发展的产物。分工与专业化推动了集团的进一步细分，集团的日益多样化与复杂化源于专业分工与相关科技的迅速发展。奥尔森把集体行为理论分为三个层面。首先，按照集团的大小，把集团分成小型集团、大型集团，或者再加上他所暗示的中型集团。其次，根据集团内部各主体的利益冲突程度，把集团划分为排斥型集团和兼容型集团，或可称之为市场型集团和非市场型集团。然后，以公共产品的供应能力为切入点，将非市场集团区分为特权集团、中间集团和潜在集团三类。最后，从集团利益与社会公共利益的关系来看，将集团分为狭隘利益集团与共容性利益集团。

（4）奥尔森对集体行动的界定

集体行动自人类出现便有了，甚至在动物界也存在集体行动。对于任何社会而言，集体行动都是其生存与发展的重要基石。然而，不可忽视的是某些负面的集体行动可能会威胁到社会的安定与繁荣。

从远古时期开始，人类通过互助合作，与自然力量、野生动物、洪涝灾害等展开斗争，此类联合行动构成了社会生存的早期形态。及至古代，农民团体揭竿而起，直至今日，人类携手保护生态环境、维护世界和平、工人发起罢工以争取权益、利益集团寻求政策倾斜等，都是集体行动的多样展现。值得注意的是，尽管集体行动作为社会现象早已出现，但对其概念和理论的专业化研究，则是现代思想发展的产物。作为集体行动理论的集大成者的奥尔森，虽未明确界定集体行动的概念边界，但从其理论中可以概括出集体行动的三个核心特征：首先，集体行动是相对于个体行动的一种群体性活动，但仅当群体内成员基于共同利益而协同行动时，才是真正的集体行动，并非所有群体行为都是集体行为。其次，集体行动的动力源自一个既定的共同目标，该目标体现了参与者之间的利益共通性。举例来说，路人围观吵架这一群体行为虽聚集多人，却因缺乏共同目的而不构成集体行动。最后，集体行动的成功往往依赖于群体成员的同时参与，比如工人罢工、工厂停工等，均体现出同时行动对于实现集体目标的重要性。综上所述，集体行动作为社会现象的一种，既具有普遍性和多样性，又需要对其进行深入研究和准确理解。通过对其概念及理论的探讨，可以更好地把握社会运行的规律，为构建更加和谐、稳定的社会提供有益的启示。

集体行动理论源于学界对各类现实案例的深度挖掘与细致分析，这些案例涵盖了集体行动的多样形态及其动态演变过程，在此基础上，总结而成的一套旨在揭示此类行为本质与内在逻辑的综合性理论。尽管该理论在学术研究中得到广泛应用，但其概念界定不够明确，因此更多地被用作研究的理论依托或分析视角，鉴于此，集体行动理论可被区分并理解为两个维度：狭义解读与广义诠释。狭义上，集体行动理论特指奥尔森的理性选择理论，这是因为奥尔森的研究可以称之为集体行动研究的起点，对后续理论构建起到了开创性作用，其影响力深远、体系完备、结构清晰，易于学者深入探究并在此基础上辨析理论的局限之处，通过批判性继承推动理论的生成与发展。广义上，集体行动理论涵盖了自20世纪60年代以来，众多学者在研究各类集体行动现象时所采用的一系列理论框架，旨在概括集体行动的发生、演化与衰退规律。这一范畴超越了任何单一理论框架的局限，融合了多种理论视角和范式。根据不同的理论聚焦点，可进一步细分为若干子领域，包括但不限于理性取向的集体行动理论、侧重于结构分析的集体行动理论，以及关注文化影响的文化集体行动理论等。

2. 集体行动的困境

"搭便车"（free rider）现象被普遍视为集体行动困境的中心问题，不少学者将奥尔森的集体行动理论等同于搭便车理论。实际上，搭便车与集体行动的困境从不同维度描述了同一社会现象。具体而言，当涉及公共物品的供应时，个体基于理性的自利行为不可避免地导向了搭便车问题的产生。简而言之，个体理性行为与公共物品的结合，直接催生了搭便车行为。

"搭便车"现象描述了一种情形，即个别成员无须承担任何成本即可享受与成本承担者同等的益处。在现实生活的很多场景中普遍存在这一现象，以化肥厂污染为例，当化肥厂的排放污染了周边居民的生活环境时，居民们通常需要团结起来，与化肥厂进行谈判、抗议，并争取合理的健康赔偿。然而，部分居民发现，即便不参与协商或示威活动，也能自动享有群体中其他人努力争取到的补偿，于是选择了"搭便车"。这种广泛存在的心态，往往削弱了集体行动的凝聚力，使得针对化肥厂污染的有效抵制难以形成，居民的健康持续受损。"搭便车"被视为集体行动的一大障碍，正如俗语"三个和尚没水喝"所形象描绘的那样，集体因个体的"搭便车"行为而失败。

古希腊公共选择学派的代表人物唐斯，从公共物品的本质特性出发，分析了"搭便车"现象的广泛存在及其引致的严重后果。他认为公共物品具有不可分割的利益特性，即只要这类物品存在，任何人都能从中受益，无论其是否为此付出投入，也无论有多少人同时受益。以国防为例，国防的益处惠及全体公民，即便只有一位公民支付了国防费用，其他所有人也能因此受益。随着公民数量的增加，每个人都认为即使自己拒绝为这种不可分割的利益付费，也能从他人的支付中获得好处。这种心理在自由市场中尤为普遍，但在自由市场机制下，都抱着这样的侥幸心理，结果便是无人愿意承担费用，最终导致了公共利益的缺失。唐斯的理论，对奥尔森的集体行动理论构建产生了重要的影响。

集体行动困境与囚徒困境之间尽管在某些情境下看似相似，实际上存在着一定的差别，这一观点在奥尔森的论述中得到了明确体现。他多次强调不应该简单借用囚徒困境模型来解释集体行动的复杂性，他指出囚徒困境常被误用于解读集体行动中的挑战，尤其在小集团中，这种应用更为不当。奥尔森认为，虽然囚徒困境模型或许能在一定程度上说明大集团集体行动中的某些难题，但它未能深刻触及大集团无法实现集体利益的根本原因，即个体从集体利益中获得的份额微乎其微，以至于即便有人贡献出公共物品，也无法阻止他人无偿受益。

集体行动逻辑与囚徒困境间的主要差异可归纳为以下三个方面：

①动机差异。在集体行动困境中，个体倾向于"搭便车"是因为公共物品消费的非排他性，即个人能够无成本地享受他人努力带来的成果。相比之下，囚徒困境中个体选择"背叛"（如坦白罪行），是基于外部成本转嫁的心理，意图使个人的代价由他人承担。两者虽都涉及"搭便车"行为，但背后的动因有所区别。

②效应对比。在集体行动逻辑中，新增的搭便车者并不会减少其他成员的收益，即"搭便车"行为在这一情境下对既有贡献者的直接影响较小。而在囚徒困境中，若一方选择合作（如保持沉默），而另一方选择背叛，则前者会面临更不利的后果。集体行动的困境与囚徒困境两者在对其他个体影响上不同。

③信息角色。集体行动逻辑下的决策过程，相对不受外界信息变化的

影响，无论知道他人是否付出，个体都可能选择不付出。相反，在囚徒困境中，信息扮演着至关重要的角色，充分的信息交流和透明度能够促使双方达成合作，从而规避不利结果，实现帕累托最优解。这表明，信息的可获得性对两种情境下的决策模式有着截然不同的影响。

三、集体行动理论的实践应用

奥尔森的集体行动理论自提出以来，便成为跨学科研究的热点，广泛吸引了经济学、政治学、管理学及哲学等领域学者的深入探讨与分析。在这些探索中，经济学界最先进入该理论的研究领域。值得一提的是，中国社会科学院世界经济与政治研究所的张宇燕研究员是国内首位系统介绍并深入研究奥尔森理论的学者，通过其开创性的研究为后续研究者奠定了坚实的基础。在其 1992 年的文章《个人理性与制度悖论》中，从制度悖论的视角深入探究了集体行动的逻辑内涵，揭示了一个核心议题：即个体在既定制度框架内遵循理性原则做出最优选择，这些个体行为的总和却未必能达成制度设计的预期理性目标，导致实际结果与理想制度应产生的效果相左[①]。此观点引发了政治科学领域的广泛关注与后续研究。紧随其后，韩向民在 1999 年发表的《奥尔森的国家兴衰理论及其现实性》一文中，进一步阐述了奥尔森理论在将利益结构识别为驱动国家兴衰的关键性基础要素的观点[②]。韩向民认为，奥尔森的这一理论贡献尤为深刻，因为它不仅仅停留在表面现象的描述，而是深入分析了影响国家命运深层机制的一个核心维度。

雷鸣和杜金泽（2023）揭示了集体行动的诸种可能性及其前提条件，奥尔森的集体行动的困境仅仅是其中的一个特例，其他可能性同样符合经验事实和经济学直觉[③]。除经济学与政治学之外，奥尔森的集体行动理论

---

① 张宇燕. 个人理性与"制度悖论"：对国家兴衰的尝试性探索 [J]. 经济研究，1993（4）：74-80.

② 韩向民，赵斌. 奥尔森的国家兴衰理论及其现实性 [J]. 文史哲，1999（5）：4.

③ 雷鸣，杜金泽，邓宏图. 奥尔森集体行动理论的偏误及其超越：兼论"支部建在连上"的实践 [J]. 开放时代，2023（1）：153-170，8.

还广泛吸引了哲学、法学、社会学及管理学等多个学科研究者的浓厚兴趣与深入探索，显示了其跨学科的深远影响力。集体行动理论在农业、城市治理、教育等领域具有广泛的应用。

集体行动理论在农业领域的应用，主要集中于对农民合作社的研究。如韩钰和白洁（2020）基于集体行动理论视角，研究了联合授信机制问题。他们认为，联合授信机制能够降低农民合作社的融资成本，提高其融资效率①。同样，任笔墨等人（2020）也运用集体行动理论，探讨了农民合作社的益贫机理与益贫效果提升路径。他们发现，通过加强组织建设、优化利益分配机制等措施，可以提升农民合作社的益贫效果②。在农产品质量安全控制方面，集体行动理论也发挥了重要作用。如刘刚和张晓林（2016）基于集体行动理论的视角，研究了农民合作社的规模、治理机制与农产品质量安全控制。他们认为，农民合作社通过优化治理机制，可以提高农产品质量安全水平③。此外，田永胜（2018）也运用集体行动理论，探讨了合作社供给安全食品的机制。在城市治理领域，集体行动理论被用于研究城市更新困境与治理路径④。如胡航军等人（2022）基于集体行动理论，分析了城市更新困境的成因，并提出了相应的治理路径。他们认为，通过加强政策引导、优化资源配置等措施，可以摆脱城市更新困境⑤。另外，锁利铭等人（2023）也运用集体行动理论，研究了府际效能协作的制度性集体行动。他们以长三角机关事务管理为例，探讨了府际效能协作的优化策略⑥。在生态协同保护领域，集体行动理论同样具有重要的应用

---

① 韩钰，白洁. 联合授信机制问题研究：基于集体行动理论视角 [J]. 金融理论与实践，2020（6）：73-78.

② 任笔墨，任晓冬，熊康宁. 集体行动理论视角下农民合作社益贫机理与益贫效果提升路径 [J]. 农村经济，2020（5）：42-49.

③ 刘刚，张晓林. 农民合作社的规模、治理机制与农产品质量安全控制：基于集体行动理论的视角 [J]. 农业现代化研究，2016，37（5）：926-931.

④ 田永胜. 合作社何以供给安全食品：基于集体行动理论的视角 [J]. 中国农业大学学报（社会科学版），2018，35（4）：117-126.

⑤ 胡航军，张京祥. 基于集体行动理论的城市更新困境解析与治理路径 [J]. 城市发展研究，2022，29（10）：22-30.

⑥ 锁利铭，阚艳秋. 府际效能协作的制度性集体行动：理论、经验与优化：以长三角机关事务管理为例 [J]. 南京社会科学，2023（6）：62-72.

价值。如司林波和张盼（2022）基于制度性集体行动理论，研究了黄河流域生态协同保护的现实困境与治理策略。他们认为，通过构建多元化的协同治理机制，可以实现黄河流域生态的保护①。此外，蔡岚（2019）也运用集体行动理论，探讨了粤港澳大湾区大气污染联动治理机制②。

集体行动理论在教育领域的应用，主要聚焦于城乡教师学习共同体构建的研究。如韦恩远（2023）基于集体行动理论的视角，分析了乡村振兴背景下城乡教师学习共同体构建的困境与策略。他认为，通过加强政策支持、优化资源配置等措施，可以促进城乡教师学习共同体的建设③。在版权保护领域，集体行动理论也有所应用。如王亮（2017）基于集体行动理论的视角，研究了新闻出版业版权保护的困境与对策。他提出，通过加强法律法规建设、优化版权利益分配机制等措施，可以提高版权保护效果④。集体行动理论在农业、城市治理、教育、版权保护等领域具有广泛的应用。

第三节　需求层次理论

社会心理学家亚伯拉罕·马斯洛（Abraham Maslow），1943 年在他的社会心理学领域的经典之作《人类动机理论》中提出了著名的"需求层次理论"⑤。这一理论将人类的需求层次化，从基本的生理需求引申到更高级的自我实现需求，揭示了人类行为背后的内在动机。理论将人类需求比作

---

① 司林波，张盼. 黄河流域生态协同保护的现实困境与治理策略：基于制度性集体行动理论 [J]. 青海社会科学，2022（1）：29-40.

② 蔡岚. 粤港澳大湾区大气污染联动治理机制研究：制度性集体行动理论的视域 [J]. 学术研究，2019（1）：56-63，177-178.

③ 韦恩远. 乡村振兴背景下城乡教师学习共同体构建的困境与策略：基于集体行动理论的视角 [J]. 教育理论与实践，2023，43（1）：59-64.

④ 王亮. 新闻出版业版权保护的困境与对策：基于集体行动理论的视角 [J]. 中国出版，2017（7）：49-52.

⑤ MASLOW A H. A dynamic theory of human motivation [J]. Psychological review, 1943（50）：370-396.

一座金字塔，从底层到顶层逐层递进，构成了人类内心世界的复杂系统。马斯洛最初将人类的需要分为：生理需要、安全需要、社交需要、尊重需要和自我实现需要五个层次。前三个属于低层次需求，后两个属于高层次需求；差异在于前者可通过外部条件满足，而后者需要内部因素满足，且需求是无止境的。一旦低层次需求得到满足，激励作用会降低，而高层次需求则会成为推动行为的主要原因①。1954年，他又在此基础上增加了求知需要和求美需要，但最广泛认可、研究最多的是他初次提出的五个层次需要。虽然后来的研究对这一理论进行了批评和修正，但马斯洛的需求层次理论仍然是理解人类行为和动机的重要框架之一，对心理学和管理学的发展产生了深远的影响。

一、需求层次理论起源与发展

1. 需求层次理论起源时代背景

在马斯洛时代的历史背景中，特别是1941年12月7日的珍珠港事件，也就是战争对马斯洛人本主义理论的影响最为深远。两次大规模的战争对人类文明构成了巨大挑战，引发了对人性是否会被毁灭的质疑。然而，马斯洛持有与存在主义者相似的乐观态度，认为战争并不意味着人性的毁灭。在战争期间，他致力于研究人性潜能，倡导"和平餐桌心理学"，并努力探索正善如何战胜伪恶的理论和实践途径。与此同时，第二次世界大战（以下简称"二战"）期间，关注人类命运的思想家开始将焦点转向科技研究的初衷和价值取向。一段引述强调了将科技进步交付于善良之人的重要性，这表明马斯洛对科学发展的深刻关注，也为马斯洛人本主义理论的出现铺平了道路。

二战后的美国经济迅速蓬勃发展，从1945年的3 552亿美元增长到1960年的4 877亿美元②。这一经济繁荣催生了对人本化管理的需求，引发了对人的本质和价值实现等理念的高度重视，也让马斯洛人本主义理论

---

① 王文璐. 马斯洛需求层次理论及新生代应用分析 [J]. 互联网经济, 2019 (12)：84-89.
② 彭运石. 走向生命的巅峰 [M]. 武汉：湖北教育出版社, 1999.

获益颇丰，尽管其发展受限于美国经济状况。同时，尽管马斯洛出生在犹太家庭，但他选择摒弃犹太宗教，转向信仰科学实证。这一行为或许有违常规，但反映了他独特的个性和价值观。此外，马斯洛的家庭重视教育，尽管并非文化人，但这种重视教育的观念对他的学习习惯和理论发展产生了深远影响，为他的人本主义理论的形成和发展提供了基础，同时也丰富了犹太族的文化①。

2. 个人经历之于需求层次理论

"每一个国家和民族的文明都扎根本民族的土壤之中，都有自己的本色，长处、优点。"② 马斯洛人本主义理论在发展历程中，并非凭空产生的，而是像他同时代的思想家及其理论一样，是根植于马斯洛个人经历之中的。研究论文通过考察与马斯洛交往密切的思想家，从多个角度分析并整理出了有效的依据。在爱德华·霍夫曼（Edward Hoffman）的专著《马斯洛传——做人的权利》中③，概括了马斯洛的童年经历并引述了他本人的话。马斯洛父亲的观念认为教育能够使长子在犹太人文化中表现出优越性④，这一点从马斯洛家庭背景的普通性中得到了印证。马斯洛热爱学术，将理性作为改造世界的工具，并以幽默的方式回忆起自己的思想轨迹。尽管他的家庭并不和睦，但这种困惑状态却长期驱使他在图书馆中游荡，探索人生和宇宙的奥秘。与常人不同的是，马斯洛具有对知识的渴求和写日记的习惯，这些早年经历不仅预示了他日后的学术方向，也培养了他严谨而亲切的思想家气质，为人本主义理论的开创铺平了道路。

1930 年，威斯康星大学的哈利·哈洛（Harry F. Harlow）组织了一项名为《从猿猴到猩猩灵长目动物的延时反应测试》的研究计划，这个计划将马斯洛引入了实证主义研究的领域。尽管马斯洛在童年时期饱受宗教的困扰，但他却倾心于科学的理性和实证精神。1928 年，他进入威斯康星大

---

① 霍夫曼. 马斯洛传：人的权利的沉思 [M]. 许金声，译. 北京：中国人民大学出版社，2014.

② 人民日报评论部. 习近平讲故事 [M]. 北京：人民出版社，2017.

③ 霍夫曼. 做人的权利：马斯洛传 [M]. 许金声，译. 北京：改革出版社，1998.

④ 霍夫曼. 马斯洛传：人的权利的沉思 [M]. 许金声，译. 北京：中国人民大学出版社，2014.

学求学，这标志着他智慧之门的开启。在威斯康星大学，他有幸参与了哈洛主持的课题研究，与猴子建立了深厚的关系。这段求学经历不仅培养了马斯洛科学的求真精神和感性的人文关怀，也预示了他与以理性为主调的行为主义理论体系的不完全契合。作为优秀而勤奋的思想家，马斯洛致力于创造一种新的理论，以服务于社会中健全的大多数人，促进整体而全面的人类进步。

马斯洛通过对印第安人的实地考察，从他们的行为中总结出了人性的亮点，包括热情、慷慨、友爱以及高度的安全感。通过整理分析和总结，他得出了人本主义理论中自我实现需要和高峰体验学说的实证依据。在马斯洛的生活中，有几位老师对他产生了深远的影响，其中有两位最为重要。第一位是人类学家露丝·本尼迪克特，第二位是格塔式的奠基人韦特海默。《菊与刀》是由本尼迪克特这位伟大的女性作者通过对日本人的实地考察研究而创作出的文学巨作，是她经过长达两年的深入实地而成的呕心力作。这部作品反映了本尼迪克特具有许多优秀品格。韦特海默是马斯洛人本主义理论中自我实现的对象化，他具有无数与马斯洛相似的思想家品质。具体而言，他在教学时非常认真、全方位投入，充满着激情与幽默情怀，并且爱憎分明，坚持不懈地培养他的学生的创造思维。马斯洛坦言："我并没有将对自我实现的探索视为正式的研究，一开始也没有像对待正式研究那样着手。那只不过是一个年轻的知识分子为理解两位他所爱戴、尊敬的老师所做的努力，他们真是非常非常美好的人。我不能仅仅满足于崇敬他们，而应该努力理解他们，弄清楚他们与世界上的其他人为什么如此不同。"从马斯洛的描述中可见，个体的创造潜能并非凭空产生，而是通过学习那些"优秀的、完美的成功人士"身上所具备的特质而得到的。

二、需求层次理论的主要内容

马斯洛最初将人的需要分为五种，即生理需要、安全需要、社交需要、尊重需要和自我实现需要，并认为它们呈现层级关系。这些需要按照生理、安全、社交、尊重和自我实现的顺序逐渐发展，某一级别的需要会在特定时间主导个体行为，称为优势需要。低层需要不会因高层需要的出现而消失，只是对行为的影响减弱。并非所有需要都容易得到满足，随着需要层次提高，满足的比率逐渐降低。根据马斯洛的统计，现代社会中，生理需要的满足率最高，为 85%；其次是安全需要（70%）、社交需要（50%）、尊重需要（40%）和自我实现需要（10%）。个体的需要随着年龄和地位的变化而动态发展，例如，婴幼期主要关注生理需要，随着年龄增长、地位提高和收入增加，更高级的需要变得更加重要。马斯洛认为，人的需要是先天的，但实现程度取决于后天的环境。在经济不发达的社会，生理和安全需要占主导地位，而在发达社会，人们更追求高级需要的满足。

1. 生理需要是需求层次的起点

生理需要是人类最基本的需求，是维持生存所必需的。它包括了各方面的要求，如呼吸、水、食物、睡眠、穿衣、性、生理平衡等。如果这些需要得不到满足，个体的基本生存就会受到威胁，个体的生理机能也就无法正常运转。因此，生理需要是推动人们行动的最强大的动力之一。

马斯洛的需求层次理论与其他思想家的需求观存在一些不同之处。彭运石是国内研究马斯洛人本主义理论的著名学者，他认为在马斯洛看来，生活的意义包括吃、自由、爱、公众感情和哲学。在正常运转的和平社会中，处于危机状态的极度饥饿是罕见的[①]。以下例子很好地印证了马斯洛的论断，尤其是关于需求的独创性思想。空气中的氧气是我们人体细胞生存的必要元素，缺少氧气生命体征将全无。为了维持生命必须摄入食物，其中的热量和营养对人体是必需的。只有摄入足够的食物，人体才能有序进行良性运转，否则容易出现营养不良或走向自我摧毁。对空气和食物的需求等生理需要关乎人的生存或死亡的问题，因此马斯洛将其作为需求层次的起点。

---

① 彭运石. 走向生命的巅峰 [M]. 武汉：湖北教育出版社，1999.

2. 安全需要是需求层次理论的独特点

当谈及安全需要时，我们不仅仅指的是人们对身体安全和财产安全的需求，还包括了更广泛的方面。这一需要涉及个体对工作职务的保障，以及避免受到职业病侵袭的渴望。人们也希望摆脱失业和丧失财产的威胁，因为这些都会对他们的生活造成负面影响。在社会关系中，安全需要也包括了家庭安全。人们渴望在家庭中获得安全感，这意味着在一个温馨和睦的家庭环境中，他们可以得到支持和保护。除此之外，健康保障也是安全需要的一部分。人们希望能够获得必要的医疗保障，以确保他们的健康状况良好，并且可以及时得到治疗和关怀。心理安全感也是安全需要的重要组成部分。除了身体和物质方面的安全之外，人们还渴望获得社会认可和尊重，以及在社会中有归属感和被接纳的感觉。这种心理安全感可以促使人们更加自信地面对生活中的挑战，因为他们知道自己有一个支持和理解自己的社会群体。因此，安全需要并不仅仅局限于物质层面，它涵盖了个体在各个方面都希望获得的安全和保障，从身体到心理，从个人到社会。

马斯洛的观点强调了安全需要在成年人身上的普遍满足，这一点常常通过观察儿童或神经症患者得到验证。这意味着个人会在保障自身身体和心理健康方面投入一定的资源和精力，例如参加社会保险或采取防卫性的心理策略来适应陌生环境。国家层面上，安全需要常常被置于至关重要的位置，在国家宪法中，关于国家安全和国家机密的条款通常排在最前面，强调它们的神圣不可侵犯性。在一些情况下，安全需要被视为需求层次理论中的基本需求，尤其是在战乱年代，人们或国家将安全看作首要问题。在如今的科技和政治领域，针对核武器和恐怖主义等问题的反对行动，通常都以满足安全需要为出发点和目标，这展现了安全需要的普遍性和紧迫性。

3. 社交需要以及尊重需要是需求层次理论的重点

社交需要是人类生活中至关重要的一部分，涵盖了两个关键方面。首先是友爱的需要，这意味着每个人都渴望与他人建立良好的关系，无论是朋友、同事还是伴侣之间，人们都希望能够保持友谊、忠诚和相互尊重，同时也渴望去爱别人，期待着被他人所爱。其次是归属的需要，这表示每个人都渴望成为某个群体的一部分，希望能够融入并得到群体的认同和关怀。这种归属感可以让人感到安全和满足，同时也能够激发人们之间的相互关心和支持。社交需要的满足程度比起生理需要来说更为复杂，它受到个体的生理特征、个人经历、教育背景以及宗教信仰等多种因素的影响。在这个层次的需求中，包括了友情、亲情、爱情以及性亲密等各种形式的人际关系，它们共同构成了人类情感生活中的重要组成部分。

尊重的需要是人类心理发展中的重要一环，通常可以分为内部尊重和外部尊重两个方面。内部尊重意味着个体希望在各种情境下展现自己的实力、能力、自信和独立性，这种内在的尊重也就是自尊。而外部尊重则表明个体渴望在社会中获得地位、尊重和信任，希望得到他人的肯定、信赖和高度评价。马斯洛认为，当尊重的需求得到满足时，个体会对自身充满信心，对社会充满热情，感受到自己在这个世界上的存在意义和价值。满足尊重的需要不仅有助于个体建立健康的自我形象和自尊心，也促进了社会的和谐发展和人际关系的良性互动。

马斯洛的人本主义理论深刻探讨了个人在社会与团体中获得认同的渴望，以及与同事之间建立良好人际关系的重要性[1]。他认为，如果个体无法在组织中得到接纳与认可，就可能产生自我意识的分裂感。研究对象主要是健康的个体，在生理和安全需求得到满足后，他们更倾向于积极参与社会活动或与他人互动。个体渴望在团体中获得关注和认可，希望他人能够认可其能力或成就，并给予高度的评价。随着各国相应的法律法规和福利制度的建立，人们的生理需求和安全需求得到了保障，因此，归属感和爱的需要成为人们关注的焦点，也是需求层次理论中的重要研究内容。这一理论不仅有助于理解个体的内在动机，也为社会政策的制定提供了重要参考。

4. 自我实现的需要是需求层次理论的目标

自我实现的需要是人类需求层次理论中最高层次的需要，代表着个体

---

① 彭运石. 走向生命的巅峰 [M]. 武汉：湖北教育出版社，1999.

追求实现个人理想和抱负的渴望，以及将个人的能力和价值发挥到最大程度的愿望。这一层次的需要体现了个体追求自我发展和成长的内在动力，以及实现与自身潜力相称的各项事业的渴望。简言之，人们需要从事与自身能力相匹配的工作，才能感受到最深层的满足和快乐。马斯洛指出，实现自我实现的方式因人而异，因为每个人的理想和目标都不同。自我实现的需要驱使着个体努力发掘自己的潜力，不断成长和进步，逐渐变成他们所期望成为的人。这种自我实现的过程是一个持续不断的追求，个体通过实现自我潜能和追求个人目标，从而获得更高层次的成就感和满足感。

马斯洛将自我实现的需要描述为个体对于发挥和完善自我潜能的渴望，是一种让个人实现其潜力的倾向[①]。个体的经历从儿童时期到老年阶段的时间和空间变化，需要持续地学习和获取综合性知识。每一次个体获得实际成果，都代表着一次自我实现的境界。马斯洛认为，人类与其他物种的主要区别在于人类的"似本能"。这种本能具有先天的规定性，不需要经过艰苦的后天学习就能够获得。个体的似本能与本能对个人行为产生深远影响，而似本能的实现需要个体长期投入艰苦的努力。

将自我实现设定为需求层次理论的目标，与马斯洛人本主义理论追求人性完满境界的目标相呼应。马斯洛认为，当基本需求得到充分满足时，个体才能达到丰满的人性境界。他的人本主义理论以研究人的动机为核心，通过考察动机的形式和内容推断人类的本质，从而开启了整个马斯洛人本主义理论的动力机制。通过分析马斯洛人本主义理论的相关文献，可以得出两点关于需求层次理论与人本主义的关系。第一，自我实现的需要是人类本质的产物，体现了个体对于发展和完善自身潜能的内在渴望。第二，需求层次理论中越高层次的需要与最底层的需要关系越远，一旦高层需要得到充分满足，个体的价值观也会发生质的改变。

---

① 霍夫曼. 马斯洛传：人的权利的沉思 [M]. 许金声，译. 北京：中国人民大学出版社，2014.

三、需求层次理论的实践应用

1. 需求层次理论的现实场景的应用

在实际运用的过程中，社会工作者可以借助马斯洛需求层次理论的框架对案主的基本情况进行梳理，了解案主当前需求，以便调动和申请最适合的资源帮助解决案主的问题，减少资源浪费的同时有效率地解决了案主需求。例如，在人力资源管理中，需求层次理论被广泛应用于员工招聘、激励和绩效管理。管理者可以根据员工的不同需求层次，设计激励机制、提供培训机会，以及提供职业发展路径，以满足员工的各种需求，从而提高员工的工作满意度和绩效。在组织行为学领域，需求层次理论被用来研究员工的动机和行为。研究者可以通过调查员工的需求层次，了解员工的动机和满意度水平，进而提出改进组织管理和人力资源政策的建议。在教育和培训领域，需求层次理论被用来指导教学和培训设计。教育者可以根据学生或员工的不同需求层次，设计不同类型的教学活动和培训课程，以满足他们的学习需求，并提高他们的学习动机和成就感。

2. 需求层次理论的学术研究上的应用

在公共服务提供方面，政府部门可以根据需求层次理论分析社会公众的需求，并制定相应的公共服务政策和项目。针对基本的生活需求，政府可以提供基础设施建设、医疗保健服务、教育资源等；对于更高级的社会需求，政府可以提供文化活动、社区服务、环境保护等。例如龚金保[①]认为，实现公共服务均等化是缩小城乡差距、地区差距和贫富悬殊的重要手段和措施。然而，受现行财政体制和经济发展程度的制约，公共服务均等化暂时还不能在各个领域全面推行。因此，需要逐级、逐步实现，即实现是有顺序的。从需求层次角度来探析公共服务均等化的实现顺序，能够充分体现关注民生、改善民生和以人为本的服务型政府理念。王建云[②]根据

---

① 龚金保. 需求层次理论与公共服务均等化的实现顺序 [J]. 财政研究, 2007 (10): 33-35.

② 王建云, 钟仁耀. 基于年龄分类的社区居家养老服务需求层次及供给优先序研究: 以上海市 J 街道为例 [J]. 东北大学学报 (社会科学版), 2019, 21 (6): 607-615.

调查发现，各年龄组老年人对社区基本公共服务需求大于社区为老服务需求，高龄老年人对特定服务的需求也存在差异。因此，建议构建自下而上的社区居家养老服务供给决策模式。可以根据年龄测算老年人需求层次，为老年人提供个性化的社区居家养老服务，尤其是助餐服务、助急服务和紧急救助服务等。这样的服务模式可以缓解社区居家养老服务供需矛盾，提高老年人的满意度和获得感。

在公共治理和参与方面，我国正在大力推进的精细化治理以民众需求为导向，反映了关注民众利益诉求的治理理念。政府在进行公共治理和决策时，可以考虑不同群体的需求层次，提高政策的民意支持度和社会参与度。通过广泛听取社会各界的意见和建议，政府可以更好地满足民众的需求，提升政府的治理效果和公信力。张驰和刘太刚[①]认为，与传统城市治理理念中自上而下的方式相比，精细化治理更注重对个体需求的关注和回应。改进的方法包括通过对城市居民需求的收集与整合，将其转化为长期存在的结构性问题，并运用需求溢出理论的分析框架进行需求层次界定。在居民需求层次的视角下，可以通过对人道需求的保障来构建城市治理中的社会保障体系，通过对适度需求的选择来形成城市个性化、多元化的发展方向，以及通过对具有消极影响的奢侈需求的抑制来塑造良好的社会风气。这种自下而上、以问题为导向的城市治理模式，有助于为精细化治理提供政策制定方向。

在政策制定和评估方面，政府制定政策时，可以考虑不同社会群体的需求层次，制定具有针对性的政策措施。同时，在政策实施后，政府可以通过调查和评估，了解政策对不同需求层次的满足程度，进一步完善政策和提高政策效果。钱力和倪修凤[②]以马斯洛需求层次理论为视角，结合大别山片区微观调研数据，通过理论分析与数理推导，构建了结构方程模型，对贫困人口扶贫政策获得感进行了综合评价与提升路径研究。研究结

① 张驰，刘太刚. 居民需求层次下的分层治理：城市治理的新视角 [J]. 城市发展研究，2020，27（11）：73-79.

② 钱力，倪修凤. 贫困人口扶贫政策获得感评价与提升路径研究：以马斯洛需求层次理论为视角 [J]. 人文地理，2020，35（6）：106-114.

果显示，贫困人口的物质需求、安全需求、社交需求、公平需求和能力需求在一定程度上得到满足后，能对其扶贫政策获得感产生正向促进作用。特别是位于需求层次高低两端的物质需求与能力需求的正向促进作用最为显著。各维度的正向促进作用在不同脱贫状态群体中存在较大差异，能力需求对于已脱贫群体获得感提升的影响更为显著。总体而言，大别山片区的贫困人口对扶贫政策的获得感较高，各维度上的指数得分差异性较小，但不同地区之间仍存在一定差距。基于研究结果，该文提出了一些贫困人口扶贫政策获得感提升的路径建议。

实务过程中社会工作者也要注意分清案主当前需要的和案主想要的需求，社工可以利用自己的专业调动资源，使政策发挥应有的作用，但不能为了达到"帮助"的目的而做出过多的承诺。但马斯洛需求层次理论也存在一定的局限性。首先，人的需求并非单一的，而是多层次、多属性的，并不能通过简单的贴标签的方式对案主的需求进行完全分类；其次，需求的归类具有一定的重叠倾向，这也是分类行为的一个弊端；最后，"需要"的满足无法进行准确的量化，服务效果无法直观体现。

总体来看，马斯洛需求层次理论对于社会工作实务仍有一定的启发意义，通过对案主所处环境和基本情况的分析，需求层次理论在公共管理领域的应用可以帮助政府更好地了解社会需求、制定政策、提高服务水平，促进社会和谐稳定和持续发展。理论与实践相结合，并在实践过程中不断检验和完善，社会工作也在这个过程中不断发展。

第四节　复杂适应性系统理论

复杂适应系统理论（complex adaptive system，CAS）是一种描述自然和人工系统的理论，强调系统内部组成部分之间的相互作用和反馈，以及系统如何在外部环境的影响下进行适应和演化。理论探讨了由许多相互作用、自我调节且能够在环境中演化的组成部分构成的系统。这些系统具有自我适应性和自组织性，其整体行为常常超出单个组成部分的简单累加，并且受到外部环境的影响。其研究深度不限于对客观事物的描述，而是更着重于揭示客观事物构成的原因及其演化的历程。复杂适应系统理论被广泛应用于生物学、社会科学、经济学、计算机科学等领域，用于研究和描述各种复杂系统的行为和特性。

一、复杂适应性系统理论的起源与发展

复杂适应系统理论（CAS）的起源可以追溯到 20 世纪初期的系统论和复杂性研究，但其现代形式的发展可以追溯到 20 世纪后半叶以及 21 世纪初。20 世纪初期至 20 世纪中期，复杂适应系统理论的雏形可以在早期的系统论和控制论中找到，这些理论关注系统内部部分之间的相互作用以及系统如何对外部输入做出反应。诸如诺伯特·维纳[①]（Norbert Wiener）和罗斯·阿什比（Ross Ashby）[②] 等人的工作对 CAS 理论的发展产生了影响。20 世纪后半叶，因计算机科学和复杂性研究的崛起，学者开始利用计算模型来研究复杂系统。约翰·康威（John Conway）的生命游戏（Game of Life）是一个经典的例子，它展示了简单规则下复杂行为的产生[③]。此外，斯蒂芬·沃尔夫勒姆（Stephen Wolfram）的《新科学》也对复杂系统的研究产生了重大影响[④]。

20 世纪末至 21 世纪初，随着网络科学和复杂网络研究的兴起，人们开始研究网络结构下的复杂系统行为。这导致了对小世界网络、无标度网络等网络模型的提出和研究，这些模型为理解复杂系统的结构和动态提供了新的视角。一般认为是美国霍兰（John Holland）教授于 1994 年在专门致力这一理论研究的圣菲研究所（the Santa Fe Institute）成立十周年时正

---

① WIENER N. Cybernetics or control and communication in the animal and the machine［M］. Cambridge：MIT press，2019.

② ASHBY W. Design for a brain：The origin of adaptive behaviour［M］. Berlin：Springer science & business media，2013.

③ CONWAY J. The game of life［J］. Scientific American，1970，223（4）：4.

④ WOLFRAM S，GAD-EL-HAK M. A new kind of science［J］. Applied mechanics reviews，2003，56（2）：B18-B19.

式提出的①。

20 世纪末至 21 世纪初，自组织理论兴起，并对复杂系统的形成和演化提供了重要思想。诸如斯图尔特·考夫曼（Stuart Kauffman）的自组织系统理论对 CAS 理论的发展产生了重要影响②。21 世纪初，复杂性科学作为一个跨学科领域开始形成，涵盖了从生物学到社会科学等各个领域中的复杂系统研究。CAS 理论成为这一领域的核心概念之一，为理解和解释复杂系统的行为提供了重要框架。其发展历程涵盖了系统论、控制论、计算机科学、网络科学、自组织理论以及复杂性科学等多个领域，形成了一个丰富而复杂的理论体系。

二、复杂适应性系统理论的基本内容

复杂适应性系统理论将系统中的成员称为具有适应性的行为主体（agent），简称为主体。适应性意味着主体能够与环境和其他主体交互，并在这个过程中学习或积累经验，根据所学经验改变自身的结构和行为方式。从生物学角度来看，适应性是生物体调整自己以适应环境的过程，即生物体结构的变化是经验引导的结果。因此，随着时间的推移，生物体能更好地利用环境达到自己的目的。霍兰德扩大了生物学中适应性术语的范围，包括了学习和相关过程。整个系统的演变或进化，包括新层次的产生、分化和多样性的出现，以及新的、聚合而成的、更大的主体的出现等，都是在适应产生复杂性的基础上发生的。在复杂适应性系统中，"适应性"是一个核心概念。虽然不同的 CAS 过程具有不同的时间尺度，但适应的概念可以应用于所有的 CAS 主体。有以下三个方面需要强调：

1. 主体的主动性是复杂适应性系统演化的基本出发点

当系统由大量元素构成时，这些元素在形式和性能上都存在着差异，即个体具有异质性。霍兰德认为，这些元素应该是主动的，因此引入了经

---

① 廖美珍. 复杂适应系统视角下的隐喻语篇分析框架建构 [J]. 湖北大学学报（哲学社会科学版），2022, 49 (6)：103-113, 170.

② KAUFFMAN S A. The origins of order: self-organization and selection in evolution [M]. Oxford: Oxford University Press, 1993.

济学中的"主体"概念①,并将其定义为"行为主体"②。将主体概念与适应性相结合,形成了"适应性主体"的概念。这一概念的提出并不仅仅是简单地改变名称,而是将个体的主动性置于系统演化的核心位置,成为研究复杂适应性系统的出发点。

在此之前,系统的组成部分通常被称为元素、单元、部件或子系统,被视为局部的、被动的概念。然而,适应性主体的概念与之截然不同。它将个体的主动性提升到了系统演化的基本动因地位,从而推动了对复杂适应性系统的研究和探索。霍兰德等复杂理论家的这一思路具有重大突破性。他们界定了主动性的内涵:"主体随着获取不同的信息,对自身的结构和行为方式进行不同的变化……主体为了实现生存和发展的目的,主动适应环境的变化。"复杂性正是在主体之间在主动交互和相互作用中形成和产生的③。个体主动的程度决定了整个系统行为的复杂性程度,进而影响着系统的演化和发展。

2. 行为主体之间的相互作用突现复杂性

复杂适应性系统理论突破了传统观念,指出系统复杂性不仅来自外部,更是源自系统内部。自组织现象的研究首次将人们的视线从系统外部引向了内部,揭示了复杂性的内在生成过程。自组织是指在系统开放的情况下,系统自发形成内部有序结构的过程④。关键在于系统的复杂性是内部自发产生的,行为主体之间的相互作用凸显了复杂性。突现/涌现则是指复杂系统中的行为主体根据各自的行为规则相互作用所产生的一种行为模式,没有事先计划但实际却发生了,整体行为模式不能根据个体行为规则进行预测,也不能还原其个体行为。

复杂适应性系统理论强调了"个体与其他个体之间的相互作用",这

---

① 霍兰. 隐秩序:适应性造就复杂性 [M]. 周晓枚,韩晖,译. 上海:上海科技教育出版社, 2000.

② 宋学锋. 复杂性科学研究进展 [M]. 北京:科学出版社, 2004.

③ 沃尔德罗普. 复杂:诞生于秩序与混沌边缘的科学 [M]. 北京:生活·读书·新知三联书店, 1997.

④ 胡心智. 信息哲学 [M]. 北京:军事科学出版社, 2003.

一点具有重要意义。首先，系统内不存在凌驾于所有个体之上的整体代表。每个个体都通过与其他个体的相互作用来表现整体的作用，同时也受到其他个体的影响。其次，个体之间的相互作用会导致从平等到分化的发展过程，即在系统演化的早期，个体的潜力大致相等，但随着相互作用的深入，个体之间的差异逐渐显现，导致系统结构的形成性和对称性被打破。因此，整个系统变得更加复杂，从简单到复杂的演化就此发生。相互作用是可记忆的，它表现为个体结构和行为方式的变化，以不同方式存储于个体的内部。

霍兰德将适应性的思想引入系统研究领域，充实和扩展了系统科学的思想方法，进一步丰富了系统观点的内容。在人类社会中，复杂适应性系统包括文化和社会制度，由许多行为主体组成的复杂网络。在这样的系统中，每个行为主体都发现自己处于一个由自己和其他主体相互作用而形成的系统环境中。因此，在人类社会的复杂系统中，控制力是相当分散的，系统产生的连续一致的行为结果是由行为主体之间的相互竞争与合作所决定的。

3. 多层级秩序结构体系是处理部分可简化性的工具

层级结构是复杂性的主要根源之一。根据盖尔曼（M. Gell-Mann）对简单性和复杂性的词源学考察①，简单性原意为"只包含了一层"，而复杂性源自"束在一起"，因此，复杂性的概念隐含了多层次的含义。复杂系统将多样性或多个层次束缚在一起，词义中暗示着复杂性源自层次结构的观念。由于只能在其所处的系统层次上观察到突现性质，而不能在其组成部分中发现，当存在内在的未知和不可知的成分时，对复杂系统的研究和描述就变得十分困难。

传统上，对复杂系统进行分析的方法之一是将问题的某些方面视为随机过程，假设它们不发挥作用。把不可解释变量以及噪声不影响系统结果忽略不计的情况下，可以用随机分析对某些复杂系统的主导行为进行不完全的和近似的描述。然而，如果未知或不可知因素不能被忽略，复杂系统

---

① 盖尔曼. 夸克与美洲豹 [M]. 杨建邺，李湘莲，等译. 长沙：湖南科技出版社，1999.

就会表现出路径依赖性。它们对于微小差异和微小扰动非常敏感，即使再微小的变化也可以决定系统的结果，这便是著名的蝴蝶效应。在简单系统中，类似的微小扰动被简化为背景噪声，其影响被消解。然而，并非所有的微小扰动都会对系统行为产生重大影响，只有通过正反馈放大的才能决定结果。这就是混沌的本质。

复杂系统的偶然和异常行为揭示了它们部分的不可简化性，但并非绝对不可简化。复杂系统具有部分的可解释性和可预测性。西蒙提出通过多层次的秩序结构体系来解决复杂系统的部分可解性或不可简化性问题①。在这种体系中，每个层级的秩序取决于更基础层次的秩序，而后者又取决于更为基础的层次，通过组成部分之间的交互作用，整体大于部分之和。这种多层级的秩序结构体系为对复杂系统进行简化提供了一种工具。

4. 复杂适应性系统理论的特征

人们每时每刻都能观察到许多复杂系统，例如蚁群、生态系统、胚胎、神经网络、人体免疫系统、计算机网络和全球经济系统。在这些系统中，众多独立的要素在多个方面相互作用。在每种情况下，这些无穷无尽的相互作用使得每个复杂系统都具有自发性的自组织能力。霍兰将这类复杂系统称为复杂适应系统。

在霍兰的复杂适应系统理论中，复杂适应系统被视为由相互作用的适应性主体组成的系统，这些主体通过规则进行描述。这些主体不断地学习或积累经验，并根据所学经验不断调整其规则、改变自身的结构和行为方式，体现了主体对环境变化的不断适应能力。整个宏观系统的演变或进化，包括新层次的产生、分化和多样性的出现以及新的、更大的主体的出现等，都是在这个基础上逐步派生出来的。在复杂适应系统中，任何特定适应性主体所处环境的主要部分都由其他适应性主体组成，主体在与环境的交互作用中遵循一般的刺激—反应模式。因此，任何主体在适应上所做的努力都是为了适应其他适应性主体，这一特征是复杂适应系统生成复杂

① SIMON H A. The architecture of complexity ［J］. Proceedings of the American philosophical society, 1962, 106 （6）: 467-482.

动态模式的主要根源。

尽管不同领域存在着许多复杂适应系统，每一个都表现出独有的特征，但随着人们对复杂适应系统认识的不断深化，可以发现它们都具有四个方面的主要特征。首先，基于适应性主体。适应性主体具有感知和效应能力，能够与环境及其他主体随机进行交互作用，自动调整自身状态以适应环境，或与其他主体进行合作或竞争。然而，它们并非全知全能，错误的预期和预判可能导致其失败。其次，共同演化。适应性主体通过正反馈加强自身存在，并可以转变形态，从而产生共同演化。共同演化是复杂适应系统突变和自组织的强大力量，永远导向混沌的边缘。再次，趋向混沌的边缘。复杂适应系统具有将秩序和混沌融入某种平衡的能力，其平衡点是混沌的边缘，即系统中的各要素在不断共同演化中向着混沌的边缘发展。最后，产生涌现现象。涌现现象由简单规则的相互作用产生，主体间的相互作用充满了非线性影响，使得涌现的整体行为比各部分行为的总和更为复杂。涌现现象能够在既有结构的基础上产生新的结构和模式，并且具有层次性和动态性。

三、复杂适应性系统理论的应用

1. 复杂适应性系统理论在现实场景的应用

复杂适应性系统理论在现实场景中展现了广泛的应用，其核心理念是系统是由大量相互作用的个体组成，并且这些个体根据一定的规则进行自组织、自适应和演化。这一理论被成功应用于许多领域，包括社会科学、生态学、经济学等，为我们理解和解决复杂系统中的问题提供了新的视角和方法。

首先，社会科学领域是复杂适应性系统理论的主要应用之一。人类社会是一个典型的复杂系统，由大量个体和组织构成，相互作用和影响。通过运用这一理论，我们可以更好地理解社会现象的涌现和演变，如群体行为、市场机制、政治体系等。例如，网络社交平台的发展和影响便是一个典型的复杂适应性系统，其中用户之间的互动和信息传播符合该理论的基本原则。

其次，在生态学领域，复杂适应性系统理论也得到了广泛应用。生态系统由多种生物体组成，它们之间相互依赖、相互作用，共同维持着生态平衡。运用这一理论，我们可以更好地理解生物多样性的维持机制、生态系统的稳定性以及生态系统对外界干扰的响应。例如，研究生态系统中物种的相互作用网络，可以帮助我们预测生态系统的稳定性以及生物多样性的变化趋势。

最后，在经济学领域，复杂适应性系统理论也为我们解释经济现象提供了新的视角。经济系统是由大量个体（如消费者、企业）组成的复杂系统，其行为受到各种内外部因素的影响和调节。运用这一理论，我们可以更好地理解市场的波动、经济周期的演变以及制度变迁对经济发展的影响。例如，复杂适应性系统理论可以帮助我们理解金融市场中的非线性效应和突发事件对市场的影响。

2. 复杂适应性系统理论在学术研究上的应用

鉴于复杂适应性系统理论在其他领域的应用及其巨大前景，国内 CAS 理论在企业管理领域的应用研究逐渐兴起。刘洪和姚立认为复杂适应系统的组织是现代经营环境下企业生存的重要形式。他对传统组织与复杂适应组织进行比较，指出企业要成为具有复杂适应系统特征的网络结构组织，内部单位需具备"自治""关联"和"变革"的特征[①]。金吾伦和郭元林认为，学习型组织是复杂适应系统，由人性复杂性组织构成，以相互关系和作用构建的层级子系统形式存在，基于 CAS 理论分析了学习型组织的模式，主张转变思维方式从简单性到复杂性[②]。当谈及公共管理或行政管理学科时，复杂适应性系统理论同样提供了有益的理论框架和方法，以应对组织内外部的复杂性和变化性。

首先，公共管理领域常常涉及大规模组织、政府部门和公共服务的提

---

① 刘洪，姚立. 管理复杂适应组织的策略 [J]. 系统辩证学学报，2004（2）：42-47.
② 金吾伦，郭元林. 从复杂性的观点看学习型组织 [J]. 复杂系统与复杂性科学，2004（3）：27-32.

供者，这些组织和机构之间相互作用、相互依赖，形成了一个复杂的系统。复杂适应性系统理论可以帮助我们理解这些组织和机构是如何进行自组织、自适应以及应对外部环境变化的。例如，在危机管理中，政府机构需要面对各种突发事件和挑战，复杂适应性系统理论可以指导政府机构建立更灵活、更有效的应急响应机制，以及更好地协调各方资源应对危机①。

其次，行政管理学科也涉及组织内部的管理和决策问题，而复杂适应性系统理论提供了一种新的管理范式。传统的管理模式通常是基于预设的规则和层级结构，而这在面对复杂、动态的环境时可能显得不够灵活和高效。包国宪和张弘认为提升决策能力是国家治理体系和治理能力现代化的重要内容，通过 PV-GPG 框架构建渐进调适的适应性决策系统，深入研究了我国党政融合机制下公共决策的过程、绩效领导特征、决策准则、学习机制和约束条件②。杨学敏等人概述了互联网平台在全球范围内快速扩张所带来的监管挑战与风险，以及通过构建基于复杂性理论视角的互联网平台协同监管模式来应对这些挑战的新型监管范式③。

此外，公共管理和行政管理领域也常常需要面对多利益相关者、多层次治理等复杂情境，这就要求管理者能够理解并应对系统内外部各种动态因素的相互作用。复杂适应性系统理论可以为管理者提供一种系统思维的方法，帮助他们更好地理解和平衡各种利益，协调各方资源，提升公共管理的效能和治理水平。

---

① 冯惠玲. 构建公共危机应急系统的非技术支撑体系 [J]. 中国人民大学学报，2003 (6)：1-5.

② 包国宪，张弘. 党政融合机制下决策过程的绩效领导路径研究：来自中国 L 县的观察 [J]. 中国行政管理，2021 (3)：84-93.

③ 杨学敏，梅宏，郑跃平. 互联网平台协同监管模式构建：从单一化到整体性：基于复杂适应性系统理论 [J]. 电子政务，2023 (3)：19-31.

第二章　公共管理政策与过程

第一节　多源流理论

多源流理论（The Multiple-Streams Framework，MSF）是社会心理学中的一种理论，旨在解释个体的行为和态度受到多个来源的影响。该理论强调了社会环境对个体行为和态度的重要性，指出了人的行为和态度并非由单一来源决定，而是受到多种因素的共同作用。在具体研究中，多源流理论被广泛运用于解释各种社会现象，如群体行为、社会认知、文化交流等。深入理解多源流理论，可以更好地理解人类行为和社会互动的复杂性，为解决实践中的社会问题提供理论指导和方法支持。

一、多源流理论的起源与发展

1984 年，美国政策科学家约翰·金登（John W. Kingdon）在《议程、备选方案与公共政策》一书中提出了多源流理论，以描述政策制定过程中的议程设定阶段①。该理论在综合考察理性决策模式、渐进主义的贡献与局限性，以及科恩·奥尔森的"垃圾桶模型"的基础上，对这些理论进行

---

① KINGDON J W. Agendas, alternatives, and public policies [J]. 2nd. New York: Haper Collins College Publisher, 1995.

了修正和构建①。多源流理论旨在阐释政府内外的参与者如何充分利用机会将相关项目提上正式的政策议程。该理论框架将政策进程视为一个"暗箱"，透明化了政策制定过程，为政策出台以及政策变革提供了强大的解释力。因此，多源流理论成为政策过程中的主流理论之一。

金登认为，提上议程的项目是由多种因素在特定时刻共同作用的结果，而不是某一因素单独作用的结果。这种共同作用即多源流理论中问题源流、政策源流和政治源流的交汇。金登运用这一思路来解析联邦政府的议程设置。虽然多源流理论只包括三个源流（问题、政策、政治），但总体逻辑相似：各个流独立存在，每个流都有自己的生命周期。不论解决方案是否针对问题，都会制订解决方案。同时，政治格局可能突然变化，导致政策关闭和现有问题得不到解决。理解议程和政策变革的核心在于流的耦合，这一概念源自垃圾桶模型。在关键时刻，问题被认知，解决方案涌现，而政治氛围则有利于采取行动。金登将这种情形称为"政策窗口"，该窗口仅在有限时间内开启。只有在这种情况下，这三个过程才能正确融合，从而引发重大议程变革。金登将推动这种耦合的代理人称为政策企业家②。

多源流理论的影响也逐渐扩大，并在实践中发挥着重要作用。政策制定者、研究者以及从事公共事务的专业人士都将多源流理论作为解决实际问题的重要工具。随着时间的推移，多源流理论得到了进一步的发展和完善。研究者们对其进行了深入研究，拓展了其适用范围，并对其理论框架进行了修正和丰富。例如，有关学者在研究中不断探索多源流理论在不同国家和地区、不同政策领域中的应用情况，以及其与其他理论的关系等。这些努力使得多源流理论逐渐成为政策过程研究中的主流理论之一③。它

---

① COHEN M D, MARCH J G, OLSEN J P. A garbage can model of organizational choice [J]. Administrative science quarterly, 1972: 1-25.

② KINGDON J W, STANO E. Agendas, alternatives, and public policies [M]. Boston: Little Brown, 1984.

③ ZAHARIADIS N. The multiple streams framework: structure, limitations, prospects [C] //Theories of the policy process, second edition. London: Routledge, 2019: 65-92.

被引入比较政策分析领域，推广到与美国不同的政策制定体系，并与政策周期的概念相结合，使其不仅可以用于研究议程设置，还可以研究政策的所有阶段包括政策制定、决策、实施、评估等过程①②③④⑤。在行为者和代理人方面，金登主要关注政策企业家的角色，并对其他行为者，特别是集体政策行为者的角色有所质疑⑥。通过深入理解多源流理论，人们能够更好地把握政策制定过程中的关键因素，提高政策制定的效率和质量，推动社会发展和进步。因此，顶尖学者现在将多源流理论中的不同流描述为是由不同的集体参与者组成的，最显著的是问题源流中的认知社区、政策源流中的政策工具选区以及政治源流中的倡导联盟⑦⑧。

二、多源流理论的主要内容

1. 多源流理论的核心理念

多源流理论认为，在某个公共领域内，若干个彼此独立的要素因特定原因同时出现在一定场域内进行互动，其结果会促成一项公共问题进入政

① HOWLETT M, MCCONNELL A, PERl A. Streams and stages: reconciling kingdon and policy process theory [J]. European journal of political research, 2015, 54 (3): 419-434.

② HERWEG N, HUß C, ZOHLNHÖFER R. Straightening the three streams: Theorising extensions of the multiple streams framework [J]. European journal of political research, 2015, 54 (3): 435-449.

③ BÉLAND D, HOWLETT M. The role and impact of the multiple-streams approach in comparative policy analysis [J]. Journal of comparative policy analysis: research and practice, 2016, 18 (3): 221-227.

④ CAIRNEY P, ZAHARIADIS N. Multiple streams approach: a flexible metaphor presents an opportunity to operationalize agenda setting processes [C] //Handbook of public policy agenda setting. Edward Elgar Publishing, 2016: 87-105.

⑤ HERWEG N, ZAHARIADIS N, ZOHLNHÖFER R. The multiple streams framework: foundations, refinements, and empirical applications [C] //Theories of the policy process. London: Routledge, 2023: 29-64.

⑥ MUKHERJEE I, HOWLETT M P. Who is a stream? Epistemic communities, instrument constituencies and advocacy coalitions in multiple streams subsystems [C] // Kuan Yew School of Public Policy Research Paper, 2015: 15-18.

⑦ SIMONS A, VOß J P. The concept of instrument constituencies: accounting for dynamics and practices of knowing governance [J]. Policy and society, 2018, 37 (1): 14-35.

⑧ BÉLAND D, HAELG L. Mapping policy agents: policy entrepreneurs, advocacy coalitions, epistemic communities and instrument constituencies [C] //A modern guide to public policy. Edward Elgar Publishing, 2020: 41-56.

策议程。这些"要素"可以归类为问题源流（Problem Stream）、政策源流（Policy Stream）以及政治源流（Political Stream）。简而言之，当问题、政策和政治因素在特定环境中交互时，它们共同形成了政策窗口，使得社会问题得以关注和解决。

问题源流关注的是社会问题如何被识别并确立为政策问题。这一过程受到多种因素的影响，如重要指标的变化、焦点事件的发生以及现行政策的运行反馈。在卫生领域，人们可能会关注医疗保健费用的增长，以及这些费用如何分配给政府、承保人和消费者等子问题。在这个过程中，有些问题可能会吸引政府官员的关注，而其他问题则可能被忽视。因此，了解哪些问题会引起官员的关注，以及这些问题是如何引起关注的，对于理解政策制定的动态过程至关重要。

政策源流描述了政策共同体为了推广其所支持的理念、方案或建议，而投入各种资源来支持或宣传这些政策主张的过程。这个共同体由各种成员组成，包括专家、官僚、规划评估者、预算部门工作人员、国会助手、学者、压力团体和研究人员等，他们各自都有自己独特的观点和目标。为了推行自己的主张，他们在政策共同体中积极宣传自己的想法。在这个过程中，一些想法或政策建议会受到重视，而另一些则可能被忽略。总的来说，符合特定标准的政策建议或备选方案更有可能在辩论中存活下来，并最终进入政策议程。

政治源流是指对政策议程产生影响的多维要素的集合，涵盖了国民情绪、有组织的政治力量、行政或政府换届以及执政党意识形态等方面。特别是在信息时代，国民情绪的表达变得更加迅速、便捷和集中，这也推动了焦点事件的频繁发生。这一源流中事件的出现通常不依赖于问题源流和政策源流。例如，政治家可能会敏锐地察觉到选民中新兴情绪的涌现，或是选举结果可能导致新的行政当局上台执政等。这些因素都可能对政策议程的形成和变化产生重大影响。

2. 多源流理论的"政策之窗"

问题源流、政策源流和政治源流彼此独立，它们的出现、发展和运作并不受其他源流的影响，但它们各自对政策议程的形成和发展都起着推动或制约的作用。在某个关键时刻，这些源流会汇聚在一起，导致公共问题被提上议程，这个关键时刻被称为"政策之窗"。政策之窗打开的原因多种多样：首先，问题源流的变化可能导致政策之窗的出现。这种变化可能是由于被广泛关注的指标发生了变化，例如居民消费价格指数急剧上升、土地沙漠化面积扩大、生产安全事件频发等。其次，突发事件的发生或外部事件的影响也可能导致政策之窗的开启。最后，现有政策效果的负面反馈也可能引发政策之窗的出现，即现实情况表明现有政策的效果不尽如人意，甚至可能使问题加剧。

政策之窗的关闭则可能是因为政策制定者认为他们已经通过决策解决了问题，或者参与者未能争取到行动成功。如果行动失败，参与者可能不愿再投入更多时间、精力和政治资源，导致政策之窗的事件消失。危机和焦点事件可能是暂时的，窗口打开者可能失去权力，没有备选方案，机会就会消失。

三、多源流理论的实践应用

1. 多源流理论在现实场景的应用

多源流理论在现实场景中得到了广泛应用，其研究成果为政策制定和公共管理提供了重要的理论支持。首先，多源流理论指导政策制定者和决策者认识到政策议程形成的复杂性。在现实中，政策问题往往受到问题源流、政策源流和政治源流的影响，这些源流交织在一起决定了政策的最终形成和实施路径。因此，通过综合考虑多个源流的作用，政策制定者能够更全面地理解问题的本质和社会需求，从而更有效地制订政策方案。其次，多源流理论的应用促进了各种利益相关者之间的协调与合作。通过多源流理论的视角，政策制定者能够更好地理解不同利益相关者的诉求和期望，从而通过协商、对话和妥协，促进各方之间的合作，达成共识，推动政策的顺利实施。最后，多源流理论的应用为政策评估和调整提供了重要参考。通过多源流理论的分析，政策制定者能够更好地识别政策实施过程中可能出现的问题和挑战，并及时进行调整和优化，以确保政策的有效性和可持续性。因此，多源流理论为政策制定和实施提供了重要的理论指导和实践支持。

2. 多源流理论在学术研究上的应用

前文提到，多源流理论主要关注政策议程的建立过程。将一个项目提上议程需要在特定时刻将多种因素汇合共同发挥作用，而非单独因素的作用。这种共同作用即多源流理论所描述的问题源流、政策源流和政治源流的连接和交汇。问题源流涵盖需要政府解决的各种问题；政策源流包括各种政策建议、主张和方案；政治源流则包括国民情绪、公众舆论、权力分配格局、利益集团实力对比等因素，反映政治形势和背景。因此，这三条源流的交汇意味着特定问题、政策方案和政治形势的有机结合。这种有机结合表明问题、政策方案和政治形势之间具有共容性，而不是互斥性。通过对核心期刊中优秀论文的分析总结，我们发现以多源流理论作为研究视角，通常涉及以下几个问题情境。

第一，在政策制定的内在逻辑研究上，考虑到在社会层面，某项政策的制定和议程的设置往往涉及问题、政策和政治的综合作用。在问题层面，需要解决的系统性问题会引发议程讨论；在政策层面，各方政策主体如专家学者等会提出政策建议来推动问题解决；而在政治层面，国民情绪、公共舆论等因素则会影响问题的发展方向。因此，以多源流理论为视角，探索某项政策制定中问题、政策和政治的综合作用是可行的。例如，修南和潘黎以芬兰教育数字化转型为案例，运用多源流理论分析了政策议程的形成过程，强调了政治源流在推动教育数字化转型中的关键作用①。

第二，在政策变迁的主导因素研究上，某些议题早已引起政府关注，因此在较早时期已经成为政策层面的关注对象。随着时代的变迁，这些议题可能从零散的行动逐渐演变为制度化甚至升级为国家级行动，经历了从初探到深化的历史进程。在政策的历史变迁中，主导因素是什么？这些因

① 修南，潘黎. 芬兰如何成为教育数字化转型的领航者：多源流理论视角 [J]. 比较教育学报，2023（5）：29-41.

素的作用机制又是怎样的？利用多源流理论的分析框架可以对此进行全面审视。例如，侯军毅等人运用多源流理论分析我国青少年体育政策变迁，从新中国成立至今，政府对青少年健康的关注、顶层设计的完善，到问题、政策、政治源流的交互作用，揭示了政策形成的历史阶段和作用机理①。

第三，在政策扩散的影响因素研究上，在政策扩散中，内部因素如社会经济和政治环境，以及外部因素如地区间关系，都会对其产生影响。国内也有学者提出了个人、组织、政策属性等作为政策扩散的影响因素，这些因素中也蕴含着问题源流、政策源流、政治源流的影响，可借助多源流理论探究政策扩散的影响因素。例如，张磊分析了生活垃圾分类政策的扩散情况，发现地方政府在采纳该政策时受到现实问题、专家建言和政策关注度的共同影响。通过量化分析，文中提出了生活垃圾分类问题显著性对地方政府采纳该政策的可能性的假设，并得到了验证，从而支持了多源流理论在政策扩散分析中的可行性。

第四，在某要素对政策制定或终结中的作用机理研究上，政策议程的设置是问题、政策和政治源流共同作用的结果。其中既涉及各个政策共同体的政策方案，也有国民情绪、执政党理念、制度变更、利益集团压力等要素正向或负向的影响。这些政策共同体以及影响要素对于政策制定、变迁甚至终结都会发生某种作用。因此，可以从多源流理论出发，探索影响政策制定或者终结的要素所发挥的作用。例如，黄扬探讨了智库在地方政府数据开放政策制定中的作用机制。通过在问题、政策和政治流上的行动，智库促使政府关注数据开放问题、提供有效建议，并引导公众支持数据开放，从而推动了政策形成过程②。王家合和杨倩文探讨了社交媒体在政策终结过程中的作用。以武汉市取消路桥隧收费政策为例，发现社交媒体通过反馈政策效果、整合信息资源、放大公众情绪等方式，加速了政策

---

① 侯军毅，王荟，王华倬. 我国青少年体育政策变迁研究（1949—2021）：基于多源流理论视角 [J]. 天津体育学院学报，2022，37（2）：145-151，159.

② 黄扬. 智库在地方政府数据开放政策制定中的作用机制研究：基于多源流的跨案例分析 [J]. 图书馆，2019（6）：22-27.

终结的进程，展示了多源流理论在分析政策终结中的适用性①。

第五，在社会议题所面临的困境研究上，很多热门社会议题在发展过程中会面临诸多问题和困境，其中的困境仅仅从自身发展等常规层面去寻找，是无法发现痛症和症结所在的，这就更需要站在一定的高度，从政策议程设置的角度去寻找痛点和难点，才能更全面、更深入地发现问题，提出最有效的改善路径与方法。如此，多源流理论在分析这些社会议题所面临的困境时，就会有较好的契合度。例如，王梅和张鑫宁研究了研究生教育治理的发展困境，发现了在问题、政治和政策源流上存在的挑战，例如研究生教育质量、权力矛盾以及治理体系的缺陷，呼吁通过多源流理论的视角来提出解决路径②。

综上，研究者在选择多源流理论作为研究视角时，可以考虑上文所归纳的五个问题情境。从多源流理论出发，可以探讨政策议程设置究竟是如何运行的，也可以分析在早就制定的政策的发展历程中其主导因素究竟是什么。而政策制定之后在不同地区的政策扩散过程中，也可以分析政策扩散的影响因素。在政策的制定、变更甚至终结过程中，某些要素在其中会发挥至关重要的作用，对其进行探讨也是较为有价值的。此外，某些重要的社会议题在现实情境中所面临的困境，若是从政策议程制定的角度予以分析可能会找到症结所在。这些均可以使用多源流理论予以深度审视。但需注意的是，在分析之前，需要寻找多源流理论与所要研究的问题的契合度，这是开展进一步研究的重要前提。多源流理论的影响持续深入，并在实践中发挥着重要作用。政策制定者、研究者和从事公共事务的专业人士都将多源流理论作为研究和解决实际问题的重要工具。通过深入理解多源流理论，人们能够更好地把握政策制定过程中的关键因素，提高政策制定的效率和质量，推动社会发展和进步。

---

① 王家合，杨倩文. 社交媒体推动政策终结的多源流分析：以武汉市取消路桥隧收费政策为例 [J]. 湘潭大学学报（哲学社会科学版），2019，43（4）：27-34.

② 王梅，张鑫宁. 多源流理论视域下研究生教育治理的发展困境与提升路径 [J]. 河北大学学报（哲学社会科学版），2021，46（2）：107-113.

第二节　间断-均衡理论

在挑战政策过程的渐进模型和偏好模型基础之上，弗兰克·鲍姆加特纳（Frank Baumgartner）和布赖恩·琼斯（Bryan Jones）从进化生物学中借用"间断性均衡"的概念，提出一种同时解释政策过程中稳定与变迁的间断-均衡理论。该理论将信息处理作为主要分析焦点，从议程设置动态变迁的研究视角出发，认为政策过程会在政策子系统和宏观政治系统之中交替转换，前者构成了政策稳定的政治基础，后者构成了政策变迁的政治基础。

一、间断-均衡理论的起源与发展

"间断-均衡"这一术语来源于19世纪中叶提出的生物进化理论，指物种进化过程中每隔一段较长时期的相对稳定会有短期的急剧变迁。鲍姆加特纳和琼斯认为，许多领域政策的制定也表现出相似的特性，于是将这一生物领域的术语借鉴过来运用到政策科学领域，形象地表述了政策变迁的特点。这一理论的发展源于对美国政治制度中权力分散的观察，特别是总统、国会和政策子系统之间的相互作用。鲍姆加特纳和琼斯的研究表明，政策子系统与总统、国会的宏观政治之间的相互作用，推动了政策制定者在偏好稳定与支持变革之间摇摆。长期的博弈促使各政策子系统之间达成一种利益平衡，然而这种平衡并非完全排除变迁的可能性。在问题处理过程中，子系统可以采取调整性的举措，做出利益妥协和微小行动以适应环境的变化，从而引发渐进性变迁。当问题被重新定义时，新的议程随之产生，打破了原有的平衡；或者当问题的复杂性和影响超出了子系统的处理能力时，问题将被提升至宏观政治议程。这两种情况经常在政策领域内引发观察到的突变现象。

当新议程出现或问题的复杂性和影响超出了子系统的处理能力时，政策领域可能会出现更多的突变现象。这种情况下，政策制定者和利益相关者通常会面临更大的挑战，需要重新评估策略和行动方案。这可能导致政策的根本性转变，以应对新的挑战和环境变化。因此，间断-均衡理论提供了一种解释政策变迁和演变的框架，强调了政治体系中不断变化和调整的动态性。鲍姆加特纳和琼斯的研究发现，政策制定者往往不是简单地追求某种理想的政策方案，而是在面对复杂的政治环境时采取一种有限理性的行为。间断-均衡理论的应用不是为了解释单一的间断，而是通过大量的个案来理解政策变迁的形式，因为间断的原因是复杂和随机的，就像在生物研究中导致基因突变的原因纷繁复杂一样，生物进化学者的研究目的在于了解一个物种长时期的进化过程。

随着时间的推移，间断-均衡理论在政治学领域得到了广泛的关注和应用，并为解释政策变迁和演变提供了一个有力的理论框架。它强调了政治体系中权力分散、利益博弈和有限理性决策的重要性，对于理解复杂的政策制定过程和政治系统的运作方式具有深远的意义。

二、间断-均衡理论的两种形式：平衡与间断

政策制定过程可以分为不同阶段，不同学者有不同的观点和实践，但几乎所有人都认同第一步是明确待解决问题。摒弃了逻辑经验主义，借鉴了库恩科学革命的思想，可以看出政策变迁有两种形式：一种是平衡型，即渐进的调整；另一种是间断型，即根本性的转变。库恩的理论指出，在某个时期，科学家受特定范式影响思考问题。同样，政策科学家在某一时期对问题的看法和解决方法会有共识，研究方法和工具也受到特定范式的指导。在这段时间里，政策相对稳定，即使有新问题出现，也是在原有范式内进行调整。

随着研究的不断深入，新问题如涌泉般不断涌现，其中一些问题与既有范式产生了严重的冲突。最初，这些冲突只是被视为既有范式需要解决的挑战，被认为是该范式内部发展的一部分。一些挑战通过范式内部的调整和修补得到了解决，政策制定者试图用既有的理论和工具来解决新问

题。然而，另一些问题却始终无法在既有范式下找到有效的解决方案，这些问题逐渐积累，为政策制定过程带来了日益加剧的困扰。

当一部分政策科学家开始质疑既有范式的适用性，转而开始探索新的理论和范式，试图找到更为适合解决新问题的思维框架时，就导致了多种范式的出现，并在学术界和政策制定实践中相互竞争。政策制定者和研究者们开始在新的理论框架下重新界定政策问题，采用新的研究方法和分析工具来应对挑战。随着时间的推移，新范式逐渐获得了更广泛的支持，并最终成为占主导地位的范式。政策问题的界定、研究方法以及分析工具也在这一新范式下得到了统一和重新塑造。这一过程不仅结束了范式冲突所带来的混乱局面，也意味着政策进入了一个新的平衡期，为未来的政策制定和研究奠定了新的基础。

1. 政策平衡时期：政策垄断

在美国的政治体系中，分权制度不仅是一种制度安排，更是考虑权力分配的一种哲学理念。这种分权的设计意味着政府的权力被分散到联邦、州和地方政府之间，以及在联邦政府内部的不同机构之间。这种制度设计旨在防止权力过度集中，从而保护公民的自由和权利，同时也为政策的稳定性提供了一定的保障。在这个分权的框架下，各个政治子系统之间的力量相对均衡，这种相对均衡的状态使得政策更加难以轻易改变。这些子系统可以是由单一利益主导，也可以是由多种利益的交织与竞争所构成。在单一利益主导的子系统中，往往会形成政策的垄断，这种垄断状况会对政策变迁产生阻碍。

间断-均衡理论进一步强调了政策垄断和政策图景在政策变迁中的关键作用。政策垄断不仅限制了政策制定过程中新观点的涌现，也限制了对既有政策的批评和改革。而政策图景则是塑造和维持政策垄断的重要因素之一。支持性政策图景使得政策科学家们更加倾向于接受和维持现有政策，从而加大了政策变革的难度。然而，当某一政策在特定的政治和社会背景下得到广泛支持并形成制度化时，它就会成为政策垄断的一部分。这种政策垄断往往具有明确的思想基础和广泛的支持群体，因此对于其他政策观点的竞争和替代变得更加困难。这种情况下的政策，往往处于一种相对稳定的状态，政策变迁的可能性大大降低。

政策图景为政策垄断的产生提供了有力的保障，进而促进了政策的平衡。政策图景是指公共政策如何在人们和媒体中进行讨论，亦是某一段时期人们一致信从的问题界定方式、政策制定方法、政策评估标准等构成的集合。可以简单地将政策图景分为两类：一类是对现有政策表示喜好的称为支持性政策图景；另一类是对现有政策表示反对的称为新政策图景。在既有政策图景的支持下，政策科学家拥有相似的爱好和逻辑思维，对问题的界定、工具的选取往往容易达成共识。当某一政策在相关利益集团倡导与核心政治价值相联系的观念与理想的支撑下，最终形成制度且获得确定时，此时产生的政策，由于有着坚定的思想基础和广泛的拥护者而居于明显的垄断地位，这一时期的政策处于平衡时期，政策呈现出稳定或微微调整的现象。

综上所述，美国的分权制度和政策垄断现象共同构成了政策稳定性的基础，同时也为政策变迁带来了一定的挑战。在这样的制度环境下，政策的变革往往需要经历漫长的过程，同时也需要克服各种利益和观念上的阻力。

2. 政策间断时期：垄断崩溃

政策垄断并非永久存在，它是动态变化的，随着社会、政治和经济环境的变化而产生和消失。当新的、得到广泛支持的政策观念和理念出现时，它们可能会被新的政治行动者所倡导，并试图通过重新设定规则和改变现有的权力对比，来确保这些新理念的实施和新平衡的建立。在这个过程中，曾经沉浸于胜利喜悦中的政策垄断者会面临挑战，他们的权力和地位可能受到动摇，而原有的政治机构和制度则不得不与新兴力量进行协商和调整，以适应新的政治现实。

政策垄断的崩溃往往标志着政策变迁的开始，它为未来的制度改革和政策调整提供了契机。新的政策图景逐渐取代了原有的支持性政策图景，导致政策垄断的终结。这种转变并非一蹴而就，而是一个渐进的过程，它可能伴随着政治争论、社会动荡和权力转移等复杂的变革。政策垄断的崩溃意味着政策平衡时期的结束，政策进入了一个短暂的间断时期，在这个时期内，政策的方向和重心可能会发生较大的变化，而政治体系和社会秩序也可能会经历一段不稳定的过渡期。

（1）新政策图景的出现

新政策图景的出现常常受到多重因素的影响。鲍姆加特纳和琼斯的研究以民用核能建设为例，展示了新政策图景产生的原因和过程。最初阶段，民用核能政策在封闭的系统内制定和实施，在一些政治家、企业家和技术精英的推动下，将民用核能建设塑造为能够增加能源并带来经济效益的工程，因此获得了民众的支持。此外，由于核能的高度专业性，使得外界缺乏足够的信息和能力去质疑其安全性和环境影响。然而，随着时间的推移，原子能委员会内部成员对核能利用过程中安全性的质疑日益增多，同时媒体的负面报道也逐渐引起了公众的关注。这种信息传播内容的改变导致了民众对核能的态度从一开始的单一正面转变为更加关注其负面影响。

鲍姆加特纳和琼斯指出，新政策图景的出现通常受到以下几个方面的影响：首先，触发事件，包括政策领域内外的事件，如大的社会变迁或政策领域内部成员的行动；其次，媒体对公共问题的定义和报道，在信息传播过程中发挥着重要作用；再次，政策企业家的推动也是新政策图景产生的重要因素，他们能够将零散的异议汇聚成为一股强大的力量；最后，人们注意力的改变也会引发新政策图景的产生，当人们将关注点从某一问题的正面转向负面影响时，新的政策图景便可能随之产生。

（2）新政策图景的胜出

在政策平衡时期，新的政策图景不断涌现并向垄断政策发起挑战，但并非每次挑战都能成功。那么，已经出现的新政策图景如何才能打破垄断、取得成功呢？通常情况下，新政策图景由子系统内部的部分成员或另一子系统提出，但他们的力量往往难以与垄断政策的拥护者相匹敌，因为垄断政策拥有更多的资源，包括人力、物力和权利。要想取得成功，新的政策图景必须扩大其影响力。1960 年，沙特斯奇奈德（Ernst Erich Schattschneider）提出了冲突扩展理论，认为在政策博弈中失败者会寻求扩大参与者的动机，新参与者可能来自那些尚未参与博弈的人①。随着更多人的加入，他们有机会扭转局势。鲍姆加特纳和琼斯进一步发展了这一理论，总结出三种冲突扩散的方法。第一种方法是经典的败者呼吁策略，呼吁还未参与的人加入。然而，这种方法往往面临着广泛的对象，因此较难成功。第二种方法是将潜在的参与者范围缩小为受关注的社会领袖，他们虽然缺乏与政策抗衡的动力，但因其社会影响力，一旦加入任一阵营，将对更广泛的大众产生影响。第三种方法涉及与其他政策领域的制定者的合作。这些制定者有时为了拓展自身的政策权限而抵制现有的政策安排，成为新政策图景的支持者。鲍姆加特纳和琼斯指出，这三种方法并非相互排斥的，事实上，同时使用两种或三种方法将会取得更好的效果。

间断–均衡理论认为，政策变迁包括渐进和根本两种形式。在各种因素的相互作用下，与政策垄断时期的支持性图景相抗衡的新政策图景出现了。在此过程中，为了巩固既有的垄断地位，政策进行了调适性的修改，出现了渐进的变迁。在新政策图景拥护者的积极倡导下，其他领域的政策制定者、具有一定影响力的人以及系统外的大众加入该阵营，导致政策突变的急剧变化。

三、间断–均衡理论的实践应用

1. 间断–均衡理论在现实场景的应用

间断–均衡理论在政策领域的应用价值体现在其对政策变迁过程的解释、预测、指导和评估方面，其为政策制定和实施提供了理论支持和指导，有助于提高政策的适应性、灵活性和效果。

首先，在解释政策变迁的过程中，该理论框架提供了一种系统性的方式来解释政策变迁是如何发生的。通过区分间断变迁和均衡变迁，可以更

---

① SCHATTSCHNEIDER E. Party government：American government in action［M］. London：Routledge，2017.

好地理解政策变化的不同形式和背后的驱动因素。其次，在预测政策发展趋势上，通过分析政策变迁的模式和规律，可以帮助政策制定者和研究人员预测未来政策的发展趋势。了解何时可能发生根本性变化，以及何时更可能出现渐进性调整，有助于制定更具前瞻性和灵活性的政策。再次，在指导政策制定和实施中，间断-均衡理论为政策制定者提供了一种理论基础，可以指导他们设计和实施政策。对于需要进行根本性变革的政策问题，可以采取更激进的策略和措施；而对于需要逐步改进的政策领域，则可以采取更温和稳健的方法。最后，在应对政策挑战和危机中，对于政策变迁的间断性，政策制定者可以更好地准备应对突发事件和政治危机。了解何时可能出现政策的根本性变化，可以及时采取措施来应对挑战，维护政策的稳定性和连续性。

2. 间断-均衡理论在学术研究上的应用

间断-均衡理论为研究者提供了一个有力的工具，用以解释和分析市场中的不连续性和不完全性现象，以及这些现象对经济行为和政策的影响。例如，在市场结构和竞争政策研究中，间断-均衡理论可用于分析市场中存在的不完全竞争和垄断现象，以及这些现象对市场效率和福利的影响[①]；在金融市场研究中，间断-均衡理论可用于解释市场价格的不连续性和波动性，以及投资者行为的非理性因素[②]；在创新经济学领域，间断-均衡理论可用于研究创新市场中的不完全信息、网络效应和市场失败等问题[③]。

在公共管理领域，间断-均衡理论可以应用于多个方面，包括：在公共政策分析方面，间断-均衡理论可以用于分析公共政策的制定和实施过程中的不连续性和不完全性。例如，徐顽强和张婷总结了中国政府与科技社团之间关系的演变历程，强调了其非线性和不确定性特征，并指出了中

---

① AKERLOF G A. The market for "lemons"：quality uncertainty and the market mechanism [C] //Uncertainty in economics. New York：Academic Press, 1978：235-251.

② EASLEY D, O'HARA M. Price, trade size, and information in securities markets [J]. Journal of financial economics, 1987, 19 (1)：69-90.

③ KATZ M L, SHAPIRO C. Network externalities, competition, and compatibility [J]. The American economic review, 1985, 75 (3)：424-440.

央政府决策、焦点事件和科技社团行动对关系变迁的影响①。在公共服务供给研究方面，该理论可用于分析公共服务的供给方式和效果。李俊清和李泽锋分析了 1952—2021 年间民族地区公共文化服务政策的变迁过程，基于间断-均衡理论和边疆治理视角，指出了其阶梯式发展趋势和多阶段议题呈现，同时强调了经济社会发展、政府注意力分配、文化堕距规避和民族自治情况共同推动政策变迁的驱动因素②。在公共部门管理研究方面，间断-均衡理论可以用来分析组织内部的不连续性和不均衡现象。在讨论政府与市场关系中，该理论有助于理解政府与市场之间的互动关系。滕蕾和吴宾通过对 1998—2023 年 63 份中央层面住房租赁政策文件进行文本分析，发现住房租赁政策变迁经历了三个均衡期和两个间断点，呈现出政策目标扩面、主体多元、工具使用结构合理的趋势，从政府包揽到多方参与。在政策演变中，政府逐渐转向混合型政策工具，注意力作为中介变量受内外情境因素影响推动政策变迁。政府系统回应和冲突扩大机制对两次政策间断起关键作用，未来应重视保障性租赁住房建设并规范市场，确保租赁住房供需平衡③。在公共财政和税收政策研究方面，该理论可以用于分析税收制度的设计和改革。通过考虑市场参与者的行为和反应，研究者可以评估不同税收政策对经济的影响，并提出优化税收体系的建议。孙克竞等人以我国地方政府不同公共部门预算支出决策为对象，采用 2008—2021 年 31 个省级行政区的数据，分析了预算支出与效率竞争优势之间的关系。研究发现，各民生领域的预算支出决策呈现间断-均衡特征，且效率竞争优势对预算规模增幅有正向影响，而政府和公众的注意力以及预算公众参与程度对此影响存在差异④。

---

① 徐顽强，张婷. 新中国成立以来我国政府与科技社团关系演变逻辑：基于间断均衡的政策分析框架 [J]. 科技进步与对策，2023，40（3）：104-111.

② 李俊清，李泽锋. 边疆治理：民族地区公共文化服务政策变迁的政治过程：一个间断均衡理论的分析框架 [J]. 河南师范大学学报（哲学社会科学版），2023，50（2）：16-22.

③ 滕蕾，吴宾. 中国住房租赁政策变迁及其逻辑：基于"间断-均衡"理论与注意力理论整合的视角 [J]. 城市问题，2024（1）：35-44，64.

④ 孙克竞，邱永乐，张宇鑫. 效率竞争优势与预算支出决策：基于间断均衡理论的实证研究 [J]. 财政研究，2023（5）：3-20.

3. 间断-均衡理论在学术研究中采用的研究方法

在探讨政策过程的随机性和其所引发的稳定与变迁结果时，间断-均衡理论采用了多种研究方法，包括案例分析、定量研究、仿真模拟以及类比比较等，这为政策过程研究带来了一种方法论的创新。研究方法的选择对于确保研究结论的合理性和有效性至关重要，而研究的科学性则主要体现在所采用方法的科学性上。通过将政策选择分解为"过程"和"结果"两个方面进行深入研究，间断-均衡理论使我们能够更全面地理解政策选择的模式以及其产生的原因。相较于其他政策过程理论，间断-均衡理论在研究方法上更具创新性。除了常见的案例研究方法外，该理论还在运用定量分析和仿真等先进方法方面有着显著的创新。

从研究方法上来看，案例研究在间断-均衡理论的发展中扮演着重要角色，既是早期论证其研究结论的方法之一，也是其一直以来非常重视的研究手段之一。1991 年，鲍姆加特纳和琼斯在《议程变迁与政策子系统》一文中，以美国民用核电为例，探讨了民用核电的"政策图景"在美国的变迁过程，并分析了这一变迁对政策的影响①。此后，他们的著作《美国政治中议程与不稳定性》也主要以案例研究为基础，探讨了吸烟、城市事务和汽车安全等议题的演变过程。此外，鲍姆加特纳等学者在《死刑政策的衰落与无辜的发现》以及与罗斯合著的 Framing the Poor: Media Coverage and US Poverty Policy, 1960-2008 等作品中②③，也以案例研究的方式展示了政策图景的作用，分析了美国死刑政策和贫困政策的变迁过程，以及这一变迁对政策的意义。

定量研究是间断-均衡理论采用的另外一种重要方法，主要用于研究

① BAUMGARTNER F R, JONES B D. Agenda dynamics and policy subsystems [J]. The journal of politics, 1991, 53 (4): 1044-1074.

② BAUMGARTNER F R, DE BOEF S L, BOYDSTUN A E. The decline of the death penalty and the discovery of innocence [M]. Cambridge: Cambridge University Press, 2008.

③ ROSE M, BAUMGARTNER F R. Framing the poor: media coverage and US poverty policy, 1960-2008 [J]. Policy studies journal, 2013, 41 (1): 22-53.

美国的预算问题和政治制度，特别强调了在预算领域和政治制度中存在的间断-均衡特征①②。在美国国会预算变迁的研究中，一些学者提出了一种基于间断-均衡理论的新预算理论③。通过引入年度预算变化比率的概念，研究者们从宏观和不同领域的角度讨论了美国预算年度变化的中位数和平均数，发现其在宏观层面存在政策间断现象，而在各个领域也同样存在间断现象④。此外，美国的政治制度也显示出间断-均衡的特征，并且符合尖峰分布的状态。

仿真是间断-均衡理论研究中采用的一种先进方法，它利用人工智能来模拟政策过程和结果。琼斯和鲍姆加特纳使用仿真技术对成比例信息处理模型、不成比例信息处理模型、一般成本结构模型以及制度摩擦力的动态变迁过程进行了模拟，揭示了认知结构和制度成本对政策变迁结果的影响，这种综合作用导致了政策变迁呈现尖峰分布状态，与正态分布状态有所不同⑤。

类比是间断-均衡理论中常用的研究方法之一，通过将生物科学⑥和地理科学的发现应用于政策过程，使政策变迁模式更易于理解。该理论借鉴了生物演化学中的"间断-均衡"概念，并将间断-均衡比喻为地震过程，类似地，地震的频率和大小之间存在幂函数关系，这一发现被称为古登堡-里克特定律⑦。基于这一发现，学者提出了板块结构学说，认为地球外壳

① BREUNIG C, JONES B D. Stochastic process methods with an application to budgetary data [J]. Political analysis, 2011, 19（1）：103-117.

② 朱春奎，严敏，陆娇丽. 公共预算决策中的间断均衡模型 [J]. 公共管理与政策评论，2012, 1（1）：78-89.

③ JONES B D, BAUMGARTNER F R. The politics of attention：How government prioritizes problems [M]. Chicago：University of Chicago Press, 2005.

④ JONES B D, BAUMGARTNER F R, TRUE J L. Policy punctuations：US budget authority, 1947-1995 [J]. Journal of politics, 1998, 60（11），1-33.

⑤ JONES B D, BAUMGARTNER F R. The politics of attention：How government prioritizes problems [M]. Chicago：University of Chicago Press, 2005.

⑥ ELDREDGE N, GOULD S J. Punctuated equilibria：an alternative to phyletic gradualism [J]. Models in paleobiology, 1972, 82：115.

⑦ JONES B D, BAUMGARTNER F R, BREUNIG C, et al. A general empirical law of public budgets：a comparative analysis [J]. American journal of political science, 2009, 53（4）：855-873.

由不同的板块构成，它们相互作用导致板块漂移和地震。另外，沙堆模型①也符合间断－均衡原理，持续的沙滴最终会导致系统破坏，形成雪崩现象。

第三节　政策执行理论

政策执行理论旨在综合考虑政策、个人/组织以及外部环境等要素之间相互作用的共同影响，以描绘政策执行过程和结果的系统图景。该理论认为政策执行受外部因素（如政策问题、资源可获得性、政治、经济和社会环境等）和内部因素（如执行意愿、组织结构、能力和与目标群体的关系等）的相互作用影响，共同塑造执行组织的产出，从而影响执行结果。政策—规划—执行过程模型、政策执行过程模型、政策执行系统模型、规划过程—执行结果模型等都是政策执行系统理论的典型代表。

一、政策执行理论的起源与发展

对政策执行的重视可以追溯到 20 世纪 70 年代。在此之前，根据"政治—行政二分法"，政治被视为制定国家意志的过程，而行政则在以"价值中立"为原则的意志执行领域中。传统的公共行政范式下，政策执行一直被视为行政系统内的常规过程，因此被忽视且处于不重要的位置。然而，20 世纪 60 年代，以弗雷德里克森（Herbert Frederickson）为代表的青年学者开启了行政管理的改革运动，挑战了行政的"价值中立"，新公共行政强调政策执行后的政策绩效，着重培养训练有素的公共管理人员以有效执行政策。因此，在新的公共行政范式转变下，政策执行研究受到重视。直到 20 世纪 70 年代，西方尤其是美国的政策执行频频出现问题，引发了"执行研究运动"的兴起，其中 1973 年普瑞斯曼（James Pressman）

---

① BAK P. How nature works: the science of self-organized criticality ［M］. Berlin: Springer Science & Business Media, 2013.

的《执行：华盛顿的伟大期望是如何在奥克兰破灭的》一书的出版是一个标志性事件①。因此，在理论范式转变和执行研究运动实践的双重推动下，政策执行研究逐渐成为学者关注的重点。

普瑞斯曼将实施视为公共政策中的一个独立组成部分，这一创新的区分使政策实施被认为是政策过程中的一个关键阶段，它不仅影响着政策的形式和效果，也处于政治、政策和公众之间的交汇处②。在过去40多年的公共政策执行研究中，学者形成了"自上而下""自下而上"和"综合模型"三种主要研究路径。最初，自上而下的观点指导着执行研究，将决策和执行视为两个独立的阶段③。随后，自下而上的方法对这一观点提出了质疑，强调政策在实施过程中必须适应当地环境，并将政策与直接和公众互动的实施主体的决策和行动联系起来④⑤。因此，一些学者尝试将这两种方法结合起来。丁煌等学者将这些路径包含的执行因素变量划分为四类，即"组织理论""网络分析""制度分析"和"阐释性"⑥。组织理论关注官僚机构内部及其与私营部门的关系，着重考察执行组织的特征和成员的意向等变量；网络分析关注政策网络中的行为主体地位、策略和资源交换等行为描述；制度分析从行动者行为改变的角度出发，分析制度和激励等行为约束性因素；阐释性视角强调了政策执行的文化维度和执行者对政策的认知框架，强调了对政策内容的阐释和共享。

20世纪70年代中期开始的自上而下研究阶段，受到科层制、政治—行政二分法和科学管理原则等古典行政模式的影响。在这一阶段的政策执

---

① PRESSMAN J L, WILDAVSKY A B. How great expectations in Washington are dashed in Oakland [M]. Berkeley: University of California Press, 1973.

② PRESSMAN J L, WILDAVSKY A B. How great expectations in Washington are dashed in Oakland [M]. Berkeley: University of California Press, 1973.

③ ELMORE R F. Backward mapping: implementation research and policy decisions [J]. Political science quarterly, 1979, 94 (4): 601-616.

④ HJERN B. Implementation research—the link gone missing [J]. Journal of public policy, 1982, 2 (3): 301-308.

⑤ BUREAUCRACY S L. Dilemmas of the individual in public services [M]. New York: Russell Sage Foundation, 1980.

⑥ 丁煌，定明捷. 国外政策执行理论前沿评述 [J]. 公共行政评论，2010，3 (1): 119-148，205-206.

行研究中，采用了"自上而下"的途径，将高层政策制定视为研究中心，强调政策制定与执行过程的分立。代表性的政策执行理论模式包括史密斯（T. B. Smith）的"过程模式"、巴达奇（E. Bardach）的"博弈模式"、范米特（D. S. Van Meter）等人的"系统模式"等。这些理论模式认为政策制定者有权威和能力有效设定执行目标，旨在追求完美的执行。然而，这一研究途径过于强调政策制定者的主导地位和对执行的指挥控制权，忽视了实际参与者的多样性、能动性、复杂性以及行动结果的不确定性。

从 20 世纪 70 年代末开始，自下而上的研究阶段逐渐兴起，不少学者在反思和质疑自上而下的理论模式的同时，推动了政策执行理论模式的第二阶段研究。这种自下而上的研究途径以组织内的行动者为起点，强调政策执行的成功与否取决于较低层次的执行参与者的承诺和技能。代表性的政策执行理论模式包括利普斯基（M. Lipsky）的"街头官僚理论"、埃尔莫尔（R. F. Elmore）的"组织模式"、麦克拉夫林（M. Mclaughlin）的"互适模式"、杰恩（B. Hjern）等人的"多元组织结构模式"等。这些理论模式将政策目标视为政策制定者和政策执行者相互协商的结果，旨在寻找执行的缺失。然而，这一研究途径往往过于高估地方基层执行者的行动策略和能力，容易忽视政策领导及相应责任归属的问题，更适用于分权条件下的执行环境。

从 20 世纪 80 年代中期至今，整合研究阶段旨在综合自上而下和自下而上两种研究模式的优点，成为越来越多学者的探索方向。这一阶段的研究试图建立能够结合两种研究途径的整合性政策执行理论模式。成功的政策执行需要同时采取向前推进和向后推进的策略，即政策制定者需要精心规划政策工具和执行资源，同时深入了解执行参与者的情况和目标群体的诱因结构。代表性的政策执行理论模式包括萨巴蒂尔（P. A. Sabatier）的"倡导联盟框架"、高金（M. L. Goggin）的"府际沟通模式"、斯托克（R. P. Stoker）的"政府间层级关系模式"、马特兰德（R. E. Matland）的"模糊—冲突模式"、基科特（W. J. M. Kickert）等人的"网络分析模式"等。这些理论模式强调了政策执行中组织间政策网络系统的研究，关注政策执行过程的动态性、执行结果的多样性和影响变量的复杂性，试图具体化政策执行的因果关系。尽管整合研究途径已成为某种趋势，但由于涉及因素众多，政策执行过程因时因地因人而异，至今尚未形成公认一致的政策执行理论模式。

二、政策执行理论的主要内容

1. 政策执行的过程模型①

史密斯（T. B. Smith）提出了一种独特的政策执行过程模型，为研究政策执行中相关因素之间的作用机理提供了科学的框架。在这个模型中，他明确指出了影响执行的四个因素：政策本身、执行主体、目标群体和政策环境。

首先，政策本身是政策制定者用来实现其政治意图和治理目标的工具。这些工具包括政策的形式（如法律或规范）、类型（如一次或二次分配）、范围（如溯源或覆盖程度）、科学合理性以及社会形象等方面。政策制定者在设计政策时的目标是创建理想的政策方案，并期望在执行过程中不会出现偏差，以确保政策的顺利实施。理想化的政策被视为政策执行的前提，也是科学实施政策的重要保障。其次，执行主体是负责实施活动的具体组织，其影响因素主要包括执行机构的人员编制是否合理、领导者的管理技巧和方法是否科学、政策执行者是否具备足够的能力和信心，以及执行人员素质对执行效果的影响等方面，执行主体的行为直接影响着政策的实施效果。再次，目标群体是政策直接作用的对象，是制定政策时所针对的客观目标群体。他们会对政策本身、政策执行机构和执行人员等作出相应的反应。目标群体的影响因素包括组织化程度、遵从组织规范情况以及先前的政策经验等方面。目标群体是政策执行过程中联系最为密切的群体，也是实现政策目标效果的主要推动者。最后，环境因素是指各种外部制约要素，包括政治、经济、文化、社会和生态等方面的特点和特质。这些因素会影响政策的执行效果。良好的政策执行环境可以促进政策实施的

---

① SMITH T B. The policy implementation process [J]. Policy sciences, 1973, 4 (2)：197-209.

成功，而不良的环境则可能阻碍政策目标的达成。因此，在实施政策时，需要重视并加强良好的政策执行环境的构建。具体来说，政策的形式、类型、渊源、范围、受支持度以及社会对政策的印象，执行机构的结构和人员编制，主管领导的方式和技巧，执行者的能力和信心，目标群体的组织程度或制度化程度，对领导的接受情况，以及先前的政策经验、文化、社会经济状况和政策环境的不同，都是影响政策执行成功与否的重要因素。

史密斯政策执行模型在公共管理领域得到了广泛应用。这个模型可以帮助公共管理者全面了解政策执行的各个因素和环节，从而对政策执行效果和效率进行深入分析和评估。通过详细研究和分析政策执行过程，可以发现问题和瓶颈，并为决策者提供改进策略和建议。在政策研究领域，史密斯模型可以解释政策执行效果和结果，评估政策的实际影响，帮助决策者理解政策制定和实施中的问题，并为政策调整和改进提供依据。该模型还可以帮助研究人员深入理解政策执行的动态过程和影响因素，为政策研究提供理论支持和分析框架。此外，该模型还可应用于关系研究中，通过比较不同国家或地区的政策执行差异，分析制度、组织机制和权力关系等影响因素，从而加深对政策行为和跨国关系的理解。综上所述，史密斯政策执行模型在公共管理、政策研究和关系研究等领域的广泛应用为我们更好地理解和分析政策执行提供了有力工具和理论支持。

2. 政策执行的系统模型

1975 年，霍恩（C. E. Van Horn）和米德（D. S. Van Meter）在《政策执行过程：概念性框架》一文中提出了政策执行的系统模型①。他们指出，政策的决策和实际效果之间存在着诸多变量因素，其中既包括系统内部因素，也包括系统外部因素，这些因素共同影响着政策的决策与效果之间的关系。

政策执行的效果受多种因素影响。首先，政策的目标和标准，包括其价值取向、目标的明确性、科学性和可行性，以及政策标准对目标的指示

---

① VAN METER D S, VAN HORN C E. The policy implementation process: a conceptual framework [J]. Administration & society, 1975, 6 (4): 445-488.

性，都会影响组织之间的沟通和行动的强化程度，进而间接影响执行者的偏好和价值观。其次，政策资源，如人力、物力、经费、信息和权威等，也会影响组织之间的沟通和行动的强化程度，从而间接影响执行人员的态度。此外，良好的组织间沟通和行动的强化，直接促进执行者的积极性，反之则会产生阻碍作用。执行机构的特性，包括其分工、整合能力、层次结构、规模、责权利分配和组织文化等，也会在一定程度上影响执行者的行为。经济和政治环境，如政治、经济、文化和国际社会大背景等，提供了系统外在的环境，对执行产生着直接的影响。最后，执行者的偏好，包括其价值取向、行为能力、精神风貌和道德观念等，也会对政策执行的绩效产生影响。他们对政策的认知程度，以及其利益在政策中的反应，都将影响他们对政策的支持、中立或反对态度，进而影响政策执行的绩效表现。

模型中各因素之间的互动关系极为重要。例如，政策资源的充足与否会直接影响执行方式的选择和执行效果；执行机构的特点和系统环境也会对政策的顺利实施产生显著影响。政策执行系统模型提供了一个全面分析公共政策实施过程的框架，有助于政策制定者和执行者更好地理解政策执行过程中的各种影响因素，从而制定更有效的实施策略。它强调了政策实施过程中多个因素之间的互联关系和相互影响，为公共政策的顺利实施提供了重要的理论指导。

3. 政策执行的相互调适模型

麦克拉夫林（M. McLaughlin）于 1976 年在他的代表作《互相调适的政策执行》中提出了政策执行的互动模型[①]。该模型认为，政策执行过程实质上是政策执行者与受政策影响者之间相互调适目标或手段的互动过程。政策的有效执行取决于政策执行者和受影响者之间的行为调适程度。麦克拉夫林的模型阐释了几个重要观点：第一，尽管政策执行者和政策接受者的需求和观点可能存在不一致，但由于双方在政策中的利益关系，他

---

① MCLAUGHLIN M W. Implementation as mutual adaptation: change in classroom organization [J]. Teachers college record, 1976, 77 (3): 1-9.

们必须作出妥协，以找到双方都可以接受的执行方式。第二，政策执行者的目标和手段具有弹性，可以根据环境因素和受影响者的需求和观点变化而调整。第三，政策执行者与政策接受者之间的互动不是单向信息流，而是双向的信息交流过程，双方处于平等地位。第四，政策接受者的利益、价值观和观点将反馈到政策上，影响政策执行者的利益、价值观和观点。因此，在政策执行的调适模型中，存在两个方面的互动：政策执行者和受影响方。在这两个方面都存在可以相互调适的部分。政策执行的过程就是寻找双方都可以接受的调适策略的过程。因此，根据麦克拉夫林的观点，可以得出这样的结论：成功的政策方案需要成功的政策执行过程，而成功的执行过程依赖于成功的相互调适过程。

此外，麦克拉夫林还指出，政策执行的互动模型强调了政策执行过程中双方之间的协商和妥协的重要性。在这个过程中，政策执行者需要灵活地调整其目标和手段，以满足受影响者的需求和观点，从而实现政策的有效执行。这种相互调适的过程不仅仅是单向的命令和执行，还是一个双向的沟通和协商过程，双方都需要在互相谅解和妥协的基础上寻求共同的利益和目标。因此，政策执行者需要具备良好的沟通能力和协商技巧，以促进政策的顺利实施。

4. 政策执行的循环模型

政策执行的循环模型由当代美国政策学家马丁·雷恩（M. Rein）和佛朗西·F. 拉比诺维茨（F. F. Rabinovitz）于 1978 年提出，收录在他们的合著《执行的理论观》中。他们将政策执行过程划分为三个独特的阶段：纲领发展阶段、资源分配阶段和监督阶段。纲领发展阶段意味着将立法机关的意图转化为行政机关执行政策的规范和纲领；资源分配阶段则是将执行政策所需的资源合理分配给执行者；监督阶段则涉及对政策执行过程及其结果的评估，以确认执行者应承担的行政责任。雷恩和拉比诺维茨的执行循环模型指出，政策执行是一个由制定执行纲领、资源分配和监督三个阶段不断循环的过程。这三个阶段之间并非单向流动，而是相互作用的双向循环，构成了一个复杂而动态的过程。这种循环不仅仅是周期性的，还受到环境条件的影响和冲击。这些环境条件包括目标的重要性、程序的复杂性以及可利用资源的性质和层次等因素。

雷恩和拉比诺维茨的执行循环模型深入探讨了政策执行的复杂性和动态性。在这个模型中，纲领发展阶段标志着政策从理念到具体行动的转变，资源分配阶段确保执行所需的资源得到充分配置，而监督阶段则强调对执行过程和结果的持续评估与监督。这三个阶段不仅在理论上相互关联，而且在实践中相互交织，形成一个连续的循环。政策执行过程不仅受到内在动态的影响，还受到外部环境的各种因素的影响。例如，政策目标的显著性会影响政策执行的优先级和执行方式，程序的复杂性可能增加执行的难度和耗费，而可利用资源的性质与层次则直接影响着执行的效率和成效。因此，执行循环模型不仅提供了理论框架，还帮助理解政策执行过程中的挑战和机遇，为政策制定者和执行者提供了指导和参考。

5. 政策执行的执行综合模型

萨巴蒂尔（P. Sabatier）和马兹曼尼安（D. Mazmanian）在 1979 年的文章《公共政策的执行：一个分析框架》中，对政策执行过程进行了深入研究，提出了一个全面的分析模型，以帮助理解政策执行的复杂性①。他们认为，政策执行的效果受到多个关键变量的影响，其中包括政策问题的可处理性、政策本身的规制能力以及外部环境等因素。

在论文中，萨巴蒂尔和马兹曼尼安首先强调了政策问题的可处理性对政策执行的重要性。可处理性涵盖了现有理论和技术的应用难度、标定群体行为的多样性等因素。这些因素决定了政策实施的难易程度，直接影响着政策执行的结果。其次，他们着重关注了政策本身的规制能力。这包括政策目标的明确性和一致性、财政资源的充足性等。规制能力的强弱将直接影响到政策执行的效果和效率，因此对政策执行者来说，确保政策的规制能力是至关重要的。最后，萨巴蒂尔和马兹曼尼安还考虑了政策本身以外的其他因素对政策执行的影响。这些因素包括社会经济条件、大众支

---

① SABATIER P, MAZMANIAN D. The conditions of effective implementation: a guide to accomplishing policy objectives [J]. Policy analysis, 1979: 481-504.

持、传媒态度等外部环境因素。这些因素的变化将在一定程度上影响着政策执行的过程和结果，因此在实践中需要对这些因素进行充分考虑和应对。

三、政策执行理论的实践应用

1. 政策执行理论在现实场景的应用

政策执行理论在现实场景中有着广泛的应用，其中包括以下几个方面：第一是政府管理与公共政策。政府部门在制定和执行公共政策时，需要考虑到各种因素对政策执行的影响。政策执行理论提供了分析框架和工具，帮助政府管理者更好地评估政策执行的可能结果，发现潜在问题，并提出改进方案。第二是组织管理。在企业和非营利组织中，管理者也面临着类似的挑战，需要有效地执行组织内部的政策和决策。政策执行理论为组织管理者提供了指导，帮助他们优化资源配置、提高执行效率，并实现组织目标。第三是社会问题解决。针对复杂的社会问题，政府和非政府组织通常会制定相关政策来解决。政策执行理论有助于评估这些政策的实施效果，识别可能存在的障碍，并提供改进建议，从而更有效地解决社会问题。第四是国际合作与发展。在国际层面，政策执行理论也被应用于国际合作和发展项目中。各国政府和国际组织通过合作制定并执行各种政策，政策执行理论可以帮助各方更好地理解并应对不同国家和地区的环境差异，提高合作效率和成效。总的来说，政策执行理论在各个领域都有着重要的应用，它不仅可以帮助管理者更好地理解和应对政策执行过程中的挑战，还可以促进政策的有效实施，推动社会和组织的发展。

2. 政策执行理论在学术研究上的应用

中国需要在吸收借鉴西方政策执行理论的同时，深入研究其在中国的适用性，并结合中国道路与经验进行本土化创新。第一，由于政策从中央到地方的传递涉及多个层级和部门，容易导致政策碎片化，因此需要建立协作机制，以减少政策执行中的"政策失真"和"政策偏差"。第二，政策制定者和执行者的价值观和利益取向可能存在不一致，因此需要促进各方间的合作。第三，政策的执行效果很大程度上取决于政策目标群体的积极参与程度。

中国的公共政策执行在一个独特的结构和政治生态中展开，其中"以党领政"、党和国家相互"嵌入"起着关键作用。中国共产党在国家中的特殊地位塑造了中国特色的党主导公共政策执行机制，呈现出"高位推动"的显著特点。同时，中国存在着较复杂的府际关系和组织网络，各方参与者的目标和期望可能存在分歧和冲突。因此，政策执行在纵向和横向上呈现出高度的动态和复杂性，导致中国的公共政策往往具有层级性和多属性的特点。

自 20 世纪 90 年代中后期以来，我国学者对公共政策执行的研究逐渐兴起，并产生了大量研究成果。早期，中国学者丁煌、景跃进、徐湘林、陈振明等人就开始系统地探讨政策执行的问题。尽管那个时期的研究已经开始认识到政策执行研究的重要性，但大部分成果仍然只是作为政策学或政策分析教材的一个章节而存在。随着新世纪的到来，中国学术界陆续出版了一系列系统研究政策执行的专著，这表明政策执行研究在中国得到了逐渐深入的关注。在这个过程中，一些共识性的研究框架也逐渐浮现出来。

中国学者利用"变通"这一概念对政策执行进行了类似于欧博文和李连江的选择性政策执行的分析。政策变通是一种根据个人、时间、事务和地域情况灵活执行政策的方法，体现了在政策执行过程中原则性与灵活性的平衡。刘世定、孙立平等人组成的"制度与结构变迁研究"课题组提出政策变通是指"在制度运作中，执行者未获得正式准许或通过正式程序改变制度的情况下，自行决定改变原制度的一部分，推行一套经过改变的制度安排"。从这个角度来看，变通是一种中性甚至合理的行为。对于政策变通的形式，有不同的解释，陈振明将其总结为"求神似，去形似""不求神似，只求形似""既不求神似，也不求形似"三种类型，其中只有第一种是正确的变通，其他则是对政策的扭曲①。庄垂生将政策变通的形式

---

① 贺东航，孔繁斌. 公共政策执行的中国经验 [J]. 中国社会科学，2011 (5)：61-79，220-221.

划分为自定义性、调整性、选择性和歪曲性四种。刘世定、孙立平等人则根据变迁的操作形式将其分为重新定义政策概念边界、调整制度安排的组合结构、利用制度约束的空白点、打政策的"擦边球"等。这些划分方式具有极强的实践性特点①②。其中，刘世定和孙立平对制度变通的分析具有很强的启示意义，即制度变通通常会符合和承接原有的制度原则，细化和具体化原有的制度安排，并通过非正式程序获得变通的合法性。相关概念还包括"中梗阻""共谋"等。

另一个被广泛认可的分析框架是利益分析。丁煌、谢炜等学者主张在政策执行过程中坚持利益分析原则③④。丁煌认为，政策执行实质上是各相关政策主体基于利益权衡所进行的一种利益博弈过程，政策执行主体的行为根本上受到利益驱动，而主体之间利益的矛盾或冲突客观上决定了政策执行阻滞现象发生的可能性。谢炜则从各个利益层面的博弈进行了更加系统的分析，并提出了多元化的利益整合路径。

第四节 政策网络理论

政策网络理论强调，政策网络是围绕特定公共政策问题形成的一种网络化结构，生动地描述了公共政策活动的变化，为公共政策分析提供了新的综合实用工具。在政策网络中，各个行动者之间以利益、知识、情感等为纽带进行互动，形成多种不同类型的网络结构，这些结构又会导致不同的政策结果。这种新的政策分析模式通过解释政策网络与政策过程、政策结果

① 刘世定，严俊，刘玉照."利益—规范"双重博弈：一个基础性探讨 [J]. 社会学评论，2022，10（2）：5-28.

② 孙立平，郭于华，秘舒，等. 制度与实践：失业人员社会保障问题研究 [J]. 学海，2005（5）：95-105.

③ 丁煌，李晓飞. 逆向选择、利益博弈与政策执行阻滞 [J]. 北京航空航天大学学报（社会科学版），2010，23（1）：15-21.

④ 谢炜，蒋云根. 中国公共政策执行过程中地方政府间的利益博弈 [J]. 浙江社会科学，2007（5）：52-58，219.

之间的因果关系，拓展了政策网络理论在具体应用中的政策分析维度。

一、政策网络理论的起源与发展

1. 政策网络理论的起源

自 20 世纪 70 年代以来，随着政治学与公共政策学领域研究的不断深化，为了更好地分析和解释复杂的公共政策活动，以及更有效地解决复杂多变的社会公共问题，政策网络理论应运而生。这一理论在西方社会中的产生，具有深刻的现实背景和丰富的理论基础①。

首先，公共管理的不断社会化。石油危机之后的 20 世纪 70 年代，经济衰退导致了西方各国高额的财政赤字，令福利国家承受不堪的压力，并面临着一系列新的社会与政治挑战。于是，西方各国纷纷进入了公共部门管理，尤其是政府管理改革的时代。尽管各国的改革起因、议程、战略和范围各不相同，但它们都有一个相似的基本取向：引入商业管理理论、方法和技术，倡导市场竞争机制，以提高公共管理水平和公共服务质量。这一被称为"新公共管理"的纲领是在重新审视政府与社会关系的基础上制定的，旨在优化政府管理、提高效率、降低成本，并促进经济增长。它致力于应对经济全球化、信息化、市场化以及知识经济时代带来的挑战，从而重建民众对政府的信任。在推进公共管理社会化的过程中，西方国家的政府管理理念、组织结构、管理方式和手段都发生了重大变革，以适应外部生态环境的变化。作为这场公共管理社会化改革运动的直接产物，政策网络理论成为一种全新的公共治理模式。

其次，公民社会的不断成长壮大。当西方国家的福利政策陷入困境时，国家持续膨胀不仅给社会带来沉重负担，还威胁到公民的个人权利。市场调节的失败以及国家在解决大量社会公共问题时的无能表现，导致国家与社会之间的关系极度紧张。因此，人们在寻求解决方案时不再将焦点仅放在国家本身，而是转向了公民社会，希望在公民社会的建设中找到出路。他们认为，这些非官方的、基于共同体的组织比庞大的政府机构更加

---

① 朱致敬. 政策网络理论研究 [D]. 长沙：湖南大学，2012.

灵活、有效。因此，大量公民社会组织如雨后春笋般涌现，成了重要的社会民主化力量。它们致力于代表公民的利益和要求，捍卫公民的自由和权利，限制、分割和约束国家权力，推动政治民主化进程。政策网络理论强调了网络行动者之间多元利益的协调，共同在公共政策活动中发挥积极作用，通过制定科学、民主的公共政策来有效解决复杂的社会公共问题。这一新兴理论反映了西方社会结构的巨大变迁，可以更清晰地分析和描述各种公民社会组织作为网络行动者在公共政策活动中的行为和作用。

最后，科学技术的不断发展进步。现代科学技术的飞速发展给人类社会生活带来了革命性的变化。尤其是以信息技术、人工智能、生物技术等为代表的尖端高新技术产业的蓬勃发展正在不断地改变着人类的经济结构、社会结构和生活方式，同时对公共管理领域的发展变革提供了强大的物质基础。主要表现在：一是现代科学技术改变了公共管理赖以存在的社会基础，使得社会成员参与公共领域活动的性质和形式发生了重大变化。二是现代通信和信息技术推进了世界经济的全球化和信息化进程，使得传统金字塔式的政府管理结构不能迅速地处理急剧增长的信息量，为了从容应对社会的不断发展变化，必须改变传统公共管理部门的组织结构、运行方式和治理模式。三是现代科学技术正在将人类带入一个崭新的知识经济时代，正如工业文明催生了官僚制政府管理模式一样，新的经济文明的到来必然使人们寻求一种与知识经济社会发展相适应的新的社会治理形态。政策网络理论就是在现代科学技术指引下人们追寻新的社会治理模式从而发起的这场新公共管理运动的直接结果，是一种反映在科学技术影响下公共治理模式变迁的新的理论形态。

2. 政策网络理论的发展

美国学者在研究政策网络时主要关注微观层面，集中于对次级政府的研究。他们强调政策网络主要涉及行动者之间的个人关系，而非制度间的结构关系。从研究发展的角度看，美国的研究传统经历了从铁三角到次级政府再到议题网络的转变。麦克内尔等人发现政府官员、国会议员与利益集团在决策过程中形成了密切的、排他的合作关系，认为少数特权团体与政府关系密切，影响了次级政府的政策制定。洛威用"铁三角"来形容这种关系，而瑞普雷和富兰克林发展了次级政府的概念，认为在特定政策领域内，政策制定实际上由国会议员、政府官员、利益团体等组成的次级政府完成。赫克罗提出了议题网络的概念，认为某些政治领域存在着由制度化利益代表组成的次级政府，但也存在着议题网络、参与者不断变化，比较不稳定的问题。麦克法兰进一步指出，在政策领域中形成议题网络的参与者包括行政官僚、国会议员、游说团体、学者专家与大众传播业者，这与铁三角关系不同，因为议题网络是开放的，有多元参与者①。

英国采用内阁制，行政与立法合一，相较于美国，立法部门在政策决策中的地位较为次要。因此，英国政策网络的主要参与者通常限于政府官员与政策利益相关者。由于这一现实，英国学者从中层理论的角度对政策网络展开研究，将其视为一种利益中介结构。理查德森与乔丹受到赫克罗以及威尔达夫斯基对英国财政部公共支出决策影响的启发，运用社会学中的网络分析概念，探究英国压力集团活动。他们发现英国政策制定主体形成了由公职人员与生产者组织交织而成的"政策社群"，并认为政策制定是分割性的，是在无数相互关联与相互依赖的组织之间的互动中形成的，其特点是合作与共识。史密斯则将网络分析的焦点放在政府与团体的关系上，以及这些关系对美国与英国政策结果的影响。他认为政策网络的概念是一种中层概念，旨在解释特定国家部门或政策领域的行为。本森与罗茨研究了中央与地方的府际关系问题。本森提出府际关系概念，认为行政的推动行为是基于部门之间的利益需求，资源的互赖使得部门必须合作，并排除其他异议者以确保共同的政策偏好被满足。罗茨则将政策网络的各种类型按照整合程度划分为一个谱系，将研究的重点放在部门层次而不是个人关系上，强调组织间的结构性关系是政策网络的关键。

与英国学者将政策网络视为利益中介模型不同，欧洲大陆学者，以德国的马克斯·普兰克学派的梅茵茨、沙尔普和施奈德等人为代表，将政策

---

① 高钏翔. 政策网络研究的理论缘起、实践限度和发展前景 [J]. 安徽工业大学学报（社会科学版），2008（3）：39-41.

网络上升到宏观层面，探讨不同治理概念和模式。他们强调了公民社会和国家之间的合作与共治关系，将政策网络视为与官僚组织、市场三足鼎立的一种治理结构。在他们看来，水平、商议和自我协调的政策网络能够避免官僚失灵和市场失灵，成为治理的新形式。协商能够带来有利各方的正和结果，经常性的互动与资源的相互依赖培养出共同的价值与信任，从而提高解决问题的能力。施奈德与肯尼斯从非正式制度的政策制定参与结构观点定义政策网络，认为政策网络由具有自主性且彼此之间有共同利益的相互依赖行动者组成。在他们的理论框架中，政策网络描述了参与者、参与者之间的联结及其边界，包括相对稳定的公私统合行动者的组合。政策制定在很大程度上依赖参与者之间非科层体系形式的互动关系。梅茵茨认为当今的政策不再仅仅由中央当局的政府或立法机关产生，而是由包括公私组织在内的多方共同制定。因此，他强调政策网络的概念不仅是一种新的分析视角，而且预示着政体结构的实际变革。沙尔普指出，等级制的协调在当今世界已失去优越性，这是因为相互依存日益紧密、范围扩大且变化迅速，组织内部和组织之间、部门内部与部门之间，以及国家内部与国家之间的互动日益频繁。

二、政策网络理论的主要内容

纵观当今国内外学者对政策网络概念的界定，可以从政策主体、政策资源、国家自主性和网络治理四个视角进行解读。

1. 政策主体的视角

卡岑斯坦因（Katzenstein）指出，政策网络就是公私行动者之间的一种关系模式[①]。秉承卡岑斯坦因的理论，学者基克特（Kickert）、克利金（Klijin）和科彭扬（Koppenjan）认为，政策网络是指彼此相互依赖的行动者之间在某种程度上稳定的社会关系类型，以及在此基础上形成的政策问

---

① KATZENSTEIN P J. Between power and plenty: foreign economic policies of advanced industrial states [M]. Madison: University of Wisconsin Press, 1978.

题与政策方案①。乔丹、舒伯特和范沃登也认为，政策网络是指决策过程中包括来自不同层次与功能领域的政府及社会行动者②。迈克尔认为，政府不同分支机构和不同部门之间的相互关系，以及政府与其他社会组织之间的互动关系构成了政策网络③。

2. 政策资源的视角

公共政策的规划和制定与相关的政策资源配置运作有着密切的关联，同时不同领域的政策和政策行动者也具有相互依赖性。政策资源作为一个媒介使整个政策过程形成一个网络状态。

政策网络过程是行动者资源相互交换的过程，贝森（Beson）将政策网络定义为，一群或复杂的组织因资源依赖而彼此结盟，因资源依赖中断而相互区别④。任何组织要进入政策过程都要依赖其他组织的资源，为了达成目的，他们需要交换资源。

罗茨采纳了贝森的观点，他把重点放在资源依赖与政策网络的特征上，他认为政策网络中的资源可以分为：权威、资金、合法性、信息和组织⑤。马隆尼（Maloney）等认为政策网络中的资源包括：政治支持、合法性、信息、与其他行动者竞争时的合作伙伴以及政策执行时的协助⑥。

3. 国家自主性的视角

史密斯（Smith）认为，当利益集团与政府交换信息以获得利益集团在政策领域中的利益时就产生了政策网络。政策网络成为政府允许利益集团

---

① KICKERT W J M, KOPPENJAN J F M, KLIJN E H. Managing complex networks: strategies for the public sector [J]. Managing complex networks, 1997: 1-224.

② JORDAN G, SCHUBERT K. A preliminary ordering of policy network labels [J]. European journal of political research, 1992, 21 (1-2): 7-27.

③ 豪利特，拉米什. 公共政策研究：政策循环与政策子系统 [M]. 庞诗，等译. 北京：生活·读书·新知三联书店，2006.

④ MARSH D, RHODES R A W. Policy networks in British government [M]. Oxford: Clarendon Press, 1992.

⑤ MARSH D, RHODES R A W. Policy networks in British government [M]. Clarendon Press, 1992.

⑥ MALONEY W A, JORDAN G, MCLAUGHLIN A M. Interest groups and public policy: the insider/outsider model revisited [J]. Journal of public policy, 1994, 14 (1): 17-38.

参与公共政策的协商机制，政府借助这一机制来扩张其社会控制基础①。

阿特金森（Atkinson）与科莱曼（Coleman）在比较分析发达国家的经济政策时指出，在制定政策过程中这些国家在部门层次上存在着强国家和弱国家现象，并称这种现象为政策网络。他们把政策网络定义为，在某一政策领域中特定的官僚机构与主要的社会部门之间存在某种程度上制度化的关系，它集中体现在国家能力与社会成员之间的作用力对比上②。中国学者任勇认为，政府与其他利益相关者之间建立制度化的互动模式，他们针对和围绕共同关心的议题进行对话和协商，使得参与者的政策偏好或政策诉求得到重视，以便增进彼此的政策利益③。

4. 网络治理的视角

有些学者把政策网络定义成不同行动者之间相对稳定的、非科层的相互依赖关系。行动参与者们在资源交换过程中通过互动协商的方式实现共同政策利益，以此来应对政府失灵和市场失灵。有些学者认为，政策网络是由一群具有共同利益的、相互依赖的自主行动者所组成的关系网。一旦政府失灵或者市场失灵，这种平等、协商、互动的政策网络就变成了一种网络治理模式。虽然不同学者从不同角度来定义政策网络以及分析其特征，我们仍然可以看到政策网络具有共通的特点，即主体的多元化、主体关系的复杂化以及行动者的互动依赖关系。综上，政策网络是政策参与者为了使公共政策能够朝向自己预期的利益方向而与其他政策参与者既包括政府机关、利益集团、社会组织等公私部门，又包括行政官员、学者、记者等个体进行互动博弈的模式关系。政府处于政策网络的中心位置，随着社会的发展，公共政策参与者的范围不断扩大，社会参与者的作用力也在加强。

政策网络理论的优势可分为两个层面。在研究路径与分析方法方面，它填补了传统政治科学研究的空白，建立了一种中间层面的分析方法。通

---

① SMITH M J. Pressure, power and policy: state autonomy and policy networks in Britain and the United States [M]. New York: Harvester Wheatsheaf, 1993.

② ATKINSON M M, COLEMAN W D. Strong states and weak states: sectoral policy networks in advanced capitalist economies [J]. British journal of political science, 1989, 19 (1): 47-67.

③ 任勇. 政策网络的两种分析途径及其影响 [J]. 公共管理学报, 2005 (3): 55-59.

过跨越法团主义和多元主义的限制，政策网络理论构建了国家与社会之间的桥梁，形成了一种中观分析方法。这种理论认识明晰了各主体在政策领域中的地位和影响力，促进了国家与社会之间的互动与合作关系。而在公共治理实践层面，政策网络治理机制通过促成"正和博弈"加强了公共问题的解决能力，实现了网络水平的协商，促进了民主水平提升，并通过非正式沟通方式增进了社会资本的积累。然而，政策网络理论也存在一些不足之处。在研究路径与分析方法方面，它难以解释政策网络与政策产出之间的因果关系，以及网络变化与演变现象。这一理论框架的描述特性使其在解释网络中人的动机和行为层面上显得力不从心。在公共治理实践层面，政策网络中各主体的资源差异导致了地位不平等，而网络的进入壁垒也可能将其他主体排除在外，限制了民主协商的范围。此外，尽管政策网络的非正式沟通和互动有助于增进信任，但在某些情况下，信任的不足也可能影响问题解决的效率和效果。

三、政策网络理论在学术研究上的应用

1. 网络治理模式

网络成为一种广泛存在的社会协调方式，它网罗了公共部门、私人部门以及社会大众进行交流合作，能够有效地解决公共问题和实现社会治理[①]。政策网络是一种结构，政策行动者们在这个结构机制下活动并有所作为。通常情况下，政府处于该网络结构的中心位置，对整个治理运作程序起宏观调控作用，协调和整合各方利益最终实现社会治理。而其他行动者按照自己所掌控的资源，如权力的大小、资金的多寡、信息的拥有量、组织或个人的实力等，在信任与合作的机制下相互结盟、坚持或放弃某一利益以整合集团利益并积极接触政策网络中心建言献策以得出共同接受的公共治理结果。国家公私部门围绕政策问题，在网络结构内进行协作治理，这里的行动者既有实际的政策参与者也有潜在的政策利益相关者。

在网络治理模式中，政府运用强制性工具、混合性工具以及自愿性工

---

① 杨艳红. 政策网络理论及其应用 [D]. 厦门：厦门大学，2010.

具影响和协调其他政策主体的行为以解决公共议题。网络治理模式强调的是政策过程中，行动者围绕公共议题相互讨价还价和协商合作所构成的网络结构。网络治理模式承认政策行动者的多元性，但也强调政府的中心协调作用，这表现为它对政策治理工具的选择和运用。因此，网络治理模式逐渐成为取代传统统合主义和自由市场主义的第三种国家治理途径，而且在当今社会发挥着越来越大的作用，例如，我国对于新医改方案的网络意见的征集和国家法定节假日修改意见征集等行为都初见政策网络治理的端倪。

2. 利益中介模式

对于政策网络理论研究，以英美学者为主的利益协调学派认为政策网络所概括的是国家与利益集团之间的相互关系，反映相关利益集团在某一政策领域内所处的地位或者所拥有的权力。他们认为政策网络是一种利益协调模式，是利益集团与政府在政策制定过程中相互作用的一种模式。各个利益集团相互博弈竞争，进入政策制定过程从而影响公共政策的出台。公共政策的制定实际上是各个利益集团、政府机关以及社会组织围绕着一个政策议题，在自利动机的驱使下，相互平衡和协调利益关系，最终得出共同能够接受的方案或结果的过程。

理查德森和乔丹认为，政策制定是分割性的，公共政策是在无数相互联系与相互依赖的组织之间制定的，政策制定包含了国会委员会、行政机关和利益团体的政策共同体关系①。从一定程度上来说，政策网络是处于距公共政策不同位置和层次的利益相关者排除外来者而保护自身利益的竞技场。对于同一个政策议题，可能存在不同层次和利益倾向的政策行动者，也就是说不同利益关系和价值观的政策活动者或者组织会出现在同一公共政策的制定或执行过程中。因而，在政策网络内，由于政策参与者众多，利益倾向的多元化，一项政策的产生要涵盖和融合各个利益集团或者公民社会甚至是政府机关的利益价值观，这中间就需要对各政策行动者进行对话、协商、沟通和博弈互动来进行利益协调以实现公共政策制定。

<hr />

① RICHARDSON J J, JORDAN A G. Governing under pressure: the policy process in a post-parliamentary democracy [M]. Malden: Blackwell Publishers, 1979.

政策网络理论中的利益中介模式正视了政策过程中的多元政策参与者，并且肯定各个政策主体在理性选择下有各自的利益需求，更能真实地反映公共政策过程中行动者之间的资源交换和利益调和的行为现象，例如，处于世界性经济危机笼罩下的中国出口业，一直呈平稳增长的对外出口产业一度受阻。为了振兴出口贸易的发展，出口企业等相关部门提议零关税，而国家要平衡社会各行业的发展同时也要保证国家税收，经过种种利益协商和利益均衡，最终出台的政策是对于一些产品提高出口退税率。虽然我国政策网络理论发展处于起步阶段，但是利益协调模式的应用能够充分考虑各方利益，有利于政策合法化和政策执行的步骤推进，减少公共政策实施过程中的阻力。

3. 正式组织与非正式组织互动模式

政策网络理论作为公共政策的一种新分析方法，强调政策过程中正式的政治结构关系，又关注政策过程中非正式的组织关系，注重公私部门和组织之间的对话和沟通，这完全不同于以往关注政府部门的公共政策分析方法。在政策制定和执行过程中，政策网络关注政策主体之间动态的非正式的关系，不同的公共政策中政策主体不同，与此同时政策主体之间的关系也不同。而且政策主体之间既有政策网络结构下的结构性关系又有非正式的人际关系。政策网络理论运用网络结构分析法和网络人际分析法对公共政策进行剖析。

在政策分析过程中，政策网络理论运用结构分析法分析政策行动者在网络结构内相互作用、相互依赖并寻求协商后的共同利益，经过网络结构调适作用后，公共政策呈现其实际结果，例如，瑞德研究了英国吸烟的政策网络基础，认为政策网络是财政部、烟草工业和一定范围的广告工业在利益驱使下形成合作结构分享经济利益，烟草工业的发展可以带来财政部收入的增加，由于烟草工业业务拓展的需要和盈利增多，对于广告的需求量加大，从而带来烟草行业广告事业的发展[①]。这个例子简单讲述了在烟

---

① MARSH D, RHODES R A W. Policy networks in British government [M]. Clarendon Press, 1992.

草行业发展影响下财政部和广告业的连锁反应，它们之间交织成一种结构关系。正如在政策执行过程中，政策执行机构上下级以及政策对象围绕公共政策进行沟通协调来实施公共政策，同时政策对象可以把自己的利益需求反馈到政策执行过程中来，使公共政策整合国家和社会个体的利益在双赢的状态下付诸执行实施。网络结构作用于政策结果，如果主张该政策的网络结构呈强势关系，这一项政策就能顺畅地合法化并得以实施；反之，如果主张该项政策的网络结构呈弱势关系，公共政策要实现合法化和执行就不得不做出更改。

政策网络理论反映的是政策行动者在政策过程中彼此互动交换资源的一种模式，这就使得政策过程中行动者之间资源交换的人际关系能够影响政策结果，政策行动者的利益偏好影响政策结果。在政策网络对于公共政策分析中的人际分析法，在理性选择理论的指导下，根据利益关系的亲疏远近，进行资源交换和结盟从而影响政策结果。例如，对于房地产市场救市与不救市的政策，主张救市的房地产商和利益相关者会积极结盟接触政府和权力机关出台救市政策，而购房者和期望去房地产市场泡沫的行动者也会积极结盟合作，影响政府机关抑制救市政策的出台。

第三章　公共管理行为与关系

第一节　协同治理理论

协同治理（Collaborative Governance）理论作为一种新兴的治理理论，是在新公共管理理论的基础上发展起来的，其代表人物是安塞尔（Ansell）和盖什（Gash）。该理论主张促进不同主体间的协作共生与资源共享，旨在通过这种合作机制优化资源配置、激发组织架构的革新活力，从而有效应对日益增长的治理复杂性，确保治理活动的高效执行与效果最大化。自协同治理理论诞生以来，其理念已在众多西方国家的治理实践领域内产生了广泛而深远的实践价值与影响。

在我国，对协同治理理论的研究已不仅限于理论的简单引入与介绍。在积极吸收和翻译西方研究成果的同时，我国学者还结合国情，通过理论创新、实践应用与经验总结开展了深入的理论本土化研究与实践探索。

一、协同治理理论的起源与发展

协同治理被视为协同学与治理理论交汇融合的产物，协同治理理论的学术起源可以追溯到 20 世纪 70 年代，其中协同学由德国学者赫尔曼·哈肯（Hermann Haken）提出，他在自然界的广泛现象中辨识出协同作用的普遍存在，并在《高等协同学》一书中系统阐述了协同学理论，为理解和预测复杂系统的行为提供了强有力的工具①。协同学主要研究复杂系统中不同性质的子系统如何通过相互作用，在时间和空间上形成自组织结构，实现从无序到有序的转变。尽管协同学起源是对自然科学的观察与反思，但其基于系统论和控制论的视角逐渐跨越学科边界，为解析社会系统的动态机制和社会现象提供了新的理论分析框架。随后，协同治理理论作为自然科学中的协同论与社会科学中治理理论的交叉领域，逐渐形成。安塞尔与盖什（2008）合著的《协同治理的理论与实践》发表之后，协同治理理论的研究内涵得到了显著丰富。

协同治理理论的兴起有着深刻的现实背景，自工业革命起，官僚体制作为一种管理模式应运而生，并在20世纪的公共行政管理中确立了其主导角色。二战结束后，经济复苏且迅猛增长，这不仅推动了公共服务范围的大幅度拓展，也促使政府机构规模急剧扩大。随着时间的推移，各国政府进入战后重建与经济快速发展阶段，直至20世纪70年代，面临新的挑战。1973年石油危机爆发后，面对资源短缺与民众对政府服务需求激增的矛盾，各国政府开始意识到，单纯依靠官僚制管理模式已难以维系。为控制政府支出、提高管理效率，自20世纪80年代起，西方国家开始推行权力下放，强调结果导向和客户管理理念，以激发公共服务的活力和效率。在英国撒切尔夫人的领导下，私有化和鼓励私人投资成为重要政策导向，同时，政府还致力于加强公共部门间的合作，并积极探索公私合作新模式。美国里根政府所倡导的新联邦主义（New Federalism），显著削减了联邦政府的规模与职能范围，大力推动权力下放，使更多治理责任转移到地方政府，同时削减了地方补贴，迫使地方政府寻找新的问题解决途径。在此期间，私人部门逐渐崭露头角，成为公共服务的重要参与者。公众介入公共事务的途径不断丰富，公共部门、私营领域与民众之间的合作日益密切，这无疑使经典的官僚体制模式及"全能政府"观念面临了前所未有的考验，同时公共领域与私人领域的界限逐渐模糊。针对日益复杂多变的经济社会议题，各国政府纷纷踏上寻求创新治理模式的道路，力求适应新的治

---

① 哈肯. 高等协同学 [M]. 郭治安，译. 北京：科学出版社，1989.

理需求与挑战。正是在这样的历史背景下，协同治理理论应运而生，其强调多元主体间的有效协作与资源共享，为应对现代社会的挑战提供了新的思路和方法①。

1989 年，世界银行在案例研究中首次引入"治理危机"概念，自此，"治理"理论逐渐走进公众的视野。进入 20 世纪 90 年代，随着第三方机构的兴起与蓬勃发展，学术界重新评估政府、市场与社会三者间的关系，促进了治理理论的产生。协同理论与治理理论间存在深刻的内在耦合性，这种联系促使二者能够自然融合，形成深度的协同效应②。起初，"协同治理"一词主要应用于教育与医疗卫生领域，用以描述课程管理和公共卫生服务中各部门、各学科之间的合作。但随着理论研究的深入和实践经验的积累，协同治理逐渐成为公共行政未来发展的重要趋势。2008 年，第三次明诺布鲁克会议聚焦全球议题、公共行政与跨学科整合等核心议题，提出了基于网络和协同理念的公共行政未来的发展方向。回顾过去 30 年的公共行政发展历程，可以发现"协同"始终贯穿其中。起初，这一治理思想表现为"协作式公共管理"，着重构建政府机构间及政府与非营利组织间的伙伴合作关系，以合力应对公共领域的各项挑战。随着社会生态的日趋复杂，该理念进一步演进至"协同公共治理"的新阶段，强调一个更为广泛的参与网络，其中包括政府、公民社会团体、非营利组织及私营企业等多元化行动主体，它们共同参与，协力探索解决复杂社会问题的新路径与策略。这一演变不仅反映了公共管理实践的不断深化，也预示着未来公共行政发展的广阔前景。

世界各国政府普遍面临提升运作效能的变革诉求，在这一转型时期，实践揭示公共事务管理已超越单一政府行为范畴，转变为由公共、私营及非营利部门结成的伙伴网络共担责任的模式。在此背景下，政策制定、执行与评估的复杂性增加，传统官僚体系在新挑战前显得效能不足。因此，

---

① 田培杰. 协同治理：理论研究框架与分析模型 [D]. 上海：上海交通大学，2013.

② 吴春梅，庄永琪. 协同治理：关键变量、影响因素及实现途径 [J]. 理论探索，2013 (3)：73–77.

公共管理学科于近年来出现了一种新的研究热潮，即对网络化治理与网络管理的深入研究。他们聚焦于公共机构和管理者如何适应跨部门、跨层级的治理体系，并致力于研究如何推动这一变革。其中，一个核心议题便是如何构建有效的结构和程序，以促进不同参与者之间的协同合作，进而提升决策与执行的效率和质量，而这一系列探索最终汇聚形成了"协同治理"的核心理念。这意味着公共行政领域在直面复杂治理挑战之际，正坚定地迈向一个更开放、更包容及高度协同合作的新发展阶段，其中"协同治理"成为指导这一变革的核心理念。

二、协同治理理论的主要内容

1. 协同治理理论的核心理念

安塞尔和盖什将协同治理界定为一种治理模式，在此模式下，一个或多个公共机构与非政府的利益相关方通过正式且强调共识构建的协商机制，进行直接而密切的合作互动。这种互动的首要目的是在集体决策过程中制定或执行公共政策、有效管理公共项目及公共资源，从而实现治理目标与效能的最优化。该定义着重强调协同治理的六大构成要素：第一，论坛（forum）由政府机构发起；第二，非国家行动者（non-state actors）是参与主体之一；第三，这些参与者需深度介入决策流程，而非停留在单纯咨询层面；第四，论坛组织形式正规，特征为集体性对话；第五，其核心目标在于通过共识达成决策；第六，协同治理的核心关注点在于公共政策与公共管理领域[①]。安塞尔和盖什的这一定义因其全面性和精练性，在学术界及实践领域获得了广泛的认可与应用。

学者田玉麒在其文章《协同治理的运作逻辑与实践路径研究》中归纳了国内学术界对协同治理概念的三种诠释视角[②]。首先，第一种视角将其视为自然科学领域"协同学"与社会科学"治理理论"的跨界融合。此流

---

① ANSELL C, GASH A. Collaborative governance in theory and practice [J]. Journal of public administration research and theory, 2008, 18（4）：543-571.

② 田玉麒. 协同治理的运作逻辑与实践路径研究 [D]. 长春：吉林大学, 2017.

派致力于在理论上架设桥梁，将"协同学"核心概念"序参量"移植至现代管理学语境中，旨在通过调控系统内的关键要素，实现系统的动态平衡与有序演进。同时，它吸纳了治理理论中的多中心治理与多元主体参与的理念，并凭借信息技术的支撑，促成政府、非政府组织、企业及公民等多方面力量的协同，共同参与到公共事务的管理和创新之中，以保障公共福利。其次，第二种视角是将协同治理视为全球化及后工业化时代社会治理模式变革的产物，常在国内文献中以"合作治理"的形式被讨论。面对全球化与后工业化的双重挑战，社会结构呈现出复杂多变与高度不确定性的特点，合作治理模式应运而生，作为应对这一复杂情境的有效手段。该视角明显偏离了传统的政府高度集权路径，而倾向于采纳一种更加强调民主参与的政府引导型模式，注重多元主体间的互动与协作，旨在通过多方合作共同应对复杂多变的社会治理问题。最后，第三种视角则是对国外术语"collaborative governance"的介绍与翻译。根据当前多数国内研究文献显示，"协同治理""合作治理"以及"协作治理"等词汇被广泛采用①。

协同治理被视为协同学与治理理论交叉下的概念，鉴于国外学者在表述上虽各有侧重，但协同治理仍普遍被认为是协同学与治理理论交汇的产物，共识集中于协同治理涵盖了政府与非政府主体的紧密合作，以及形成的多元主体会基于共同目标协同努力。相比之下，国内学者的研究更侧重于探究协同治理的生成逻辑、特性、维度、运作机制及其在中国语境下的实践路径等。综合国内外学者的深入探讨，并借鉴联合国全球治理委员会的权威总结，协同治理可被界定为一个动态的、目标导向的过程或结果，其中，在党委的引领下，政府机构、企业实体、社会组织及广大公众等多种行动主体，围绕着治理目标，经由沟通协商以达成共识，并据此协同行动，共同致力于公共利益的持续增进与最大化实现，这一系列动态过程及其成效构成了协同治理的核心内涵。这一过程或结果不仅展现了治理的协同性，更彰显了治理的民主性与实效性。

探讨协同治理的内涵时，需从以下几个关键维度进行理解。首先，从

---

① 田玉麒. 协同治理的运作逻辑与实践路径研究 [D]. 长春：吉林大学，2017.

治理过程来看，协同治理凸显了多个主体作为系统内部子系统的作用，以及这些子系统间相互协调与配合的重要性，以确保整个治理系统的有序与高效运行。其次，协同治理的运作不仅涵盖正式制度，也包括非正式制度，这强调了整体管理制度对于不同子系统间协调与互动的关键影响。其中，风险沟通、利益考量、法律保护以及控制约束等要素均发挥着重要作用。再次，在治理方式上，协同治理特别强调通过面对面的直接交流以及网络平台的间接沟通，推动不同主体间的协商与共识的达成。这一机制鼓励各方基于共同目标灵活构建合作联盟，共同分担风险、共享成果，推动治理进入良性循环。最后，在适用范围上，协同治理已成为公共事务治理的新趋势，展现出积极的社会正面效应。

2. 协同治理理论的经典模型

协同治理理论从诞生之初就伴随着实践活动，而实践活动是丰富理论的重要支撑。在协同治理的研究中，Bryson 模型、六维协同模型、公私协力运作模型、SFIC 模型等都是分析协同治理的主要应用工具，其中 SFIC 模型作为最基础的分析模型，具有很高的普适性，因此应用也比较广泛①。

（1）SFIC 模型

SFIC 模型是由安塞尔和盖什总结、分析和提炼不同国家和政策领域的137 个协同治理案例而开发的，其理论框架分析包括初始条件 S（starting conditions）、干预领导 F（facilitative leadership）、制度设计 I（institutional design）、合作过程 C（collaborative process）四部分内容（简称 SFIC），各部分主要用于阐述协同治理的形成机制及运作过程，构建基于组织关系的组织协同理论框架。其中，合作过程变量是 SFIC 合作治理框架的核心，初始条件、制度设计和干预领导变量是影响合作过程的关键变量。初始条件表示协同治理前的社会资本、动机及合作与冲突基本水平，可以促进合作，也可以制造合作障碍；干预领导为协同治理过程提供必要的沟通和促进策略；制度设计指的是协作发生的基本礼仪与行为规则，每个部分又包含了不同变量。SFIC 理论中协作过程是复杂的，多个因素互相影响、各主

---

① 田培杰. 协同治理：理论研究框架与分析模型［D］. 上海：上海交通大学，2013.

体间需持续互动，其不是线性过程，而是一种循环结构，一个从开始到结束再回到开始的循环过程①。

（2）Bryson 模型

Bryson 模型是由明尼苏达大学的 Bryson、Crosby 以及 Stone 三位学者合作构建的，他们在深入研究文献的基础上，创造跨部门协同（cross-sector collaboration）的分模型②。在这个框架内，"跨部门协同"被定义为一种合作模式，涉及至少两个不同部门的组织实体，它们通过整合和互享信息、资源、行动及能力，共同实现那些单一组织无法实现的目标。该模型系统性地划分为五大核心要素：第一，起始条件（initial conditions），涉及协同前的预备状态和环境背景；第二，过程（process），涵盖协同合作中的互动与动态；第三，结构与治理（structure and governance），涉及合作的组织架构和管理机制；第四，偶然事件与约束条件（contingencies and constraints），讨论外部因素及意外情况对协同的影响；第五，后果与责任归属（outcomes and accountabilities），评价协同的成效及各方的责任分配。这一模型为理解及指导跨部门协同的复杂动态提供了全面而深入的视角。

（3）六维协同模型

六维协同模型是加拿大魁北克省的一个名为 CEFRIO 的组织和美国奥尔巴尼大学政府技术中心联合开发的"公共服务提供的新协同模式"。该模型将影响协同成功的因素概括为五个维度，再加上项目和协同表现作为第六个维度，因此称之为"六维协同模型"③。由于六维协同模型是在各国公共服务提供情况研究的基础上形成的，因此模型尤为重视一国特有的政治、社会、经济与文化背景对协同机制的塑造作用。此外，模型将协同模式细分为公共部门内部、公共部门与私营部门间以及公共部门与非营利组

---

① ANSELL C, GASH A. Collaborative governance in theory and practice [J]. Journal of public administration research and theory, 2008, 18 (4): 543-571.

② BRYSON J M, CROSBY B C, STONE M M. The design and implementation of cross-sector collaborations: propositions from the literature [J]. Public administration review, 2006, 66: 44-55.

③ DAS S S, EGLENE O. New models of collaboration for delivering government services: a dynamic model drawn from multi-national research [C] //Proceedings of the 2004 Annual National Conference on Digital Government Research, WA, USA. 2004.

织间的合作，并考察了不同模式对协同进程的差异化影响。尽管其创新性显著，"六维协同模型"仍存在一定的局限性，首先，模型侧重于公共服务供应场景下的协同，潜在假设合作双方或多方间存在一定程度的自由度与互利基础，即在协同初期各方能够就目标达成共识并建立起初步信任。然而，这一设定忽略了合作中可能发生的摩擦与冲突，模型对争议解决和信任动态构建的考虑不足，将合作过程过分简化为线性流程，忽视了现实合作的复杂多变性。其次，模型虽然考虑了各参与方的特征与目标预期，但仅呈现了一种静态视角，未能反映随着合作深入，参与者的期待的动态变化过程。然后，模型在描述协同行为的组织层面显得缺失，未能充分描绘协同背后的组织架构与支持机制。最后，模型的固定框架未能充分捕捉合作互动的动态性，诸如合作方间的沟通、学习过程、职责调整等方面未得到应有的重视，显示出一定的僵化倾向。

三、协同治理理论的实践应用

1. 协同治理理论在现实场景的应用

协同治理正逐渐成为全球多个国家和地区，以及不同政治活动领域中解决公共问题的重要路径。美国在这方面提供了实例，其协同治理的理念已深深植根于众多政策实践之中。尤其在跨国界水域资源管理这一领域，协同治理的体现尤为突出，联邦层级与州级政府不仅强化了彼此间的合作纽带，还进一步拓展到各州政府间的协作网络，他们与非政府组织及非营利机构携手，通过具体的项目合作机制，共同进行水资源规划与管理的协同。这种多主体参与、多层次联动的合作模式，彰显了协同治理在整合公共资源、促进决策共识及提升治理效能方面的独特价值。英国的协同治理体现为政府、企业和民间组织已经形成了紧密的伙伴关系，以共同应对社会福利问题。1997 年英国工党政府与志愿部门达成了《政府与志愿部门关系协定》，因此，确立了稳固的合作伙伴框架，并在卫生健康、社会关怀、劳动就业以及儿童福利等多个关键领域深化了协同合作。在澳大利亚，协同治理的兴起标志着公共政策进入了一个新的时代。以危机管理为例，实现了从 20 世纪 90 年代较为初级的应对模式到 21 世纪初的显著转变，形成了高度整合与复杂的协同机制。如今，由总理与内阁办公室、外交部与贸易部、国防部等核心机构组成的策略政策协调小组，能即时响应并高效处理各类紧急危机，体现了协同治理的深度与广度①。

在中国，政府历来是公共事务管理的主导力量，相较于市场力量与社会参与，政府在公共领域占据了显著的主导地位。然而，随着经济体系与政治体制深化改革的持续推进，中国逐渐迈开了探索政府、地区间协作新模式的步伐。回顾我国协同治理的演进轨迹，这一过程起步于政府机构内部的合作尝试，随后逐步延伸至政府与市场、政府与社会力量的广泛协同合作。从实践应用的现状来看，中国协同治理的实践重点在地方政府间的跨区域合作、生态环境保护与治理、公共服务的多元化供给、公共危机管理等方面，这些实践均彰显了中国在推进协同治理方面不断深化探索与创新的决心与成效。这些实践经验清晰地表明，协同治理模式在公共服务提供中确实具有独特而重要的作用。这种模式的推广和应用，不仅提升了公共服务的质量和效率，也标志着中国社会治理体系和治理能力现代化的重要进步。

2. 协同治理理论在学术研究领域的应用

早期我国关于协同治理的研究主要集中于公共危机治理②③④⑤⑥、社会管理⑦⑧、多中心治理⑨⑩等主题。这些研究主要是强调社会治理的各主体

---

① 田玉麒. 协同治理的运作逻辑与实践路径研究 [D]. 长春：吉林大学，2017.

② 刘霞. 公共危机治理：理论建构与战略重点 [J]. 中国行政管理，2012（3）：5.

③ 张玉磊. 公共危机治理：从碎片化到整体性 [J]. 理论探索，2012（6）：4.

④ 张立荣，冷向明. 协同治理与我国公共危机管理模式创新：基于协同理论的视角 [J]. 华中师范大学学报：人文社会科学版，2008，47（2）：9.

⑤ 陆远权，牟小琴. 协同治理理论视角下公共危机治理探析 [J]. 沈阳大学学报，2010.

⑥ 孙骅宣. 公共危机的协同治理研究 [D]. 北京：中央民族大学，2012.

⑦ 陶国根. 社会管理体制改革中的社会协同问题研究：以社会资本理论为视角的探讨 [J]. 四川行政学院学报，2009（1）：4.

⑧ 赵宇红，梁晴. 论新型社会管理格局中的公众参与：以治理理论为分析视角 [J]. 管理学家，2012，000（13）：10-10，11.

⑨ 陶峰. 多中心治理与城市公园管理研究 [D]. 上海：上海交通大学，2007.

⑩ 李露，袁薇. 高校偿债责任主体划分及协同治理方式研究：基于多中心治理理论视角 [J]. 黑龙江高教研究，2012，30（6）：5.

应在公共价值和共识的基础上加强合作，共同解决复杂的问题。随着研究的进一步深入，研究主题开始涉及信访制度①、征地拆迁②、社区治理③等多个领域。近年来，在区域协同治理方面，李国平和吕爽（2024）运用协同治理理论对京津冀地区协同发展的战略事实及重点方向进行了研究，发现京津冀地区面临着在全国所占经济份额下降、区域内部差距扩大以及区域空间结构有待优化等新问题④。李梅等人（2024）基于网络视角，对京津冀区域环境协同治理现状进行了调研，从治理模式转型、跨区域统筹能力、跨界协调机制市场化治理工具、政府网络管理能力五个方面提出对策建议⑤。马淑芹等人（2023）探讨了黄河流域生态保护协同治理的问题，系统分析了黄河流域生态保护治理存在的问题，提出了建立协同攻关平台⑥。陈磊（2024）选取四川嘉陵江流域作为研究对象，依托空间治理理论与流域土地协同利用的逻辑框架，设计了一套协调度模型，旨在精确评价嘉陵江流域土地使用的协同效率。在此基础上，进一步提出了一系列策略建议⑦。潘昭宇等人（2023）对都市圈经济发展协同治理进行了研究，借鉴国外都市圈治理案例经验，建议从治理主体、对象、模式、工具等维度构建都市圈经济协同治理基本框架，建立协同共治的都市圈规划体系⑧。协同治理研究总体稳定进行，协同治理成为学界持续关注的问题。

---

① 陈慧荣，李志超. 信访协同制度化与国家社会治理能力 [J]. 中国行政管理，2014（10）：51-55.

② 肖湘雄. 征地拆迁过程中的多元主体协同研究：基于湖南省湘潭市的调查 [J]. 中国行政管理，2014（1）：55-58.

③ 卫志民. 中国城市社区协同治理模式的构建与创新：以北京市东城区交道口街道社区为例 [J]. 中国行政管理，2014（3）：58-61.

④ 李国平，吕爽. 京津冀协同发展战略实施成效及其重点方向研究 [J]. 城市问题，2024（2）：4-10.

⑤ 李梅，杨萍，张敏. 网络视角下京津冀区域环境协同治理现状、成效及对策 [J]. 中国环境管理，2024，16（1）：82-87，81.

⑥ 马淑芹，许超，夏瑞等. 协同推进黄河流域生态保护治理的问题、挑战与建议 [J]. 环境保护，2023，51（22）：10-13.

⑦ 陈磊. 空间治理背景下四川嘉陵江流域土地利用协同绩效评价研究 [J/OL]. 甘肃农业大学学报：1-13.

⑧ 潘昭宇，邱爱军，余飞等. 都市圈经济发展协同治理研究 [J]. 宏观经济管理，2023（12）：58-64.

第二节　社会网络理论

社会网络理论最初由英国学者拉德克利夫-布朗（Radcliffe-Brown）在
1940 年提出，后经由美国社会学家马克·格兰诺维特（Mark Granovetter）
等人的深入剖析与发展，其理论内涵得以丰富和完善。社会网络分析法强
调人际关系的结构及其对社会现象的重要影响，将社会比作一张错综复杂
的网络，其中个体间的关系如同网络的经纬，交织成一个动态的互动体
系。这一框架下，社会网络被视为一种为了实现特定目标而存在的互动模
式，在网络成员间传递知识、信息与资源，促进合作与交流的复杂关系
网。社会网络理论的诞生源于对人与人、人与社会之间关系的思考，也涉
及人与群体之间的张力问题，同时还包含了对抽象的社会关系进行量化研
究，因此在本质上来说，它是各个学科共同努力的结果，也是一门研究社
会特殊复杂性的科学。

一、社会网络理论的起源与发展

一般认为，社会网络理论的起源可以追溯到 20 世纪 30 年代的英国人
类学研究领域。当时，学者们主要探讨了人们的经济活动与其社会关系之
间的联系。而"社会网络"这一概念，最初是由英国社会学家拉德克利
夫-布朗所提出的，指的是由个体或团体在社会活动中所形成的错综复杂
的联系。将这些关系的总和视为一个整体时，便构成了一个庞大的社会网
络。值得注意的是，早期对于社会网络的研究主要是置于社会科学的研究
范畴之内。在布朗的研究历程中，他在 1930 年便运用"社会组织"的概
念来深入探讨澳大利亚部落的聚居现象。随后，在 1940 年的著作《安达
马恩岛民》中，他进一步提出了"社会结构"的议题，并首次明确引入了

"社会网络（social network）"这一重要概念①。

由此，英国的社会网络研究领域逐渐兴起，越来越多的学者投身于这一领域，从而不断拓展和深化了社会网络研究的广度和深度。其中，巴尔内斯（Barnes）在1954年通过对挪威渔村的亲属与阶级关系的深入研究，创新性地引入了"社会网络"的概念，对整个村庄的结构进行了精准剖析。他将社会网络比作一种跨越界限、联结不同社会关系的纽带。随着时间的推移，这一理念逐渐演变为社会学和管理学研究中的重要方法和分析工具，即社会网络分析②。

在1957年，社会学家博特（Bott）公布了一项具有重大突破的研究成果。他引入了"节点"（knit）这一概念来测量网络的结构，这一创新使得社交网络研究能够更深入地探讨网络中的个体。更重要的是，他通过考察个体的属性和特征，利用个体间的关系来全面衡量整个网络的结构③。与此同时，美国作为社会网络研究的另一中心，其中学者莫雷诺（Moreno）在20世纪30年代就开创性地采用了社会计量学方法来分析社会关系。他利用这种方法深入研究小群体内部的结构特征与个体间的动态交互模式，为理解人类社会的复杂网络奠定了基础，从而推动了社会网络分析由原先的概念性探讨向更加实证的方向转变。这一转变无疑是一个历史性的转折点，此后社会网络研究在美国的逐渐兴起④。

从最初莫雷诺（Moreno）在1930年尝试将人与人之间的关系结构化，并用连线将相关的个体连接，从而建立了网络形式的关系，此后提出的"社群图"标志着现代社会网络理论与分析方法的起源⑤。首次采用节点代

① RADCLIFFE-BROWN A R. The social organization of Australian tribes［J］. Oceania, 1930, 1（1）：34-63.

② BARNES J A. Class and committees in a Norwegian island parish［J］. Human relations, 1954, 7（1）：39-58.

③ BOTT E, SPILLIUS E B. Family and social network：roles, norms and external relationships in ordinary urban families［M］. London：Routledge, 2014.

④ MORENO J L. Who shall survive?：A new approach to the problem of human interrelations［M］. Nervous and Mental Disease Publishing Co., 1934.

⑤ MORENO J L. Psychological and social organization of groups in the community［C］//Proceedings & Addresses. American Association on Mental Deficiency, 1933.

表社会网络行动者，节点之间的连接线代表社会网络行动者之间的关系，通过社群图展现社会网络行动者的网络角色和网络位置。社会网络的数学模型在 20 世纪 50 年代逐渐发展起来。在 20 世纪 70 年代，新哈佛学派深入探究了社会网络分析的方法和特性，他们在构建社会网络分析模型、实施实证研究等诸多方面做出了杰出的学术贡献。这些贡献不仅得到了广大社会科学家的广泛认同，而且极大地推动了社会网络分析的规范化和结构化发展。随着社会网络的专业性组织"国际社会网络分析学会"诞生，学者们从不同视角发展了社会网络理论。

1930 年，社会网络理论产生，1960 年才逐渐成熟，直到 20 世纪 80 年代，社会网络的理论框架与分析技术逐渐在社会科学与行为科学中得到了广泛应用，这一趋势随着多国及多学科对社会网络视角的应用而加速，促进了社会网络分析知识体系的共建。社会网络研究因而进入了快速发展的阶段，学术合作与交流活动日渐频繁，标志着社会网络理论正式融入主流社会科学，引领了一场研究范式的革新。进入 20 世纪 90 年代后，社会网络的理论工具进一步跨越边界，广泛渗透到企业管理与组织研究的实践之中。特别是在近 20 年里，初创企业的发展模式和发展理论已成为全球范围内的研究热点。基于此，学者们总结并提出了"关系""结构""资源"和"工具"等多种学说，试图阐明创业企业社交网络的内部机制与作用方式，解析社交网络的联结效应。此外，对大学生社交网络也有较多的研究出现。大学生社交具有高度的特征，即从以血缘为主体的"强联结"向以"弱联结"为主体的"社交网络"演进，具有重要的理论价值和现实意义。目前，针对高校学生社交网络的研究还很少，且多集中于研究其对其他变量的影响。另外，近年来对社交工具与社交网络的研究逐渐增多。微博等社会化工具成为社会网络领域的一个热门话题。新的社会网络呈现出诸多新特征与优势，其最显著的优点在于，与传统网络相比，社交网络扩展的边际成本极其低廉、快速，而其自由交互则产生了社会资本，且获取渠道多样。

二、社会网络理论的主要内容

1. 社会网络理论的核心理念

诺克在《社会网络分析》中将社会网络定义为：群体中的行为人以及行为人之间的关系①。社会网络构成了一种机会结构，其核心目的在于促进网络主体间的沟通、信息获取、社会支持以及这些资源的有效识别与利用。有学者指出，社会网络是由社会成员间的相互联系所形成的一个稳定系统，它被视为网络中各个节点——"行动者"及其相互关系的总和。从这个角度看，社会网络不仅是一个增进沟通与友谊的关系网，更是一个通过不同行动者之间相互联系而形成的复杂聚合体，这种聚合体能够有效地发挥其资源价值。社会网络的一个显著特征是其网络规模，这可以通过网络成员之间连接的数量来衡量。某个成员与其他成员的联系越紧密、越频繁，其在网络中所能聚集的关系就越多，从而在网络结构中占据更重要的位置。这种重要性意味着该成员能够获取和使用的资源更为丰富，进而可能获得更高的绩效。

社会网络理论为研究与分析引入了一个新的视角。在社会网络研究者的眼中，企业环境被看作是由多元社会行动者构成的复杂网络，这与利益相关者的理念不谋而合，即将组织视为一系列环境行动者间的关系的总和。社会网络所描绘的复杂的关系图景，与利益相关者所处的实际情境一致。实际上，利益相关者网络就是一个典型的社会网络体系，其中每个利益相关者都作为网络中的一个节点存在，每个节点都具有独特的属性和特征。这些节点通过资源的流动与交换，在网络中相互影响、相互作用。因此，对于利益相关者网络的研究，必须以社会网络分析作为方法论基石，深入探讨利益相关者网络的结构特性，以及这些特性对利益相关者管理工作的深远影响。

2. 社会网络理论的核心理论

社会网络理论认为，个体或组织能通过彼此间的相互联系，共同构建

---

① 诺克，杨松. 社会网络分析 [M]. 2 版. 上海：上海人民出版社，格致出版社，2012.

出一个稳固的社会网络架构。通过这种联系，他们可以获取并共享网络中蕴含的宝贵知识和资源。一般认为其包含强联结与弱联结理论、结构洞理论、社会资本理论三大核心理论。

（1）强联结与弱联结理论

格兰诺维特（Granovetter）于 1973 年在《弱关系的力量》一文中，首次引入了联结强度的概念。他从四个维度——互动频率、情感投入、亲近程度以及互惠情况，将联结划分为强联结与弱联结两类①。强联结被视作维系企业内部各部门和员工之间稳固关系的纽带，这种紧密的联系有助于企业在面临不确定性时降低经营风险。弱联结则在企业与组织之间扮演着沟通桥梁的角色，促进了不同组织间的联系与协作。强联结可能获得相对较多的冗余知识，同时，强联结关系中的行动者可以更加信任自己的合作伙伴，并通过稳定的合作关系形成高质量的或隐性的知识流通。随着强联结关系之间锁定程度的不断增强，将不利于网络新知识的内部扩散和外部输出，合作范围局限在拥有相似知识的行动者之间。弱联结常常起到信息桥作用，使得信息在不同群体之间流通，从而获得大量的知识，但弱联结不关注知识质量。同时弱联结的创新主体间存在的异质性，有助于创新成果的实现。

格兰诺维特通过对强弱联结差异性的分析，提出了弱联结扮演的是社会网络中信息传递桥梁的角色。他指出，强联结植根于那些拥有相近社会经济背景（涵盖年龄、性别、教育程度、经济状况及职业特点）个体间的紧密联系，而弱联结则萌芽于社会经济特征相异个体间的较为疏远的交往。鉴于强联结群体内部的高度同质性，经此渠道获得的信息往往会重复。反之，弱联结跨越不同的社会经济界限，促进了不同社交领域的融合，成为推动信息与资源跨界流通和共享的有效机制，从而使个体能够通过弱联结触及与自己社会经济属性相异群体的不同信息，这是强联结难以提供的。基于此，格兰诺维特总结出一项关键结论：并非任何两个群体间

---

① GRANOVETTER M S. The strength of weak ties [J]. American journal of sociology, 1973, 78 (6): 1360-1380.

的弱联结自动具备信息桥梁的功效，但凡真正能担当起信息流通桥梁角色的都是弱联结。这一结论凸显了弱联结在网络结构中作为信息多样化和扩散加速器的特殊意义。弱联结往往不能帮助创业者在创业初期获得必要的信息和资源，而强联结往往在此时期发挥更明显的作用。1985 年，格兰诺维特明确了网络嵌入性的概念和维度，他认为个人的经济行为会受到社交网络的约束。社会网络结构的嵌入性制约了个人的经济行为，格兰诺维特从关系和结构两大要素入手将网络嵌入性划分为网络关系嵌入性和网络结构嵌入性。低碳创新网络是由多个创新主体构成的自中心网络，创新主体相互直接联系，通过强联结关系建立稳定的合作关系。创新主体之间的合作关系形成一个网络再通过正式或者非正式的合作关系形成直接或者间接的网络关系。创新主体在低碳创新网络中的结构嵌入与关系嵌入一定程度上制约其经济行为，因此，网络嵌入性影响着创新主体之间的合作收益。

部分学者指出，个体在社交网络中的位置及角色定位对其他成员具有显著影响。强联结对于维护社交网络的内在架构及增强成员间互动的关系起到了关键作用。在社交网络环境中，成员间具备高度强调忠诚度，此忠诚度不仅是维系个体持续从网络中汲取信息与资源的关键，还促进了内部凝聚力的增强。因此，强联结的维护不仅满足了网络内部对忠诚的期望，还促成了成员间深层次的互依共存与信任基石的搭建，这一过程加固了成员间的情感纽带，为后续的沟通交流与关键资源分享建立了可靠的信任基础。信任的建立，为社交网络内高效、高质量且大量的信息与资源流转提供了必要的前提，凸显了规范与保障此类交互行为机制的重要性。强联结的形成为此提供了可能，促使网络成员愿意采取长远视角，牺牲即时利益以换取未来更大的回报。这种面向未来的战略决策，进一步强化了强联结的必要性，它不仅作为行为准则的制定者存在于成员间，还调节着成员决策，引导网络向更可持续的发展路径前行。

（2）结构洞理论

结构洞理论核心在于通过分析社会网络中行动者相互位置的关系，并以此反映整个网络的结构，利用"结构等效性"这一理论假设，来阐释真实社会网络中的行为模式。该理论聚焦于几个关键网络特征：网络的封闭程度、行动者间联系的缺失状态（即结构洞），以及行动者在网络中的中心位置等。1992年，伯特（Burt）在《结构洞：竞争优势的社会结构》中系统阐述了结构洞理论，强调这种结构洞能够促成信息的非对称分布，同时指出，个体间关系的紧密程度与所掌握的社会资源量之间并无直接因果关联[①]。社会网络语境下，不论是个人还是组织成员，若能与所有其他成员建立直接联系，形成一个无缝连接的网络，这样的网络在宏观层面将不具备所谓的"洞"状结构，而这通常出现在规模较小、高度整合的网络中。相反，当网络中的个体仅与部分而非全部其他个体建立联系，网络便会出现未连接的间隙或"洞"，这种特殊的构造特征即被定义为"结构洞"。这一理论揭示了即便在非完全互联的网络中，这些结构洞的存在也为信息流动与资源获取带来了非均衡的机会，从而削弱了个体和组织的竞争优势。

"结构洞"在社会网络中构成了成员获取额外社会资本的独特通道。在此情境下，网络中处于结构洞两端的个体虽对彼此有所认知，但因缺乏直接联系，必须依靠第三方个体作为联结的纽带。这位扮演桥梁的个体，通过策略性地调控结构洞两边的信息交换与资源共享，得以在具备"结构洞"特征的网络结构中占据核心且主导的位置。鉴于在"结构洞"中桥梁角色的显著价值，网络成员往往积极调整自身网络布局，旨在占据更多此类结构洞的桥梁位置，以拓宽信息获取的多样性。具备"结构洞"属性的社会网络，为成员开辟了接触更广泛信息资源的渠道，这些信息原本分布于网络的各个角落。结构洞的出现实质上界定了信息交流的边界，从而限定了信息流通的自然范围。因此，那些有幸占据"结构洞"优势节点的个体，得以拥有更丰富的信息资源，并在很大程度上掌握了信息与资源流动的阀门，影响着网络中的资源配置格局。

结构洞理论主要探讨的是社会网络中部分主体与其他主体之间没有直

---

① BURT R S, Structural holes: the social structure of competition [M]. Cambridge: Harvard University Press, 1992.

接联系或联系中断的现象，旨在揭示通过引入弱联结来弥补这些网络中的"空白地带"，从而实现原本孤立的个体、组织或群体间的连接与整合，增强网络结构的连通性和层次性。这一理论通过填补结构洞，不仅为社会网络增添了深度与复杂性，还促使网络成员更加倚赖这一扩展后的网络来探索和获取原本难以触及的信息与资源。位于紧密网络集群边缘的结构洞位置上的个体、组织或群体，相比那些深陷于高度密集关系网络内部的对应体，展示出更强的获取资源和信息的竞争力，以及更显著的战略优势。由此可见，结构洞理论是对强弱联结理论的深度拓展，它进一步细化了社会网络中联结的性质与作用。此外，结构洞理论与社会资本理论紧密相连，强调了个体在网络中的社会资本积累与其占据结构洞数量的正比关系。

（3）社会资本理论

社会资本概念涉及个体在其社会关系网络中积累的无形资产，其多寡受到网络覆盖广度的显著影响。具体而言，个体若拥有更为广阔的社交网络，则其社会资本基础更为坚实，进而能触及并利用更广泛多样的资源。组织层面上，通过社交网络组织不仅能够累积并强化自身的社会资本，还在此过程中加深了网络内部的忠诚度与责任感，实现了社会资本的自我复制与价值增值。此外，社会网络构造为组织成员搭建了一个平台，使之能够共享社会资本的宝贵资源，促进了集体福利的增加。

例如成员间的互信，这种信誉为解决各类社会问题提供了有力的资源支持。社会资本理论建立在三个核心假设之上：社会资源效应假设、社会网络关系力量假设以及社会地位影响假设。社会资源效应假设认为，个体或组织能够通过自身的社会关系间接获取社会资源；社会网络关系力量假设则指出，个体的社会地位越高，其获取社会资源的机会就越大；而社会地位影响假设也强调，社会地位的提升将增加个体获取社会资源的可能性。社会资本之所以重要，其根本在于当创新主体与外部网络建立连接时，会发生"知识溢出"现象，这为社会资本的形成和增值提供了源源不断的动力。

在社会学的视角下，社会资本被视作个体与其所处的社会网络之间的纽带，以及通过这些纽带所获得的资源。这些资源不仅包括有形的物质资源，更涵盖了无形的社会地位、信息、支持和广泛的社会关系。法国社会学家皮埃尔·布迪厄（Pierre Bourdieu）在《社会资本随笔》中正式提出"社会资本"的概念，并强调了它在帮助个体获取资源和扩大影响力方面的重要性①。美国社会学家詹姆斯·科尔曼（James Coleman）从功能的角度探讨了社会资本的概念。他将社会资本视作一种基于社会联系的珍贵资源，体现为个人所嵌入的社会结构中可供调动的资源集合。在科尔曼构建的理论框架内，财务资本、人力资本与社会资本构成了组织或企业资本结构的三大支柱，缺一不可。尤为值得注意的是，社会资本凸显了组织间沟通与合作的桥梁作用，强化了外部联系的密度与质量。一个组织若拥有更为雄厚的社会资本底蕴，就意味着在社会资源的获取与动员上具备更强的竞争力和优势②。罗伯特·普特南（Robert Putnam）在科尔曼的理论基础上，对社会资本理论进行了深化与拓展，他将这一概念从微观个体层面拓展至宏观集体层面，阐释为社会网络与社会信任的深度融合。普特南强调，社会资本是推动社会合作与应对社会挑战的积极力量，其中信任构成了社会资本的核心要素，而社会网络关系则构成了其基础结构。他指出，社会资本寓于群体和组织之中，由制度框架和规范体系支撑并维护其运行与成长，为社会资本的累积与运用提供了稳定的环境③。

三、社会网络理论的实践应用

1. 社会网络理论在现实场景的应用

社会网络理论作为一种经济社会学的范式，它的理念在不同的学科、不同的领域都得到了广泛的应用。20 世纪 90 年代以来，社交网络理论在企业管理中得到了广泛的应用。首先，社会网络理论被应用于对企业员工

---

① 包亚明. 当代思想家访谈录：文化资本与社会炼金术：布尔迪厄访谈录 [M]. 包亚明，译. 上海：上海人民出版社，1997.

② 田凯. 科尔曼的社会资本理论及其局限 [J]. 社会科学研究，2001（1）：90-96.

③ 帕特南. 使民主运转起来：现代意大利的公民传统 [M]. 王列，赖海榕，译. 北京：中国人民大学出版社，2015.

行为进行分析。社交网络是一种由个体构成的一种复杂的关系，结点和结点的连接起着信息和资源流动的作用，所以，社会网络理论能够在观察内部组织动态及其对个体层面的影响上提供很好的视角。其次，社会网络被应用在企业知识管理分析与企业资源获取方面。社会网络是企业信息共享、知识创造与共享的主要途径。当一个企业在网络中占有较多的结构洞时，其对不同类型的资源的获得都是有利的，而网络的规模越大，所形成的结构洞越多。最后，社会网络理论被应用于对企业寻租的治理中。由于社会网络的作用，寻租行为的异化将加剧寻租行为对经济效率的破坏，所以在研究寻租的治理时，必须将社会网络的作用纳入其中。

2. 社会网络理论在学术研究领域的应用

国内外研究者在 20 世纪 90 年代将社会网络理论引入管理学领域，我国学者们主要研究集中在社区治理、高校教育改革、公共治理、区域发展、社会媒体与口碑营销、组织治理与创新网络、农村发展与养老问题方面。在社区治理方面，杨辰等人（2021）以上海宝山区顾村大居为例，基于社会网络理论对社区更新进行评价，社会网络理论为社区更新的评估提供了新的视角和方法[①]。在高校教育改革方面，杨东（2022）基于社会网络理论探讨了高校"三全育人"改革的路径[②]。马健云和陈亮（2021）则从社会网络理论视域下研究了高校弱势学科建设的问题产业发展方面，周胜男等人（2023）基于社会网络理论研究了生物医药产业集群创新组合模式[③]。魏凡俭（2021）则从社会网络理论角度研究了艺术会展运营模式[④]。在公共治理方面，周小付等人（2018）基于社会网络理论对 PPP 模式进行

---

① 杨辰，辛蕾，田丰. 基于社会网络理论的社区更新评估：以上海宝山区顾村大居为例 [J]. 城市规划，2021，45（2）：109−116.

② 杨东. 社会网络理论视域下高校"三全育人"改革路径探究 [J]. 东南大学学报（哲学社会科学版），2022，24（S2）：24−26.

③ 马健云，陈亮. 社会网络理论视阈下的高校弱势学科建设 [J]. 高教发展与评估，2021，37（3）：10−19，109−110.

④ 魏凡俭. 基于社会网络理论的艺术会展运营模式研究 [J]. 山东社会科学，2021（5）：109−115.

了研究，认为社会网络理论可以用来分析和解释 PPP 模式在公共治理中的作用①。马恩涛和李鑫（2017）则从社会网络理论视角研究了 PPP 模式下项目参与方合作关系②。在区域发展方面，刘法建等人（2016）基于社会网络理论对旅游地研究进行了述评③。王凤等人（2016）则从社会网络理论角度分析了农村社会空间联系④。在社会媒体与口碑营销方面，王德胜和韩旭（2014）基于社会网络理论研究了社会化媒体时代的口碑营销模式⑤。刘佳和李莹莹（2016）则综述了国内外基于社会网络理论的旅游研究⑥。在组织治理与创新网络方面，张宝建等人（2011）基于社会网络理论研究了企业创新网络的生成与进化⑦。谢珍和杨九龙（2013）则从社会网络理论角度研究了图书馆知识社区⑧。在农村发展与养老问题方面，王全美和张丽伟（2009）基于社会网络理论研究了农村养老资源整合问题⑨。

第三节 公共选择理论

公共选择理论作为一个独立又兼具跨学科性质的政治经济学分支，其

---

① 周小付，萨日娜，蒋海棠. PPP 能推动公共治理转型吗?：基于社会网络理论的检验［J］. 浙江学刊，2018（5）：69-73.

② 马恩涛，李鑫. PPP 模式下项目参与方合作关系研究：基于社会网络理论的分析框架［J］. 财贸经济，2017，38（7）：49-63，77.

③ 刘法建，张捷，章锦河等. 旅游地研究中的"联系"和网络：基于社会网络理论的旅游地研究述评［J］. 旅游科学，2016，30（2）：1-14，78.

④ 王凤，刘艳芳，孔雪松等. 基于社会网络理论的农村社会空间联系分析：以武汉市黄陂区李集镇为例［J］. 经济地理，2016，36（4）：141-148，202.

⑤ 王德胜，韩旭. 社会化媒体时代的口碑营销模式研究：基于社会网络理论视角［J］. 东岳论丛，2014，35（8）：165-169.

⑥ 刘佳，李莹莹. 国内外基于社会网络理论的旅游研究综述与启示［J］. 资源开发与市场，2016，32（9）：1134-1138，1147.

⑦ 张宝建，胡海青，张道宏. 企业创新网络的生成与进化：基于社会网络理论的视角［J］. 中国工业经济，2011（4）：117-126.

⑧ 谢珍，杨九龙. 基于社会网络理论的图书馆知识社区研究［J］. 图书馆，2013（6）：64-66.

⑨ 王全美，张丽伟. 基于社会网络理论的农村养老资源整合［J］. 农村经济，2009（9）：100-103.

融合了经济学的理论与方法论，以此来分析和阐释政治领域的复杂现象，开辟了政治经济学研究的新径。在公共选择理论的发展过程中，有三位杰出的代表人物。他们分别是被誉为"公共选择理论之父"的英国经济学教授邓肯·布莱克（Duncan Black），美国经济学家詹姆斯·布坎南（James M. Buchanan），以及美国数理经济学家肯尼思·阿罗（Kenneth J. Arrow）。这三位学者的贡献对公共选择理论的发展影响深远。

一、公共选择理论的起源与发展

从政治学的角度来看，公共选择理论的思想渊源可以追溯到托马斯·霍布斯和本尼迪克特·斯宾诺莎的政治哲学传统。从经济学角度来看，公共选择理论的思想渊源最早可以追溯到 18 世纪的孔多塞①、博尔达②等人的投票数学研究。公共选择理论的思想体系主要来源于 19 世纪末 20 世纪初的公共财政理论。最有影响力的是两位瑞典经济学家维克塞尔和林达尔，他们从公共财政与公共物品的角度研究政府的税收与支出问题，布坎南把维克塞尔视为现代公共选择理论的重要先驱。古典政治经济学家亚当·斯密的理论也对公共选择理论产生了影响，他们有共同的研究特色，即注重分析政治对经济的影响，分析不同制度背景下的经济行为，突出了市场经济的规律或者说是体制的重要意义，指出了政府应该扮演的角色。

作为一个相对年轻的理论流派，公共选择理论的历史并不久远。然而，在 20 世纪中期。当时，英国的三位经济学家在公共选择理论领域发表了关键性的学术论文，这些论文的发表标志着公共选择理论的正式形成，彰显了这一新兴学科的活力与潜力。其中，邓肯·布莱克作为英国北威尔士大学的经济学教授，被誉为"公共选择理论之父"。他在 1948 年所发表的《论集体决策原理》一文中，不仅确立了公共选择理论的核心观点，还对其进行了详尽的阐释。更重要的是，布莱克在这篇文章中首次提出了投

---

① DE CONDORCEt N. Essai sur l'application de l'analyse à la probabilité des décisions rendues à la pluralité des voix ［M］. Cambridge：Cambridge University Press，2014.

② MAINDRON E. L'Académie des sciences：Histoire de l'Académie，fondation de l'Institut national，Bonaparte membre de l'Institut national ［M］. F. Alcan，1888.

票人单方偏好理论和中间人投票定理，这两个理论为公共选择理论的发展奠定了坚实基础①。

在 1958 年，邓肯·布莱克发表代表作《委员会和选举理论》，首次对委员会的决策机制展开了研究，并对委员会内部的投票程序进行了广泛而深入的研究。在此基础上，他成功构建了一套选举理论的基本框架，为选举理论的发展做出了重要贡献。另一位杰出学者布坎南，在 1949 年发表了《政府财政的纯理论》一文，探讨了政府财政的深层原理②。随后，在 1962 年，他与戈登·塔洛克（Gordon Tullock）合著了公共选择理论的经典之作《同意的计算——立宪民主的逻辑基础》③。布坎南提出，多数投票规则的核心议题集中于如何防止多数派对少数群体的压迫，以实现广受认同的决策结论。在其著作中，他将公共选择理论细分为两大维度：遵循现有规则下的决策选择与规则本身的选定，进一步细分了政治科学领域为"日常政治"与"宪法层面的政治学"，此划分被视为"立宪经济学"领域的重要里程碑。该书被广泛认作该学科的开创性成果。布坎南与塔洛克等学者在弗吉尼亚理工学院及州立大学、乔治·梅森大学共同创建了公共选择理论的研究中心，为该理论的深入探讨与拓展提供了学术平台。由于布坎南在公共选择理论领域的杰出贡献及其深远的学术影响，他荣获了1986 年度的诺贝尔经济学奖，这一荣誉是对他在该领域卓越成就的国际认可，这也使得公共选择理论在西方学术界的地位迅速攀升。同时期，肯尼思·阿罗在 1951 年出版了《社会选择与个人价值》，这部作品后来为他赢得了诺贝尔经济学奖④。在这本书中，他所提出的"阿罗不可能性定理"以其深刻的数学逻辑分析见长，揭示了在公认理性原则框架内，从个人偏好排序无缝转化为社会总体偏好排序的不可能性。这项理论成果在学术界

① BLACK D. On the rationale of group decision-making [J]. Journal of political economy, 1948, 56 (1)：23-34.

② BUCHANAN J M. The pure theory of government finance：a suggested approach [J]. Journal of political economy, 1949, 57 (6)：496-505.

③ 布坎南，塔洛克. 同意的计算：立宪民主的逻辑基础 [M]. 陈光金，译. 北京：中国社会科学出版社，2000.

④ 阿罗. 社会选择与个人价值 [M]. 2 版. 丁建锋，译. 上海：上海人民出版社，2010.

产生了巨大反响，并激发了后续有关社会福利函数和社会选择函数特性的研究，引领了研究热潮。许多学者视"阿罗不可能性定理"的提出为社会选择理论真正形成的标志①。

二、公共选择理论的主要内容

1. 公共选择理论的核心理念

公共选择理论学者将经济学中关于"经济人"的基本假设及分析工具延展至政治学领域，由此形成了公共选择理论这一学术分支。该理论创新性地采用经济学的分析范式，深入剖析政府的政治决策行为，为理解政府在接近市场机制运作中的决策过程提供了新的理论视角。作为一种选择，公共选择是一种集体选择，与个人选择不同。基本上，个人在市场中的个人选择和非市场或政治中的公共选择概括了个人的全部选择。市场中的个人选择是指个体自愿、分散、个体、随机地做出的选择，收益和风险也是个人选择者的责任，个人之间不存在强制相关性。公共选择是指人们如何经由民主政治途径共同商议决定公共产品的需求、供应及生产方式，实现个人选择向集体决策的转化过程，集体选择的结果取决于集体决策行动②。

塔洛克提出，公共选择理论与经济学和政治学的传统视角有所不同。他认为，选民可被视为消费者，政治家则可比作商人或企业家。在这一理论框架下，选民、政客以及官僚均被假设为追求自身利益的个体。公共选择实质上是一种政治领域内的决策过程，其中，各行动主体遵循预设的规则框架，通过激烈的利益博弈与协商机制，共同决定集体行动的方向与策略。该过程的成效显著依赖于政府在决策中是否采纳了类似市场经济中的效用最大化逻辑，即是否追求资源的最优配置。公共选择理论作为一个跨学科的研究体系，广泛涉及多个维度，直接民主中的公共选择、代议民主制中的公共选择、寻租问题、搭便车理论、立宪选择理论等，全面分析了

---

① 罗云峰，肖人彬. 社会选择的理论与进展 [M]. 北京：科学出版社，2003.

② 孙同鹏. 经济立法问题研究：制度变迁与公共选择的视角 [M]. 北京：中国人民大学出版社，2004.

政治决策与资源配置的互动机制。

（1）直接民主中的公共选择

在公共选择理论早期的研究中，人们更多地将注意力集中在直接民主中。直接民主中的公共选择理论属于理性假定下的集体决策，以阿罗、布莱克为代表，主要围绕阿罗和布莱克等人的研究展开。比如，在一个小团体里，采用的是民主集体决策，一般是由委员会来决定。一般而言，国家很少实行直接的民主。直接的民主是全民投票。一些国家仅在诸如是否修订宪法这样的重要事项上进行全民投票表决。现代民主国家采用的是间接民主，在这种制度下，国家的决定通常都是通过民选的代表来进行，而非通过公民直接投票。但是，在分析直接民主政治时，公共选择理论仍具有很大的意义。直接民主制的分析方法可以推广至所有的政治体系，而且仍具有很强的解释力与预测性。

（2）代议民主制中的公共选择

公共选择理论是基于直接民主理论而构建的，并对代议民主制下的公共决策过程进行了研究。在安东尼·唐斯的经典之作《民主的经济理论》中，首次将"理性经济人"作为基础，构建了一个分析代议制民主政府行为的新模型。该书不仅在公共选择理论中占据重要地位，而且在整个政治学领域内都具有深远的影响。在"经济人"的假设下，公共选择理论深入分析了官僚组织、利益集团及其成员的行为动机。这一理论并没有将政府的官僚机构视为简单地为公民谋求明确利益的工具，而是认为它们具有自身的目标和利益追求。在这些理论模型中，尼斯卡宁模型因其深入的分析和影响力而成为描述官僚行为的重要模型之一。

（3）寻租问题

在19世纪60年代，戈登·塔洛克（Gordon Tullock）率先对寻租行为进行了系统的探讨①。随后，在1974年，学者克鲁格（Krueger）于其文章

---

① TULLOCK G. The welfare costs of tariffs, monopolies, and theft［C］//40 Years of Research on Rent Seeking 1. Berlin: Springer, Berlin, 2008: 45-53.

《寻租社会的政治经济学》中，首次将此类行为命名为"寻租"①。寻租理论现已演变为政治分析中的一个重要工具。"租金"是一种广泛存在的经济现象，随着国家对经济活动的干预和管理，不同类型的租金应运而生，而租金所在，便是寻租现象所在。寻租理论聚焦于租金的产生机制，以及相应的寻租行为特点和其造成的影响。许多研究均表明，政府在创造和分配租金方面扮演着关键角色。若要防止或抑制"寻租"，特别是那些造成资源浪费的寻租行为，体制改革被视为最根本的途径，以预防"寻租"的滋生。布坎南、塔洛克等学者在寻租问题方面的著作，为寻租理论的研究提供了宝贵的资料。

（4）搭便车理论

奥尔森的著作《集体行动的逻辑》从独特视角深入分析了利益集团，并提出了著名的搭便车理论②。奥尔森认为，在规模庞大的团体中，个体作为理性的自利者往往不愿主动为集团的整体利益采取行动，转而倾向于采取"搭便车"，这是一种基于理性的选择行为。相比之下，小型团体在促成集体行动方面展示出更高的效率与优势，原因在于其结构特性有利于减少搭便车行为的发生。而大型团体要想采取集体行动，则需提供选择性激励。奥尔森的搭便车理论逻辑清晰，与"囚徒困境"博弈理论有共通之处。然而，他的创新之处在于将研究焦点从利益集团与其他社会群体的博弈关系，转向了利益集团内部成员间的利益冲突。在这种观点下，利益集团不再被视作单一的个体，而是由拥有多样化个人利益的成员所组成的复杂群体，其行动决策始终围绕个人利益最大化进行。因此，个人利益与集体利益之间的冲突变得不可避免，利益集团成员可能会出于对个人利益最大化的追求而选择"搭便车"。奥尔森的理论不仅揭示了集体行动的困境——即对个人利益的追求可能会导致集体结果的次优化，还激发了学术界对这一问题的广泛讨论和经验验证。如何应对这种集体行动的困境，已成

---

① KRUEGER A O. The political economy of the rent-seeking society [J]. The American economic review, 1974 (64)：291-303.

② 奥尔森. 集体行动的逻辑 [M]. 陈郁，郭宇峰，李崇新，译. 上海：格致出版社，上海人民出版社，2014.

为当前研究的重要课题。

（5）立宪选择理论

立宪选择作为公共选择理论中的一个重要研究领域，已经逐渐演化成一个独特的分支，即立宪经济学。在这一领域中，布坎南无疑是最具影响力的学者。他与塔洛克合著的《同意的计算——立宪民主的逻辑基础》一书，为立宪经济学的研究奠定了坚实的基石①。立宪经济学主张，宪法是国家政治决策的最高准则，并可视作功利主义层面的契约。公民在选择宪法时，实质上是在选择整个社会的制度框架。因此，立宪选择应获得公民的广泛认同，同时，国家宪法也承担着保护公民基本权利及制约政府权力的重任。公共选择理论进一步指出，所有集体行为的根源均可归结为构成集体的个体行为上。每个个体都是出于自身利益的考虑，而个体间的最基本关系则是建立在追求利益最大化的交易基础之上。政治市场与经济市场在本质上相似，均基于自愿交换的原则运作并产生市场导向的后果，不过两者在交易的内容与形态上表现出明显的差异。经济市场的核心活动在于私人商品和服务的买卖，交易主体多为个体消费者或企业，体现为微观经济行为。相比之下，政治市场的核心则是公共商品的供需与分配，其交易主体扩展至社会群体或选民，更侧重于集体决策与公共政策的形成，展现了一种宏观经济与社会治理的维度。这种交换关系在政策制定和执行的过程中得以体现，通过集体的谈判、妥协和适应，最终产生出有效的政策成果。

2. 公共选择的主流学派

基于研究方法与核心理论观点的差异，公共选择理论可划分为三大流派：弗吉尼亚学派、罗切斯特学派以及芝加哥学派。其中，弗吉尼亚学派的影响尤为深远，同时也是争议最多的一个学派。

（1）弗吉尼亚学派（Virginia School）

在公共选择理论中，布坎南和塔洛克是两位杰出的代表人物。在他们

---

① 布坎南，塔洛克. 同意的计算：立宪民主的逻辑基础 [M]. 陈光金，译. 北京：中国社会科学出版社，2000.

领导下的弗吉尼亚学派，是该领域最具影响力的学派。但他们的研究方向不相同，布坎南的公共选择理论侧重于交易政治或立宪政治的经济分析，即侧重于决策规则或立宪选择的研究，因此，立宪经济学构成了布坎南研究的核心。而塔洛克侧重于对官僚政治或立宪公共选择的分析，即关注选民、官僚、政客等在公共选择或集体决策过程中的行为。二人于1962年合作完成了经典之作《同意的计算——立宪民主的逻辑基础》。在这本书中，他们运用了经济人假设、交换范式以及个人主义方法论，深入分析了投票规则和决策行为，特别是深入探讨了不同的决策规则对参与决策的行为体可能带来的各种影响。他们认为宪法应该是一套允许个人从相互交易中受益的规则，而政府失灵的原因在于约束政府行为的规则过于陈旧或者没有任何约束力。因此，要改进和完善制度，才能更好地提升政府的管理水平。他们赞成对选举规则、立法机构、官僚机构，以及政府决策的规则做一系列的改革，并以此来约束政府。弗吉尼亚学派主张政府失灵是一种普遍性的问题，而解决这一问题的关键是体制的构建与宪政的变革。与假定在政治市场中的个体都是价格的接受者的观点不同，弗吉尼亚学派假定个体具有较大的裁量空间，因此，他们不认同将未修正的私人市场理论直接引入到政治市场分析中，即决策者并非始终都能把握现实情况，无法将其转变为确定性，因而难以避免犯错。

弗吉尼亚学派在公共选择理论领域有着重要的地位，但同时也因坚持将公共选择理论与伦理考量相剥离的鲜明立场，而成为最具争议的学派之一。该学派不仅对古典经济学的正统理论和传统政治学说持有异议，而且还对凯恩斯主义宏观经济理论、福利经济学、公共财政理论以及对多数统治民主制度的不加批判的遵从提出了质疑与挑战，展现出其批判性和独立的学术视角。这种大胆的批判性立场使得弗吉尼亚学派在西方经济学和政治学领域中既处于前沿，又显得独树一帜。该学派的特点便是对方法论个人主义的强调以及对宪政政治经济学的深入研究。

（2）罗切斯特学派（Rochester School）

罗切斯特学派以赖克（Riker）为学术领袖人物，该学派的主要成员有：奥德斯霍克（Ordeshook）、布拉蒙斯（Brams）、希里奇（Hinich）、艾拉逊（Aranson）、麦克尔维（Mckelvey）、菲奥瑞勒（Fiorina）、费雷约翰（Ferejohn）等人，大部分成员都在美国罗切斯特大学执教。该学派的特点体现在两方面：第一，致力于运用数理方法深化政治学的探究；第二，提倡将实证政治理论与伦理学严格区隔开。这两大特质不仅清晰勾勒出与弗吉尼亚学派的界限，也使其在传统西方政治学领域内独树一帜。相较于其他学派，此学派更偏重在政治行为分析中采纳理性选择理论与行为博弈论工具。例如，1962 年，赖克在《政治联盟的理论》一书中，借由博弈论批判了唐斯《民主的经济理论》的观点。唐斯曾提出，民主政治中的政党如同经济领域的企业家追求利润，策略性地制定政策以吸引最多选票，实现其政治胜利的目标，即最大化政治支持度和选票数量。而赖克对此提出了异议，他视政治行动为一场博弈，政党间的较量符合零和博弈的特征，一方的胜利意味着对方的失利。赖克的理论核心在于，双方最优策略是促使对方保持强大，自己维持微妙优势即可，最终形成两个势均力敌、微弱差距的政党格局。基于此，赖克强调冲突调解与合作机制应成为公共选择理论的重要组成部分。

该学派的著作多以理论和抽象分析为主，其内容很少涉及具体制度，而是聚焦于投票模式的研究。他们从中立的角度出发，深入探讨选举中的多个投票周期、由相互投票引发的效率降低、利益集团政治以及官僚自由裁量权等公共选择领域的核心问题。然而，自 20 世纪 80 年代起，罗切斯特学派开始积极吸纳新制度经济学的最新研究成果，致力于将政治学与经济学研究进行融合。

（3）芝加哥学派（Chicago School）

芝加哥学派的起步较晚，其研究始于 20 世纪 70 年代。该学派的学术领袖是斯蒂格勒（Stigler），主要成员包括贝克尔（Becker）、佩茨曼（Peltzman）和弗里德曼（Friedman）等人①。

---

① 方福前. 当代西方公共选择理论及其三个学派 [J]. 教学与研究，1997（10）：29-34，63.

在公共选择理论的三大流派之中，芝加哥学派因鲜明的自由主义立场而显著区别于其他学派。该学派深信，经济学家能够观察、解释并描绘历史的演进过程，然而他们却无法对历史走向施加实质性的影响。在芝加哥学派的理念中，试图改变世界的努力往往是徒劳无功的，而且这种行为还会浪费本就稀缺的资源。基于这样的核心理念，芝加哥学派从根本上否定了经济学家向政府提供政策建议以及政府干预经济的必要性。在芝加哥学派的理论框架中，政府被视作理性个体追求自身利益以重新分配社会财富的一种机制。他们并不认同政府是出于公共利益而运作的观点。相反，从结果的角度来看，政治市场被视为一个技术上高效且能满足关键利益集团成员再分配偏好的机制。在这个市场中，货币与权力是相互交换的筹码，政治市场的均衡是处于帕累托最优状态。

三、公共选择理论的实践应用

近年来，公共选择理论在我国政策分析、教育、经济、行政管理和政府行为等领域具有广泛的应用。赵晶和王文刚（2019）以俄罗斯"国家图书馆资源计划"为例，运用公共选择理论方法论探究了俄罗斯图书馆数字化政策[①]。胡乐明和王杰（2020）通过公共选择理论的非自愿性、非中立性视角，分析了西方公共选择理论的逻辑缺陷[②]。邓剑伟等人（2019）则以公共选择理论为视角，对官僚制进行了评述[③]。这些研究为政策制定和实施提供了新的分析框架和方法论启示

李钧（2015）运用公共选择理论与劳动经济学分析了我国企业参与职业教育的困境及其突破[④]。王芳和彭超然（2015）基于公共选择理论，探

---

① 赵晶，王文刚.公共选择理论方法论下俄罗斯图书馆数字化政策探究与启示：以俄罗斯"国家图书馆资源计划"为例 [J]. 图书馆工作与研究，2019（9）：10-15.

② 胡乐明，王杰. 非自愿性、非中立性与公共选择：兼论西方公共选择理论的逻辑缺陷 [J]. 经济研究，2020，55（12）：182-199.

③ 邓剑伟，郭轶伦，马腾阳，等. 公共选择理论下的官僚制：兼评《官僚制内幕》[J]. 公共管理评论，2019（1）：145-154.

④ 李钧.公共支出的结构性特征与社会契约形式的转变：一个公共选择理论视角 [J]. 南方经济，2017（6）：64-73.

讨了公众集聚度与政府审计质量的关系①。曾阳和黄崴（2016）则以公共选择理论为视角，分析了政府干预职业教育校企合作的限度及其改进。这些研究为我国职业教育的发展提供了有益的政策建议②。刘迪（2022）基于公共选择理论，分析了老旧小区更新中的集体选择困境，将问题概括为公地悲剧和反公地悲剧两种类型，得出了集体选择困境的破解路径③。谭晓丽（2019）运用公共选择理论，分析了居民低碳消费的影响因素④。公共选择理论在各个领域的研究进展和成果，为今后的研究提供了有益的借鉴和启示。

第四节　新制度主义理论

一、新制度主义理论的起源与发展

"新制度主义"这一概念最初是由詹姆斯·马奇（James March）和约翰·奥尔森（Johan Olsen）提出。1984 年，《新制度主义：政治生活中的组织因素》一书的出版，正式揭开了新制度主义政治理论的序幕⑤。自此，该理论历经不断的发展和完善，逐步迈向成熟，现已成为引领当代政治学界的核心理论流派之一。新制度主义是对传统政治学及行为主义政治学既有成果的批判性继承与超越的基础上发展起来的，经历了一个从兴起到应用，再到总结和反思的过程。与旧制度主义相较，新制度主义在研究焦点

① 王芳，彭超然. 公众集聚度与政府审计质量：基于公共选择理论的分析［J］. 中南财经政法大学学报，2015（2）：72-79，160.

② 曾阳，黄崴. 政府干预职业教育校企合作的限度及其改进：基于公共选择理论的分析［J］. 现代教育管理，2016（5）：73-78.

③ 刘迪. 老旧小区更新协作困境的理论原型与破解机制：基于公共选择理论的分析框架［J］. 城市规划，2022，46（12）：57-66.

④ 谭晓丽. 公共选择理论视角下居民低碳消费影响因素分析［J］. 商业经济研究，2019（11）：51-53.

⑤ MARCH J G, OLSEN J P. The new institutionalism：organizational factors in political life［J］. The American political science review，1984，78（3）：734-749.

和方法论上存在共性，比如它们都以政治制度作为主要研究对象，并以制度分析作为理论基石。然而，新制度主义也有其独特之处，它强调，社会行为的各种模式和特征并不能简单地归结为纯粹的个人行为，社会结构也并非个人行为的简单叠加。这背后有一个至关重要的影响因素，那就是制度。正因如此，可以通过制度来阐释个人或组织稳定的行为模式。只有那些深入研究制度并持有共同信念的人，才能真正称得上是制度主义者。

早期制度主义尝试通过宏大且静态的系统框架来诠释具体行为模式，其局限性显而易见，因此，到了 20 世纪 50 年代，行为主义逐渐取代了制度主义的地位。然而，进入 20 世纪 80 年代，学者们逐渐认识到，单纯依赖理性个体行为来解释复杂的社会结构，已经变得越来越困难。在这种背景下，学界开始探索更多元化的结构解释理论，新制度主义便应运而生。与早期制度主义的直接回归分析不同，经历过行为主义时代的制度主义理论已发生蜕变，转而寻求更加细腻和动态的分析框架。正是在此背景下，詹姆斯·马奇和约翰·奥尔森引入了"新制度主义"这一概念，将其界定为一种研究政治制度的综合方法，它蕴含了一系列理论假设，旨在探索制度特性、政治行动、效能及其变迁之间的复杂互动关系。1996 年，彼得·霍尔（Peter Hall）和罗斯玛丽·泰勒（Rosemary Taylor）在新制度主义理论的进一步发展中，明确了三大核心议题：制度的本质、制度如何作用于行为以及制度的演变机制。针对这些核心议题，学者斯科特（Scott）提供了清晰的理论阐述。斯科特将制度划分为三大类别：规制性制度、规范性制度和认知—文化制度。规制性制度涉及强制性的规则与程序，规定了行为的界限，并通过奖惩机制来维持；规范性制度则关乎被广泛接受的社会规范、责任与义务，引导个体行为；认知—文化制度则是指广泛共享的认知框架和信念体系，它们潜移默化地影响个体思维与行为，塑造社会文化环境。这一分类框架为深入理解制度如何塑形社会现实提供了有力的理论工具①。

---

① 李冬梅. 新制度主义理论视域下语文高级教师专业再发展的影响因素研究 [D]. 太原：山西师范大学，2022.

二战之后，政治学领域见证了行为主义和理性选择理论的相继兴起，这两个学术流派相继成为研究的主流，它们对既有的政治制度展开了广泛而深入的重新评估与改革。与此同时，新制度经济学崭露头角，成为西方经济学领域的一种重要学术研究方向，并在20世纪70—80年代与新古典学派展开了学术竞争。经济学作为社会科学研究的领军学科，其研究涉及生活的众多方面。在这一背景下，新制度经济学着重强调制度作为核心解释要素的关键作用，不仅为经济学领域注入了新的思考维度，也促成了政治学中制度研究的复兴。简而言之，在经历了一段时期的边缘化后，得益于不同理论传统和研究路径的交融与支撑，制度这一概念和相应的制度分析重新焕发出勃勃生机。"制度至关重要"已成为政治学研究者们的共识，制度研究重新占据了政治学的主导地位。

随着理性选择理论在政治科学领域占据主导地位后，该理论频繁遭遇现实实践的考验。这些挑战不仅验证了该理论的适用范围，也推动其迈向更深层次的成熟与精细发展。理性选择理论深受新古典经济学"经济人"假设的影响，这一假设假定所有行为主体均能进行理性评估，依据其内在偏好——对预设目标的执着追求——来指导自己的行动轨迹。在此逻辑下，追求理想结果的行为模式始终围绕着个人效用最大化展开。理性选择理论的核心议题聚焦于：个体与组织如何在复杂的政治与公共事务领域制定出最优策略，以期达成既定的积极成果。然而，理性选择理论的发展之路存在一定困难，尤其在探索公共领域和集体行为机制时，一系列问题的浮现促使学者重新审视该理论及其新古典经济学基础的稳固性。新制度主义理性选择理论的兴起标志着一个分析视角的转变，它不再局限于抽象的个体选择，而是更加注重社会现实的选择过程，强调结构特征与程序机制的重要性。这一转向部分填补了传统理性选择理论忽视制度细节、简化政治行为为个体偏好直接叠加的空白。结构诱导均衡理论作为另一重要补充，突出了规则框架在引导博弈行为中的核心作用，认为系统的规则特性和程序构成了博弈的基本形态。该理论特别强调两种制度因素对均衡形成的关键作用：一是程序规则内部的顺序安排，它不仅塑造策略空间，还决定了行动的序列、执行主体及时机；二是参与者身份赋予的优先权，这影响了他们对目标和行动路径的优选能力。历史制度主义虽然广泛汲取各种理论营养，各研究者均高度重视制度因素并力图整合旧制度主义，在勾勒其整体理论轮廓时，不同的研究视角与侧重领域导致了分析框架的多样性。

社会学制度主义为新制度主义增添了文化与概念的维度，提升了从规范与认知的双重视角探究制度本质的能力。它对组织理论的分析，尤其是对于政治组织的运作机理的研究，为新制度主义研究开辟了富有价值的路径。社会学制度主义在规范性研究领域的独到贡献凸显了其学术特色。尽管新制度主义的三大分支皆与实证主义研究方法紧密联结，社会学制度主义却在实证研究中展现了新的理论支柱作用，倾向于细致挖掘规范与认知因素，并借力于当代社会学理论，促进了对个体与制度间动态互动的深度概念性探讨。因此，在界定"什么是好制度"的规范性议题上，社会学制度主义较之其他两派展现出了更为显著的理论优势。综观政治学新制度主义三大流派的演进历程及其核心理论，可以发现新制度主义代表了政治学者对制度分析的一次全面革新，是政治学制度理论构建的最新前沿。各流派在制度研究上进行了丰富的研究，在核心议题上提出了多元化见解，丰富了新制度主义的内涵与外延。

新制度政治学在批判和继承行为主义、理性选择主义和旧制度主义的基础上，持续从经济学、社会学、心理学等广泛学科中吸取精华，以此深化并扩展其理论内涵与实践范畴。这种跨学科的融合与创新，使得新制度政治学成功克服了以往研究的局限性，并在政治学研究领域中脱颖而出，成为引领者。

二、新制度主义理论的主要内容

1. 新制度主义理论的核心理念

"制度"不仅是新制度主义政治理论研究的核心内容，也是进一步深入研究的基石和出发点。在新制度主义的视角下，"制度"被界定为一种必须得到人们尊重的规范体系，它既包括了明确制定的法规、宪法条文及法律规范等显性规则，也包含了生活习惯、社会习俗、价值信念和意识形态等非正式却同样具有约束力的隐形指引。新制度主义学者通过水平与垂直两大维度，对制度概念进行了深入剖析。在水平维度上，制度被视作一种社会性实体，深刻地影响并规范着人类的各种行为互动。横跨政治、社会、经济等多元领域，制度凭借其内在的规范力量，确保各类活动有序运行，是维系国家与社会稳定的基石。制度的任何变动，都会引发社会的连锁反应，引导社会演进的方向与模式产生相应变化。因此，研究制度的变迁历程，成为揭开社会历史发展面纱的关键途径。在垂直维度上，新制度主义进一步阐述了制度对个体行为约束的三层架构。首层为日常生活的规范性导向，通过道德规范、社会风俗及民族意识等非正式机制，潜移默化地引导个体行为。其次为宪法秩序层面，宪法作为法律的最高准则，明确定义了行为的界限与框架，确保社会活动在法治轨道内运行。最终在制度安排层面，通过规定、法律和宪法等显性途径，以及生活习惯、价值观念和意识形态学隐性途径来规范各经济单位的行为，以及它们之间的竞争与合作关系。这一层层递进的制度约束体系，揭示了规范从无形到有形，从日常治理到国家治理的全面影响力。

新制度主义理论包含三种主要的分析路径，它们在界定制度概念时各有独特的侧重点。历史制度主义对制度的定义相对宽泛，认为制度涵盖了正式的程序、规范以及非正式的惯例等。在其视角下，制度不仅包括了明文规定的安排，也涉及那些不成文的、但在社会中广泛遵循的规范和实践。理性选择制度主义则更倾向于将制度看作是决策规则和一定的社会关系结构。这种制度是经过人们协商并同意的，旨在为参与者提供稳定的行动框架，以避免集体行动的困境。在这里，制度是人们为了做出理性选择而自觉接受的一种约束。相比之下，社会学制度主义对制度的理解更为宽泛和深入。它将制度与文化紧密相连，甚至认为两者在某种程度上是等同的。

社会学制度主义的研究范围除了正式的规则、程序与规范，还进一步涵盖了制度所赋予的符号体系、认知模型及道德范式等元素，将这些非物质的文化构造同样视作制度结构的有机组成部分。从历史制度主义、理性选择制度主义及社会学制度主义这三大理论分支来看，它们各自对制度的诞生与演变过程持有独特的见解。历史制度主义聚焦于制度如何筛选并巩固既有的社会规范，以及此过程如何框定并引导社会行为的模式。理性选择制度主义则着重于既存制度对理性主体行为的框架限制与导向功能。相比之下，社会学制度主义更加深入地探索制度生成的动态进程与行动者决策背后的逻辑，强调在此动态中，社会规范作为一种内在力量，发挥着举足轻重的作用。在解读制度的形成与变迁逻辑时，历史制度主义致力于揭示制度内在的演化规律及动态变迁轨迹；理性选择制度主义则凸显了理性行动在制度生成与变革进程中的核心推动力；社会学制度主义则更加重视内化于制度之中的社会规范成分，这些规范不仅支撑着制度的稳定性，也是驱动制度变迁的重要变量。

2. 新制度主义的主要流派

由于新制度主义的内涵、类型及方法等诸多核心问题上存在的显著分歧，政治学领域的学者们对于如何对来源广泛、结构复杂且内涵深厚的新制度主义进行合理分类，一直未能形成统一的看法。在众多的分类方式中，霍尔（Peter Hall）与泰勒（Rosemary Taylor）所倡导的"三分法则"备受推崇。他们主张将新制度主义细分为历史制度主义、理性选择制度主义以及社会学制度主义三大流派①。

（1）历史制度主义

历史制度主义的兴起是时代发展的必然产物，它汲取了集团理论的精髓，将政治生活的本质视为不同利益集团为争夺利益而引发的各种矛盾和冲突。该理论流派主要聚焦于研究特定政治体系中经济结构与制度组织间的冲突，探究这些冲突如何导致某些利益的重新分配，并赋予某些群体以特殊利益。历史制度主义不仅继承了旧制度主义对正式制度的重视，而且

---

① HALL P A, TAYLOR R C R. Political science and the three new institutionalisms [J]. Political studies, 1996, 44 (5): 936-957.

采纳了结构功能主义的观点，即政治体系是由多个部分组成的有机整体。与此同时，历史制度主义还深化了对制度运行机制的研究，反对将心理、社会等因素作为个体行为的决定性因素。此外，历史制度主义还从比较政治学中汲取了政治发展的相关理论，积极倡导跨国比较的方法论。在政治学领域的研究中，斯科克波（Theda Skocpol）等学者率先提出了"历史制度主义"的概念。他们认为，历史制度主义的核心目标是阐释在特定的制度环境下，政治斗争是如何被调节和塑造的。

历史制度主义将政治生活的本质视为不同利益群体间围绕资源争夺而展开的一系列矛盾与冲突。该理论流派的关注点在于分析特定政治生态系统中经济架构与制度间的冲突，这些冲突如何导致某些利益的重新分配，并赋予某些群体以特殊利益。历史制度主义在承继旧制度主义对正式制度关注的基础上，还吸纳了结构功能主义的观点，将政治体系视为一个由多个部分组成的有机整体。历史制度主义深化了对制度运作逻辑的探索，拒绝将个体行为简单归因于心理或社会单一因素的决定作用，而从更复杂的相互作用中寻找解释。同时，它还借鉴了比较政治学中政治演进的相关理论观点，积极推动跨国界的比较研究方法，以拓宽分析的广度和深度。在这一学术脉络中，以斯科克波（Theda Skocpol）为代表的学者们率先提出"历史制度主义"的概念。他们强调，历史制度主义的核心目标是阐释在特定的制度环境下，政治斗争是如何被调节和塑造的。

历史制度主义学派的研究重心主要围绕以下几个方面展开：首先，是对制度概念的阐释。该学派认为制度不仅涵盖正式的宪政结构、官僚机构内部的操作规程，还包括非正式的关系和规范，如银行与企业的互动模式以及工会行为的惯例。因此，制度既指那些明文规定的法律、国会程序、官僚机构以及由此衍生的规章和选举规则等，也包含诸如习惯、风俗等非正式制度。其次，关于制度的起源，该学派运用路径依赖理论进行解释。他们认为制度起源于某些基础性事件，当某个概念被广泛接受并逐渐固化为一种形式结构时，制度便应运而生。在此基础上，历史制度主义展现出其在解析制度演进与建构方面的独特视角。该理论流派尤为重视"路径依赖"在制度变迁进程中的角色，强调制度的转型往往根植于外在环境变量的动态变化。换言之，各国政治体制的进化可视为对新情境信息的适应性反馈，这一过程既可能涉及对外部制度模式的借鉴，也可能源自内在批判与反思的力量。因此，他们主张制度变革应在现有基础上逐步推进，反对全面的理性制度设计。最后，在个体与制度的关系上，历史制度主义倡导采用更宏观的视角。他们认为，个体若顺应制度，便会受到制度的约束，个体的战略选择和目标设定都会在制度的框架内进行。

（2）理性选择制度主义

理性选择制度主义已成为政治学实证研究领域的主流路径，其核心理念深刻反映了经济学理论性与科学性的高度融合。这一学术流派采纳科学方法论框架，专注于制度研究，其独特之处在于从逻辑假设的抽象层面出发，利用数学手段对海量数据实施实证性分析，以提炼出普适性结论。理性选择制度主义首次将其严谨的研究方法应用于探讨美国国会立法议程的变迁，揭示立法动态背后的力量。鉴于立法者多样的偏好与复杂的政策议题，理性选择理论预测，新形成的多数派很可能会倾向于废止大部分过时的法律，代之以一套更为连贯统一的新法律体系，旨在强化立法的连续性和稳定性。然而，现实中美国法律体系中大量旧法规仍在有效执行，这一悖论引人深思。有分析指出，该现象的根本原因可能在于国会内部的规则架构与制度性安排，它们在某种程度上限定了选民偏好转化为政策的实际边界，从而间接影响了法律的更迭速度与范围。

因此，理性选择制度主义应运而生，它将制度研究与理性选择相结合，形成了一个全新的学术流派，其代表作包括麦卡宾斯和沙利文的《国会结构与政策》①。这一流派的出现，不仅深化了对政治制度的理解，也为政策制定提供了更为科学的理论支撑。

理性选择制度主义的核心观点主要包括以下三方面。首先，在方法论上，它坚持个人主义的立场。这一理念贯穿于其理论分析和实证研究之中。其次，理性选择制度主义将制度视为一种用以约束或引导个体行为的

---

① 葛其猛. 新制度主义的制度治理理论研究［D］. 徐州：中国矿业大学，2018.

规范和规则，这些制度在维持社会稳定秩序方面发挥着至关重要的作用。这种视角涵盖了政治、经济、文化乃至日常生活的各个领域。最后，该理论认为，制度实质上是行动者，尤其是那些制度的初创者，在追求个体利益最大化进程中形成的产物。在追逐私利的同时，个体也倾向于遵守制度规范，这种遵从并非基于伦理道德的驱动，而是个体在权衡多种因素后的理性判断。尽管个人借由制度寻求利益最大化，但也必须受制于制度的框架及其约束力。理性选择制度主义的核心议题，在于如何在复杂的环境中综合考量，以选取最有利于个体利益实现的策略。尽管该理论分支众多，其研究的基本原则却是一致的。

理性选择制度主义展现出其鲜明特点：首先，它通过整合相关变量，并在合理假设的基础上，对各种可能的选择进行成本效益分析，从而做出理性的最优选择。其次，由于其个人主义方法论取向，理性选择过程中可能忽视他人的需求与利益，有时可能导致集体福祉的牺牲。再次，个体在决策时，依据对每项选择的精准成本评估，这些成本直接指导其行为选择。最后，制度的形成被看作是规范化规则对行为体施加影响的产物。理性选择制度主义从多角度深入分析了制度对行为的引导和限制效应，为政治科学研究提供了宝贵的视角，并加深了人们对制度在社会结构中作用的理解。近年来，该理论的探索边界不断拓宽，其研究范畴已经延伸至政治制度的演变、跨国合作行为的解析、道德冲突的量化评估等多个维度，展现了强大的理论生命力和应用潜力。

（3）社会学制度主义

社会学制度主义的兴起可追溯到 20 世纪 70 年代，主要衍生于社会学组织理论。传统组织理论曾主张，现代组织因其高度的理性和效率，在形式上并不与其他组织相似，且组织与文化无直接关联。简而言之，这一传统视角将组织视作是在理性和效率至上的原则指导下，纯粹为了达到既定目标而设计的实体，其间文化的影响力被边缘化乃至忽略。与此相悖，社会学制度主义挺身而出，对上述传统认知发起挑战，其核心观点在于强调组织及其内部的规章制度无不是文化表征的体现，与文化环境紧密交织，不可分割。

通过深入分析社会学制度主义的形成过程与核心理念，可以总结出三个显著特征：第一，该理论颠覆了制度与文化之间的传统界限，将制度融入文化分析的广阔视野中。在这里，制度的定义超越了规范、规程、规则和程序等常规构成，延展至符号体系、道德框架及认知模板等文化层面，实现了制度与文化的深度整合。第二，社会学制度主义独辟蹊径地解析了制度与个体行为的互动机制，提出在特定社会背景下，制度扮演着角色界定与塑造的指南针角色，为行动主体内化行为规范与认知模式提供了框架，深刻地影响、限定乃至塑造了行为模式。第三，该理论对制度动态演进的阐释另辟新径，指出现代社会组织中制度的变迁与趋同现象，很大程度上得益于这些制度与现代化组织结构对文化环境的高度适应性、深厚根基及其展现的显著功能性价值。

三、新制度主义理论的实践应用

近年来，新制度主义理论不仅在传统研究领域持续发展，还广泛渗透到了教育实践、企业管理、产业政策制定以及互联网治理等多个新兴领域，展现出强大的跨学科影响力和实践价值。新制度主义在教育领域的应用包括高职院校改革、高校教师评聘标准、师范专业认证制度改革、高校制度构建等。其中郑永进和黄海燕（2020）以新制度主义理论为视角，探讨了高职院校"三教"改革的可能路径。研究发现，新制度主义理论为高职院校教育改革提供了一种新的分析框架，有助于深化教育体制的改革[①]。徐纯（2017）基于新制度主义理论，研究了德国高等双元制模式的制度化进程。他认为，新制度主义理论提供了解释德国高等双元制模式制度化进程的理论工具[②]。王恒和桂庆平（2013）基于组织社会学新制度主义理论视角，审视了职业教育校企合作的本源后发现新制度主义理论有助于理解

---

① 郑永进，黄海燕. 高职院校"三教"改革何以可能：基于新制度主义理论的视角 [J]. 中国高教研究，2020（10）：102-108.

② 徐纯. 新制度主义理论视域下德国高等双元制模式制度化进程研究 [J]. 中国职业技术教育，2017（24）：47-54.

和把握职业教育校企合作的本质和内涵①。王思懿和姚荣（2022）基于新制度主义理论，分析了美国高校教师评聘标准的多元化趋势。他们认为，新制度主义理论有助于理解和解释高校教师评聘标准的变化过程②。杨跃（2018）从新制度主义理论的视角，分析了师范专业认证制度改革的现实困境和治理对策。他认为，新制度主义理论提供了解决师范专业认证制度改革问题的理论指导③。赵哲和杨怡菲（2016）基于新制度主义理论，探讨了高校教学制度的构建，发现新制度主义理论有助于理解和把握高校教学制度的形成和发展过程④。

新制度主义理论在企业领域的应用主要在企业绿色创新实践、企业社会责任、企业质量管理与绩效等方面。如徐建中等人（2017）以新制度主义理论和高阶理论为视角，探讨了制度压力、高管环保意识与企业绿色创新实践之间的关系。他们认为，新制度主义理论有助于理解和解释企业绿色创新实践的动因和机制⑤。王秋霞（2019）基于组织社会学的新制度主义理论，对企业责任及企业社会责任概念进行了再辨析。研究发现，新制度主义理论提供了一种新的分析框架，有助于深化对企业社会责任的理解和认识⑥。李怡娜和叶飞（2011）基于新制度主义理论和生态现代化理论视角，分析了制度压力、绿色环保创新实践与企业绩效关系，新制度主义理论为企业环保创新实践提供了有力的理论支持⑦。

---

① 王恒，桂庆平. 职业教育校企合作本源新探：基于组织社会学新制度主义理论视角的审视[J]. 江苏高教，2013（4）：140-143.

② 王思懿，姚荣. 美国高校教师评聘标准如何走向多元化：基于新制度主义理论的分析[J]. 复旦教育论坛，2022，20（4）：97-105.

③ 杨跃. 师范专业认证制度改革的现实困境与治理对策：基于新制度主义理论视角的分析[J]. 现代教育管理，2018（2）：71-76.

④ 赵哲，杨怡菲. 观念与文化：论高校教学制度的构建：基于新制度主义理论的视角[J]. 当代教育科学，2016（21）：36-38.

⑤ 徐建中，贯君，林艳. 制度压力、高管环保意识与企业绿色创新实践：基于新制度主义理论和高阶理论视角[J]. 管理评论，2017，29（9）：72-83.

⑥ 王秋霞. 企业责任及企业社会责任概念再辨析：基于组织社会学的新制度主义理论[J]. 财会月刊，2019（13）：152-157.

⑦ 李怡娜，叶飞. 制度压力、绿色环保创新实践与企业绩效关系：基于新制度主义理论和生态现代化理论视角[J]. 科学学研究，2011，29（12）：1884-1894.

在产业政策方面，李汶纪（2003）探讨了新制度主义理论与产业政策分析框架的关系，新制度主义理论为产业政策分析提供了一种新的理论视角①。曾珍和王宗军（2017）基于新制度主义理论，探讨了政府质量奖对质量管理实践与企业绩效关系的调节效应。他们认为，新制度主义理论有助于理解和解释政府质量奖对企业绩效的影响机制②。在互联网治理方面，学者顾洁（2016）基于新制度主义理论，探讨了互联网治理模式与理论框架重塑的问题，发现新制度主义理论有助于理解和把握互联网治理模式的发展趋势③。

① 李汶纪. 新制度主义理论与产业政策分析框架探讨 [J]. 社会科学研究, 2003 (1)：27-30.

② 曾珍，王宗军. 政府质量奖对质量管理实践与企业绩效关系的调节效应：基于新制度主义理论 [J]. 管理评论, 2017, 29 (10)：180-197.

③ 顾洁. 新制度主义理论下的互联网治理模式与理论框架重塑 [J]. 当代传播, 2016 (1)：67-70.

第四章　公共管理变革与治理

第一节　制度变迁理论

自 20 世纪 70 年代以来，随着社会科学多元化和跨学科交融趋势的增强，经济学、社会学和政治学领域内兴起了新制度主义这一重大学术潮流，它以独特的视角深入剖析了制度在社会发展与变迁过程中的核心作用。新制度主义包含三大主流分析范式：理性选择制度主义侧重于个体基于利益最大化原则下的制度选择与互动；社会学制度主义强调文化、规范和社会结构因素对制度形成及延续的影响；而历史制度主义则强调路径依赖、历史偶然性和制度演进的长期累积效应。尽管这三种范式在研究对象、基本假设、概念运用以及解释逻辑上各具特色且存有争议，但它们均是围绕制度变迁这一核心议题展开。新制度经济学指出，制度实质上是为了降低人际交往的不确定性，通过确立一套人为设定的规则体系，构建出相对稳定的交互结构。然而，这一稳定并非永恒不变，它会随着外部环境和条件的变迁而受到挑战。而制度变迁，既是对既有制度框架中的正式规则、非正式规则及其执行机制所做的边际改进或根本性重构，也是适应环境变化、优化资源配置、提升社会经济效率的必然过程。

一、制度变迁理论的起源与发展

制度变迁理论，作为社会科学领域中颇具影响力的研究框架，其起源与发展可以追溯至 20 世纪 70 年代，并在随后的几十年间得到逐步深化和完善。这一理论体系由新制度经济学派的先驱学者们构建，他们强调了制度对于经济行为和社会秩序的关键作用，以及制度如何随社会经济环境的变化而不断演进。其中最具代表性的人物是道格拉斯·诺斯（Douglass North），他的新经济史论和制度变迁理论使其在经济学界声名鹊起，成为新制度经济学的代表人物之一，并因此获得了 1993 年度诺贝尔经济学奖。

1. 理论奠基：制度在经济发展中的角色凸显

制度变迁理论的兴起与新古典经济学理论面临的挑战密切相关。20 世纪 60—70 年代，经济学家开始意识到仅靠资源、技术和劳动力等生产要素无法充分解释各国之间长期经济增长的差异。

古典经济学强调市场机制的有效性和个体在完全竞争环境下的理性行为。然而，在现实经济环境中，新古典经济学模型存在着多方面的局限性。一是理想化的市场假设具有局限性。新古典经济学通常假设所有参与者拥有完全的信息，但在实际中，信息不对称普遍存在，这可能导致逆向选择、道德风险等问题，使得市场效率受到损害。同时，新古典经济学理论认为在完全竞争市场下，价格能够反映所有市场信息并引导资源实现最优配置。然而在现实中，寡头垄断等非完全竞争形式广泛存在，资源配置并不均衡。二是忽视了制度演化和路径依赖。新古典经济学往往假设制度可以轻易调整以达到最优状态，但事实是制度变迁通常具有很强的历史延续性和锁定效应。三是新古典经济学模型未能充分解决外部性问题，即个人或企业的经济活动对他人的影响没有在市场价格中得到体现，比如环境污染和公共物品供给不足等。这类问题无法通过市场自身有效解决，需要政府干预或建立新的制度安排。四是古典经济学还面临着行为经济学以及转型国家失败的实践的挑战。一方面，行为经济学认为人并非完全理性的"经济人"，实证研究表明人类的行为往往受心理因素和社会因素影响，并非总是遵循严格的效用最大化原则。行为经济学的发展揭示了人们在决策时的有限理性、过度自信、损失厌恶等特性，这些在新古典框架中难以得到合理解释。另一方面，20 世纪 90 年代初苏联解体后的东欧国家在实施市场化改革过程中遭遇的严重萧条和长期经济困境，显示了新古典经济学关于迅速实现市场经济转型的设想过于乐观，忽略了制度建设、产权结构调整以及社会接受度等方面的复杂性。这些现状刺激了经济学家重新审视外部因素的作用，并最终确定了"制度"在经济增长中的重要作用。

诺斯在其开创性著作《经济史中的结构与变迁》中，首次明确提出并深入探讨了制度的重要性。他指出，制度是一种人类设计的规则，包括正式制度（如法律法规、政策）和非正式制度（如习俗、道德规范、信任网络），它们共同塑造了人们进行经济活动的行为预期和社会互动规则，从而影响着经济绩效及其长期发展[①]。诺斯认为，制度环境决定了经济主体的激励结构，并影响到资源配置的效率。有效的制度能够降低交易成本，确保产权得到清晰界定和有力保护，从而激发投资意愿和技术创新，促进经济增长和提高社会福利。相反，不良的制度安排则可能导致资源浪费、机会主义行为盛行和长期发展的停滞。通过历史分析，诺斯揭示了制度变迁如何影响经济绩效的长期路径，特别强调了制度的动态演化和路径依赖性，即过去的制度选择会锁定未来的制度变迁方向，形成一种自我强化的过程。这一阶段标志着制度在经济发展中所扮演角色的一个关键性转变，制度开始由理论研究的边缘地位跃升至核心，为后续制度变迁理论的蓬勃发展奠定了坚实的基础。

2. 理论拓展：多维度视角下的制度变迁

随着理论的发展，更多学者加入到制度变迁理论的研究中来，从不同角度丰富和完善了这一理论框架，并使该理论在 20 世纪后期至 21 世纪初得到了进一步丰富和发展。

从制度复杂性与多层次分析方面而言，一是从聚焦正式制度转向了正式制度与非正式制度并重。诺斯等早期制度经济学家将关注点主要放在正式制度上，但后续研究者如奥利弗·威廉森（Oliver E. Williamson）注意到非正式制度，如商业惯例、社会规范以及文化习俗等在经济活动中的重

---

① 诺思. 经济史中的结构与变迁 [M]. 陈郁，罗华平，等译. 上海：生活·读书·新知三联书店上海分店，1991.

要作用，威廉姆森通过研究企业组织和市场机制的关系，进一步阐述了治理结构和制度安排对经济效率的影响。他提出，企业的边界并非固定不变，而是会根据制度环境进行调整①。这些学者强调了正式制度与非正式制度之间的相互影响和动态平衡是推动制度变迁的重要动力。二是实现了微观层面与宏观层面的结合，不仅探讨国家法律、政策等宏观制度层面的变迁，还关注到企业内部治理结构、行业规制、社区规则等微观层面的制度演进。例如，埃莉诺·奥斯特罗姆（Elinor Ostrom）通过研究公共池塘资源管理问题，提出自主治理机制，揭示了基层社区如何通过自我组织形成有效的非正式制度以解决集体行动难题②。她通过实证研究揭示了社区居民可以通过自主形成并遵循一套非正式制度规则，成功解决公共资源的分配和保护问题，从而对国家主导的传统制度安排提供了补充和挑战。此外，张五常等也对制度变迁理论做出了重要贡献，他们在分析中国改革开放过程中的制度变迁时，强调了制度的动态性和适应性，以及政府与市场的相互作用在制度创新中的关键角色③。他们认为，制度变迁在经济发展的不同阶段有不同的特征和需求。新兴市场经济体在转型过程中可能需要经历渐进式改革，通过试错、学习和适应逐步调整制度安排。

3. 跨学科融合：制度变迁理论的多元化发展

进入 21 世纪，制度变迁理论的影响不再限制于经济学领域，而是渗透到了政治学、社会学、法学、公共管理学等多个学科，形成了跨学科交融的研究格局。多元化的融合发展不仅丰富了对制度变迁的理解和认识，也提供了更加立体且全面的研究视角。

第一，政治学视角下的制度变迁。在政治学领域，学者们关注的是国家权力结构、政策制定过程以及政治文化如何影响制度变迁。例如，新制度主义政治学家如西德尼·塔罗（Sidney Tarrow）和霍布豪斯（Hobhouse）

① WILLIAMSON O E. The economic institutions of capitalism: firms, markets, relational contracting [M]. Wiesbaden: Gabler, 2007.

② OSTROM E. Governing the commons: The evolution of institutions for collective action [M]. Cambridge: Cambridge University Press, 1990.

③ 张五常. 中国的经济制度 [M]. 北京：中信出版社，2012.

等人强调政治制度与经济制度间的相互作用，探讨政治制度变革如何触发或阻碍经济制度创新。同时，他们还分析了国际制度环境对国内制度变迁的影响，如全球化进程中的规则制定与传播、跨国组织对成员国制度调整的压力等。

第二，社会学视角下的制度变迁。社会学家则着重于揭示非正式制度和社会规范在制度变迁中的角色。例如，马克·格兰诺维特（Mark Granovetter）提出了"社会资本"概念，认为社会网络关系和信任机制是推动制度变迁的重要力量。此外，约瑟夫·斯蒂格利茨（Joseph E. Stiglitz）和埃莉诺·奥斯特罗姆（Elinor Ostrom）等人的研究表明，地方社区自我管理规则的形成和演变也是制度变迁不可忽视的一环。

第三，法学视角下的制度变迁。法学研究者对于法律制度的演进及其对经济社会发展的规制功能有着深入剖析。比如，拉里·戴蒙德（Larry Diamond）和马提亚·凯特曼（Matthias C. Kettemann）等学者关注法治环境与制度变迁的关系，探讨了法律体系如何通过改革适应新的社会需求，以及不同法律传统下制度变迁的不同路径。

第四，公共管理学视角下的制度变迁。制度变迁理论与公共管理学的深度融合，构成了理解并改进现代政府治理效能的核心研究框架。这一交叉领域的研究聚焦于制度环境如何影响政策制定与执行，同时又被其形塑的过程，其中涵盖了对既有规则、程序和法律框架在政策创新及公共服务提供效率方面影响的深度剖析①。随着新公共管理运动的发展，公共部门组织变革日益依赖于其与外部政治、经济和社会文化制度的动态互动，强调通过制度改革以适应环境变化，以及优化组织结构、战略目标和运作模式的重要性。

二、制度变迁理论的主要内容

制度变迁理论重点回答以下几个问题：制度和制度变迁分别是什么？

---

① NORTH D C. Institutions, institutional change and economic performance [M]. Cambridge: Cambridge University Press, 1990.

为什么会发生制度变迁？变迁的动力是什么？制度变迁的内在机制是什么？制度变迁遵循什么样的轨迹？接下来的小节将结合制度经济学家的研究成果，针对上述问题对制度变迁理论的主要内容展开介绍。

1. 制度与制度变迁

（1）什么是制度

凡勃伦（Thorstein Veblen）作为制度经济学的鼻祖，在 1899 年出版的《有闲阶级论》中论及对制度的定义。通常认为，这是第一部真正算得上"制度研究"的经济学著作。在凡勃伦看来，制度是一种广泛的社会习惯或精神态度，这些习惯和态度构成了个人和社会对特定关系和行为模式的认识，并体现在人们共同遵守的行为准则和生活方式上。而真正给制度做了概念化的是诺斯，他给"制度"下过多次定义。在《经济史中的结构与变迁》一书中，诺斯将制度界定为一套综合的规则体系，它涵盖了成文法规、社会秩序以及行为道德和伦理标准，其核心目的是制约个体在追求自身利益最大化过程中的行为。而在其后续著作《制度、制度变迁与经济绩效》中，制度被进一步阐述为一个社会运作的基本游戏规则，更严谨的表达即它们是人为设计并塑造人际互动框架的约束机制，这些机制包含了非正式的社会习俗和正式的法律规定两个方面。此外，不同的学术流派及学者也从多元视角对制度进行了诠释。例如，奥斯特罗姆对制度的理解强调其自下而上的形成过程，她指出制度不仅包括国家制定的法律法规，也包括社区或组织内部形成的自我管理规则。在她的公共物品理论中，制度被看作是指导和约束个体行为以实现有效集体行动的一种机制①。河连燮认为制度是指那些对个人行为产生结构性限制因素的集合②。尽管定义多样，但各路学者普遍认同制度的核心本质在于它是系统化规则的体现。在宏观层面，制度可以被视为人类社会所有共同认知和规范的总和；在微观层面，它可以特指正规或非正规的具体制度形式。总的来说，尽管不同学科

---

① 奥斯特罗姆. 公共事物的治理之道：集体行动制度的演进 [M]. 余逊达，陈旭东，译. 上海：上海译文出版社，2012.

② 河连燮. 制度分析：理论与争议 [M]. 李秀峰，柴宝勇，译. 北京：中国人民大学出版社，2014.

和研究领域的关注点各异，但都认可制度作为规则系统的根本属性。

（2）什么是制度变迁

制度变迁的概念在诺斯的理论体系中占据核心地位，并且他对其内涵与外延给予了多元而深刻的阐释。起初，诺斯将制度变迁界定为一套涉及制度的创立、变革以及随时间推移而逐渐瓦解或更新的过程，并指出这一变迁的发生基于成本收益分析的原则：只有当预期的净收益超过预期的成本时，新的制度安排才会被创新出来。在其著作《制度、制度变迁与经济绩效》中，诺斯对制度变迁的阐述更加全面和精细。他认为，制度变迁是一个动态循环的过程，它表现为从一个均衡状态到打破原有均衡，再通过调整达到新的均衡的过程，这个过程体现在对制度框架内规则、准则及其执行机制进行边际上的改变和完善。相对而言，制度稳定是一种暂时的均衡状态，在这种状态下，参与各方在当前的谈判力量分配和一系列合约协商确定后，没有任何一方会发现重新谈判契约以期获取额外利益是有价值的资源投入行为。综上所述，制度变迁可以理解为一种制度结构经历破旧立新，进行适应性调整与演进的过程，旨在促进社会秩序的规范和资源配置效率的持续改进。

2. 制度变迁的动力

诺斯的制度变迁理论以经济人基于"成本—收益"计算为基础，认为个体追求在既有制度下最大化潜在利润是制度创新的动力。潜在外部利润主要源自三个方面：

第一，外部性内在化。当市场因忽视某些成本或收益导致非效率时，新的制度安排能将所有成本与收益纳入考量，实现外部性的内部化，从而可能增加社会总产出。然而，这一过程涉及成本，私人产权有时会阻碍有效再组织，此时政府需介入。但政府强制力下的制度改革效果并不必然优于旧制。

第二，风险分担机制创新。现实中的风险厌恶倾向限制了经济活动，而有效的风险分散制度创新可降低不确定性，提升人们对高变异活动的参与意愿，进而可能增加总体利润。保险方案等制度安排的改进即体现了这一点。

第三，市场不完善性。古典经济学假设完美市场排除了由市场失灵产生的潜在利润空间。制度变迁的重要驱动力之一便是挖掘并解决市场不完全带来的潜在利润。然而，制度变迁的发生还需满足潜在利润超过预期成本的条件，只有如此，才会催生改变现有制度和产权结构的尝试。这种变革旨在使原制度框架外的利润得以内部化，以实现帕累托最优状态，因此，外部利润的内在化实质上构成了制度创新的核心过程。

3. 制度变迁的内在机制

制度变迁是由正式规则和非正式规则的变革共同构建，表现为对制度框架内规则、准则及其实施方式的边际调整。

首先，制度与组织间的持续互动是推动变迁的核心机制。组织在既有制度环境中孕育和发展，实现并体现制度功能，其生成源于制度结构提供的机遇，并由创新者利用以追求收益、财富或其他目标最大化。在这个过程中，组织不仅受制于制度，还反过来影响制度变迁的方向及进程，它既可能成为改革的阻力，也可能是改革的强大推动力。

其次，竞争压力驱动组织不断投资技术和知识以求生存发展，个体或组织积累的技能和知识会逐渐形塑他们对机会的认知，从而潜移默化地改变制度环境。经济变迁是一个普遍且持续累积的过程，源自个人和组织日常的企业家决策行为，即使多数决策为常规操作，但有时也会涉及修改现存的契约关系。契约关系的重构有时能在当前产权结构和政治规则下完成，而有时则需要对规则进行调整；同时，指导人们交换行为的非正式规范也会经历逐步修正或淘汰的过程，这均体现了制度变迁的现象。例如，在一个竞争性的市场中，产品价格或品质的变化会引发企业家对潜在利润空间认知的转变。然而，人类认知的根本性、长期变化，则源自个人和组织内部企业家的学习活动。尽管部分学习出于探索精神，但学习的强度和速度却反映了组织间竞争的程度：稀缺性导致竞争，竞争又促使各组织通过学习来维系生存。竞争程度的不同直接影响了学习速度与效率，进而决定了经济变迁的速度；而变迁方向则取决于不同类型知识所带来的预期回报，这一方向本质上反映出制度矩阵内的激励因素，即制度框架塑造了何种类型的技能和知识能够带来最大的收益。

最后，对于这种收益最大化的认识，来源于参与竞争者的智力结构。智力模型作为内在的认知体系，用于理解和解释环境，而制度则是人们创造的外在机制，用以构造和组织社会环境。共享的文化遗产有助于减少社会成员之间智力模型的差异，作为一致观念在代际间传承的纽带。人类从野蛮走向文明进步的过程，实质上就是不断学习的结果。在与经济和社会变迁紧密关联的时间长河中，人类学习的过程描绘出制度演变的脉络。

4.制度变迁的路径依赖

制度变迁的成功与否及其发展路径，主要受制于两个关键要素的相互作用：一是复杂且信息不完全的市场环境；二是制度在社会生活中所创造的报酬递增效应。

首先，在复杂的市场条件下，有效的制度设计必须尽可能与实际市场动态相匹配，以确保实施的可行性。然而，由于市场的复杂性和多变性，人们无法完全掌握全面详尽的信息，加上行为者主观意识、意识形态和偏好差异的影响，制度变迁难以始终按照最初的设计蓝图精确演进，有时微小的随机事件就足以显著改变制度变迁的方向。

其次，诺斯提出，尽管制度变迁受到众多主客观因素乃至偶然因素的作用，但有一个共同规律贯穿其中，即制度为人们带来的报酬递增特性决定了制度变迁的大方向。这是因为制度在现实中运作时存在自我增强机制。自我增强机制体现在新技术的采用方面时，往往表现为报酬递增的特点，一种技术一旦获得先发优势，会通过规模经济降低单位成本、学习效应提高效率，以及协调效应促使更多参与者采纳，从而形成正向循环，使其在市场上胜出。相反，即使品质更优的技术也可能因为起步较晚，未能积累足够的跟随者而陷入困境，甚至可能被锁定在恶性循环之中，难以摆脱。这四种自我增强机制包括：第一，机构设立或成本沉淀，初始设立制度虽需大量投入，但随着制度的运行，交易成本逐渐减少，这有利于制度的持续运行；第二，学习效应，当个人熟悉并掌握制度规则后，如果能降低成本、增加经济效益，则该制度会被广泛接纳；第三，合作自由度，制度提供了特定的合作空间与方式，由此产生的经济效益成为制度稳定的重要支撑，并且一项正式制度的确立会引发其他配套正式及非正式制度的生成，以保证整体制度的有效运行；第四，适应性预期，当制度明显惠及大众时，人们普遍产生适应心理并对此抱有强烈期待，从而奠定制度存续的基础。

因此，一种制度若要持久有效，必须通过上述四种自我增强机制带来报酬递增效应，而这反过来又深刻地塑造了制度变迁的轨迹。制度自我增强机制的存在意味着，制度变迁一旦走上某个路径，其发展方向会在后续发展中得到自我加强。当制度在现实生活中成功运用这四种自我增强机制时，表明制度变迁伴随着人们的收益递增现象在广泛范围内发生，制度变迁不仅能得到巩固和支持，而且能在这一基础上环环相扣地沿着良性循环轨迹不断发展，即表现出典型的路径依赖特征。

三、制度变迁理论的实践应用

制度变迁理论引入到公共管理学科后，成为分析公共管理制度创新（包括政策创新、政府创新）的动力、模式、机制、过程和影响因素等多方面研究的重要理论。在国内研究中，该理论对于上述领域的作用也十分突出。通过在 CNKI 上进行检索，并选择"行政学及国家行政管理"专题的"CSSCI"收录文献，发现超过 400 篇文献。在这 400 多篇 C 刊文献中，制度变迁理论最早出现在 2000 年黄新华的《新制度经济学的国家理论探析》[①] 和郭小聪的《中国地方政府制度创新的理论：作用与地位》[②] 中。而后，越来越多的学者将制度变迁理论应用到中国政府和公共组织制度变迁的实证研究中，形成了理论分析和实证研究并重的局面，该理论的应用盛况一直延续至今。在"行政学及国家行政管理"专题中，2023 年一年共有 20 篇 CSSCI 收录文献应用了该理论，其影响力可见一斑。

---

① 黄新华. 新制度经济学的国家理论探析 [J]. 厦门大学学报（哲学社会科学版），2000（1）：89-95.

② 郭小聪. 中国地方政府制度创新的理论：作用与地位 [J]. 政治学研究，2000（1）：67-73.

1. 制度变迁理论与制度创新动力研究

制度变迁理论在探究制度创新动力的研究中扮演着核心角色，通过对不同领域制度变迁现象的深度剖析和解读，揭示了制度创新、变革与演进的动力机制及其作用路径。例如，陶永亮等人（2023）在《政府数字化转型过程中的制度变迁及其动力机制研究》一文中，将制度变迁理论应用于分析从部门职能优化到整体政府变革再到多元共治的不同阶段，揭示了数字技术的发展如何引起信息权利配置的变化，进而驱动政府体系内部权力结构以及政府与社会之间关系的演变①。王智睿和陈纪（2022）在环境管理体制的改革研究中，也运用了制度变迁理论构建"环境—结构—行为者"框架，将改革开放以来几十年间中国环境管理制度的演进划分为从无到有和密集调适两个阶段，并得出了结论，即外部环境开放性、制度结构匹配度以及行为者的观念认知共同构成了制度变迁的重要驱动力量。其中既有旧制度对新环境适应性的缺失引发的合法性危机，也有权力关系调整和关键行为者观念更新带来的直接推动力②。臧雷振和潘晨雨（2021）在《中国社会治理体制变迁的轨迹、逻辑与动阻力机制——基于历史制度主义视角》一文中，同样强调了在国家治理现代化进程中，制度变迁理论对于理解并促进社会治理体系不断完善的重要性③。

此外，在地方政府创新、城市基层制度变迁、监察体制变革等领域，制度变迁理论同样发挥着重要作用。它帮助研究者们顺利识别出推动地方政府创新的各种间接动力（如强制性与诱致性动力）和直接动力（成本收益分析），阐明了城市基层制度变迁由"量变"进入"质变"的动力来源（如政府整合社会模式失效）及其"组织创新—机制形成—体制确认"的发展路径，以及揭示中国监察体制变革背后复杂而多维的动力因素，如环境观念变迁导向、宏观结构驱动、关键节点理性选择驱动等。

---

① 陶永亮，魏玉君，方丹. 政府数字化转型过程中的制度变迁及其动力机制研究［J］. 电子政务，2024（2）：42-54.

② 王智睿，陈纪. 中国环境管理体制改革的历史脉络与发生机理：基于历史制度主义视角的考察［J］. 暨南学报（哲学社会科学版），2022，44（9）：121-132.

③ 臧雷振，潘晨雨. 中国社会治理体制变迁的轨迹、逻辑与动阻力机制：基于历史制度主义视角［J］. 学习与探索，2021（11）：34-42，191.

综上所述，制度变迁理论在各类制度变迁动力研究中发挥了统一分析框架的作用，能够系统地梳理和阐述不同领域制度变迁的动力来源、作用方式及其影响结果，从而为中国制度建设和发展提供了有力的理论指导。

2. 制度变迁理论与制度变迁机制研究

制度发生变更的逻辑与内在机制是怎么样的？这同样是研究者们积极运用制度变迁理论来重点回答的问题。事实也证明了制度变迁理论确实是帮助我们分析和理解实务界中制度变化的具体过程和内在机理的有效工具。

在《中国环境管理体制改革的历史脉络与发生机理——基于历史制度主义视角的考察》一文中，制度变迁理论被用来作为分析工具，以理解中国环境管理体制改革的动态过程和驱动机制。它通过关注外部环境变化、制度结构适应性以及行为者观念转变这三个核心要素，解释了制度改革从无到有、不断调适并渐进发展的内在规律，揭示了旧制度在面对环境挑战时如何失去合法性，进而催生改革，并强调权力关系调整及关键行为者观念更新在推动制度变迁中的重要作用[1]。

在《从运动到常规：地方政府环境治理的转型及其内在机理——以A市环保督察整改工作为例》这篇文章里，制度变迁理论则扮演了分析框架构建者的角色。作者借助制度变迁理论的重要概念，通过情境、动力和路径三个核心要素来解析从运动式治理向常规科层制为基础的长效治理转变的过程。特别是在A市环保督察整改工作的案例中，揭示了外部压力（情境）、利益驱动（动力）如何促使地方通过创新和调整现有制度（路径），实现环境治理体系的重构与优化，并且特别强调了科层结构这一关键变量在制度变迁中的决定性作用[2]。

而在《地方政府间分权的逻辑：一个制度变迁的分析框架》这篇文章中，作者糅合了三种制度变迁理论的分析视角，构建了一个以交易成本为

---

① 王智睿，陈纪. 中国环境管理体制改革的历史脉络与发生机理：基于历史制度主义视角的考察［J］. 暨南学报（哲学社会科学版），2022，44（9）：121-132.

② 金晓雨，孔繁斌. 从运动到常规：地方政府环境治理的转型及其内在机理：以A市环保督察整改工作为例［J］. 江汉论坛，2022（9）：59-64.

核心的制度变迁分析框架，从而剖析了地方政府间分权的具体运作过程与逻辑①。

除此之外，较多研究直接引用了制度变迁理论的分析框架或分析框架的某一部分进行研究。例如，赵玮萍和吕广玉（2013）在《政府利益约束下制度变迁机制分析》一文中重点讨论了政府受到利益为正的约束的这一假定下分析了制度变迁的作用机制②；而王辉（2018）在《运动式治理转向长效治理的制度变迁机制研究——以川东 T 区"活禽禁宰"运动为个例》一文中则通过文献梳理，认为历史制度主义制度变迁理论能够为"运动式治理转向长效治理的制度变迁"这一转变提供解释框架并以此为依据完成了研究③。

3. 制度变迁理论与制度变迁过程研究

制度变迁理论广泛应用于分析国家治理、基本经济制度、农村公共品供给、监察制度、基层民主、机关事务治理以及行政审批等领域的变迁过程。例如，杨虎涛和方敏（2023）运用制度变迁理论探究了在中国的发展历程中，国家治理与基本经济制度之间的互动关系④；严红（2022）运用制度变迁理论构建了"制度—情境"分析框架，揭示了在农村公共品供给领域，只有当制度安排能够适应乡土情境时，才能提高公共物品供给效率⑤。

除了用于经济制度的历史变迁分析，学者对于中国政治制度的变迁轨迹的研究同样应用了制度变迁理论。例如，舒绍福和李婷（2022）运用制度变迁理论分析了中国共产党建党以来监察制度的变迁，即监察制度从党

---

① 叶贵仁，欧阳航. 地方政府间分权的逻辑：一个制度变迁的分析框架 [J]. 公共管理学报，2021，18（1）：21-32，167.

② 赵玮萍，吕广玉. 政府利益约束下制度变迁机制分析 [J]. 北京理工大学学报（社会科学版），2013，15（1）：76-81，86.

③ 王辉. 运动式治理转向长效治理的制度变迁机制研究：以川东 T 区"活禽禁宰"运动为个例 [J]. 公共管理学报，2018，15（1）：71-83，156-157.

④ 杨虎涛，方敏. 制度供给的能动性与适应性：国家治理与基本经济制度变迁的历史透视 [J]. 福建论坛（人文社会科学版），2023（11）：79-94.

⑤ 严红. 从悬浮到适应：县域公共品供给的制度变迁与情境实践 [J]. 农业经济问题，2022（11）：106-116.

内监察扩展至国家监察，监察权限、对象和效能等方面发生了重大变化，形成了对公职人员全面覆盖的有力监督机制，中国特色监察体制进入新的发展阶段①；而张佳威（2020）则借助制度变迁理论讨论了改革开放以来我国基层民主的变迁过程，认为我国基层民主的发展表现为一种"层叠型"的制度变迁模式，选举与协商在基层政治实践中复合并锁定为民主政治发展的根本路径②。

此外，制度变迁理论也被运用于机关事务治理制度、行政审批制度改革以及城市街道办事处制度的变迁等行政体制的改革。例如，丁煌和李雪松（2020）运用制度变迁理论探究了新中国70年机关事务治理的制度变迁，并得出"机关事务治理从传统管理向现代治理转型的过程中，制度背景、政治变量、路径依赖和关键节点共同塑造了变迁历程"的结论③；何培育（2016）分析了行政审批制度变迁的轨迹与现实取向④；张西勇和杨继武（2012）解读了我国城市街道办事处的制度变迁⑤。

由此可见，制度变迁理论在分析公共管理各领域的制度变更过程上具有广泛适用性和实用性。不过值得注意的是，在众多制度变迁研究中，对于制度变迁过程这一专题的分析，通常是以历史制度主义的分析视角展开。

---

① 舒绍福，李婷. 从党内监察到国家监察：建党以来监察制度变迁 [J]. 新视野，2022（1）：35-41.

② 张佳威. 走向选举与协商的复合：改革开放以来基层民主的变迁：以历史制度主义为分析视角 [J]. 社会主义研究，2020（4）：86-94.

③ 丁煌，李雪松. 新中国70年机关事务治理的制度变迁：一项历史制度主义的考察 [J]. 理论与改革，2020（1）：88-99.

④ 何培育. 行政审批制度变迁轨迹与现实取向：例证一市三省 [J]. 重庆社会科学，2016（7）：26-36.

⑤ 张西勇，杨继武. 历史制度主义视域下我国城市街道办事处的制度变迁 [J]. 中国行政管理，2012（12）：69-73.

第二节　多中心治理理论

多中心治理理论作为公共管理机制的重要理论框架，其思想渊源可追溯至英国著名哲学家迈克尔·博兰尼（Michael Polanyi）在著作《自由的逻辑》中的深刻洞见。博兰尼首次提出了"多中心"的概念，其将社会秩序划分为单一权威主导和多中心并存两种类型①，这一理念为后来的多中心治理理论奠定了基础。美国学者埃莉诺·奥斯特罗姆（Elinor Ostrom）敏锐地捕捉到这一理念对于公共事务分析的价值，并进一步将其深化拓展至公共管理研究中，创造性地构建了一种超越传统国家理论和市场理论的多中心治理模式。她主张在处理公共事务时，应鼓励多元主体的参与和决策权力的分散化，从而形成一个多维度、多层次、相互协作又富有竞争活力的治理体系。

一、多中心治理理论的起源与发展

1. 多中心治理理论的起源

多中心治理理论的历史脉络可追溯至 20 世纪中后期的社会科学与经济学领域。首先，在经济学方面，奥地利经济学家弗里德里希·冯·哈耶克（Friedrich Hayek）的自由市场理念对多中心治理理论的形成产生了深远影响。哈耶克在其著作《通往奴役之路》及《法律、立法与自由》中提出，市场的自生秩序源于无数个个体基于自身知识和利益作出的分散决策，这种分散化的决策结构较之于集中的中央计划更具效率与活力。他的理论为多中心治理提供了最初的哲学基础，即权力分散、尊重个体决策的重要性。

随后，公共选择理论和新制度经济学对多中心治理的理论建构起了决定性作用。特别是在 20 世纪 70 年代以后，奥斯特罗姆夫妇——文森特·

---

① 博兰尼. 自由的逻辑 [M]. 冯银江，李雪茹，译. 长春：吉林人民出版社，2002.

奥斯特罗姆（Vincent Ostrom）和埃莉诺·奥斯特罗姆（Elinor Ostrom）的研究极大地推进了这一领域的发展。埃莉诺·奥斯特罗姆在《公共事物的治理之道》一书中，通过对全球各地小型社区如何自主管理共享资源的实地考察与经验归纳，打破了公共资源悲剧的传统悲观论调，揭示了在一定的规则框架内，多元主体共同参与决策和执行，可以实现公共资源的有效管理。这一系列研究不仅证明了多中心治理在解决公共事务上的可行性，而且奠定了多中心治理理论的基础。

2. 多中心治理理论的发展

（1）制度分析与发展框架（institutional analysis and development，IAD）

奥斯特罗姆夫妇提出的制度分析与发展框架为多中心治理提供了严谨的理论架构。该框架强调了行动情境、规则集合、行动策略以及产出结果之间的相互作用，认为任何有效的治理结构都应关注这些环节的互动，并通过多元制度安排实现公共事务的有效管理。IAD框架的提出标志着多中心治理理论向系统化、科学化迈出了坚实的步伐。

（2）跨学科融合与理论拓展

多中心治理理论在发展中积极吸纳了其他社会科学分支的理论成果，实现了跨学科的深度融合。例如，社会资本理论揭示了个体之间信任、规范和网络关系对于治理效能的关键作用；网络治理理论则强调了非线性、动态和互惠关系在治理网络中的价值；协商民主理论倡导公民平等参与决策过程，强化了多中心治理中公众参与的理念。

（3）全球化背景下的理论与实践交织

随着全球化进程的加快，跨国界、跨领域的公共问题日益增多，单一中心的治理方式无法有效应对。在此背景下，多中心治理理论得以广泛应用并持续发展。例如，欧盟作为区域一体化组织，其内部的多层治理结构体现了多中心治理的理念，不同层级的政府、地区、企业和社会组织共同参与政策制定和实施，确保了政策的灵活性与适应性。此外，国际组织、非政府组织以及跨国公司在解决全球性议题，如气候变化、公共卫生危机等时，也扮演着重要角色，呈现出多中心治理的实际运作形态。

（4）信息技术革命的催化作用

信息技术的飞速进步，特别是互联网的普及和大数据时代的到来，为多中心治理的实施提供了前所未有的技术支持。信息通信技术使得决策过程更加透明，民众参与更为便捷，同时也促进了不同治理主体间的沟通协作和信息共享，为多中心治理创造了更为有利的实施环境。

3. 多中心治理理论的成熟

进入 21 世纪，多中心治理理论在全球各地的公共治理实践中取得了显著成效，并在理论层面得到了更深入的挖掘和充实。多中心治理理论在全球范围内的影响力与日俱增，尤其是在应对全球化、数字化、可持续发展等多重挑战中彰显出强大的生命力与实践价值。

在全球治理层面，联合国 2030 年可持续发展目标的实现高度依赖各国政府、国际组织、私营部门、非政府组织及广大公众等多元主体的共同参与和协同治理，这正是多中心治理理念的具体体现。在单个国家或组织个体层面，许多国家和地区积极推动政府职能转变，优化权力结构，倡导社会治理创新，将多中心治理理论应用于实际政策制定与实施之中。例如，在欧洲，多中心治理在处理欧债危机、难民问题等重大挑战中发挥了关键作用，欧盟通过强化成员国、地区和地方政府的合作，以及推动公民社会组织、企业等非国家行为体的积极参与，构建了一个多层、多元的治理结构。而在亚洲，如新加坡和韩国等国，通过城市治理、科技创新、环保等领域推行多中心治理模式，有效提升了公共政策的响应速度和执行效率。

在中国，多中心治理理论在新时代中国特色社会主义建设中找到了丰富的实践土壤。党的十八届三中全会明确提出要"推进国家治理体系和治理能力现代化"。在基层社会治理领域，面对城镇化进程中的社区治理、生态环境保护以及农村公共事务等问题，多中心治理理论可以被广泛引用并加以本土化改造，以适应中国社会经济发展的现实需求。中国的研究者和实践者在借鉴多中心治理理论的同时，注重结合中国特有的历史文化背景、制度环境和社会现状，探索出了一条中国特色的多中心治理道路。比如，在城市社区治理中推行居民自治、共建共享，鼓励社会组织和企事业单位积极参与，形成了多元主体共治的新格局；在生态环境保护领域，推动政府、企业和公众共同担责，通过建立生态补偿机制、公众监督等方式，实现环境保护的多中心治理。

此外，信息技术的发展也为多中心治理提供了新的机遇与挑战。大数据、云计算、人工智能等科技手段的运用，不仅提高了信息传播的效率，拓宽了公众参与渠道，还助力构建了智慧型、服务型政府，促使多中心治理向着更加智能化、精准化、高效化的方向发展。

总的来说，多中心治理理论自其诞生以来，经历了从经济学思潮的启迪，到公共选择理论与新制度经济学的孕育，再到全球化与信息技术革命的催化，最终在全球各地的实践中得到验证与完善。这一理论主张权力分散、多元参与、灵活适应和制度创新，旨在构建一个更能应对现代社会复杂性与不确定性的治理体系，对于推进全球公共治理现代化具有重要意义。

二、多中心治理理论的主要内容

1. 多中心治理的核心理念

多中心治理理论的核心理念深深植根于对权力分散、自主治理、多元主体参与和协同合作的深刻认识与倡导中。该理论摒弃了单一权威中心控制的观念，转而强调权力在不同层级、不同主体之间的有序分配与联动，其中包括但不限于政府、市场、非政府组织、社区和公民个人等多元治理主体。在这一框架下，权力的分散意味着决策过程的包容性和开放性增强，倡导资源使用者的自主治理和自组织能力，如通过设立社区协会、用户委员会等形式，借助协商机制来共同制定和执行规则，从而实现对公共资源的高效、公正管理。

多中心治理的核心内涵还体现在对多元参与和协作的高度推崇，它鼓励各类利益相关者积极介入决策过程，通过对话、协商与合作，共同解决公共问题，实现公共利益的最大化。这种理念强调治理体系的灵活性和适应性，倡导在保持一定稳定性的前提下，依据社会、经济、环境等外部条件的变化，适时调整和创新治理规则，以应对复杂多变的挑战。

此外，多中心治理理论还点明了各级治理主体间的嵌套性和层级协调的重要性，认为即使权力在多个中心间分散，也需要有层级间的衔接和互动，以便形成既有宏观指导又有微观实践的整体性治理格局。与此同时，规则制定与执行亦呈现双轨制特点，既包含了自上而下的法律法规制定，也容纳了自下而上的社会习惯、民间协议等非正式规则的生成，力求确保规则体系既能体现多元主体的利益诉求，又能保障治理过程的公平性和合法性。

综上所述，多中心治理理论以其鲜明的学术立场，构建了一种多层次、多主体、多维度的新型治理体系，旨在通过权力的合理分配、多元参与和动态调整，提升社会治理的效率与公平，促进社会的可持续发展。

2. 多中心治理对应的政治体制

多中心治理理论并不推崇单一集中的决策中心，而是强调多个相互独立且平行运作的决策中心共同参与地方治理。在这种体制下，各个地方政府单位在保持独立行政有效性的同时，可通过契约性与合作性的竞争关系相互连接，从而形成一个多元互动的网络结构。

以往的观点倾向于认为，单中心政治体制是解决地方问题的理想方案，认为地区政治单位的多元化会导致诸如职能重复、交叠管辖等问题，从而造成行政效率降低、成本上升以及公共产品和服务供应不足等情况①。然而，奥斯特罗姆和蒂伯特（Tiebout）对此提出了新的见解，肯定了多中心模式的地方政府管辖单位的优越性。他们指出，多中心政治体制的特点在于多个决策主体之间的协作竞争和冲突，这种动态平衡机制有助于提升整体绩效，并能更有效地应对复杂和激烈的社会问题，寻求低成本的解决方案②。

奥斯特罗姆进一步阐述，在民主社会中，决策权的广泛分散、个体的

---

① 麦金尼斯. 多中心体制与地方公共经济 [M]. 毛寿龙，译. 上海：上海三联书店，2000.

② OSTROM V, TIEBOUT C M, WARREN R. The organization of government in metropolitan areas: a theoretical inquiry [J]. American political science review, 1961, 55 (4)：831-842.

裁量权或自由度，以及对政府官员的有效约束，构成了多中心特质的核心要素。与之相对的是"指挥秩序"，即一元化、单中心的秩序，在这种秩序中，由于信息失真和层级传递过程中的扭曲，往往会导致实际效果与预期目标产生差距。因此，面对单中心决策可能出现的问题，多中心体制通过充分利用交叠管辖和权威分散的治理优势来加以解决。

实际上，在市场、政治联盟及公共服务等领域中，都存在着多中心结构。只要没有一个决策主体能够独揽所有决策权力，那么地方政府的治理就能够在一个多中心的框架下展开。这种多中心决策体系是在宪法和法律的规范下运行，并受到社群团体、利益集团、经济部门等多种多中心决策体系的影响，最终通过协商达成共识与统一。

3. 多中心治理的大体框架

根据王志刚《多中心治理理论的起源、发展与演变》一文中的阐释，多中心治理的大体框架可以从主体、结构、目标和运行模式来展开介绍①。

第一，多中心治理的核心特征体现在多元主体参与，涵盖了政府、企业、非营利组织、公民社会、国际组织、社会组织等众多角色。这种多元性源于社会环境的多样性，由此催生了各种利益与需求。在社会整合的进程中，各类组织吸纳了多样化的资源，并跨越了组织之间的同质与异质差异，交织融合了多重利益和意识。各组织不仅凭借自我驱动力运作，同时其活动也与其他组织的决策相互影响，共同构建了社会活动的多中心主体格局。

第二，多中心治理的结构形态呈现为网络化。无论是公民个体还是政府、企业等实体，皆置身于由复杂关系编织而成的社会网络之中。尤其在信息化时代，新闻媒体和信息技术（如互联网）极大地便利了人与人、组织与组织间的交流沟通，实现了信息的水平化流动，打破了传统官僚体制的封闭性，将所有个体和组织紧密联结在网络世界中。该网络无单一核心，每个中心都是网络中的节点，彼此间进行着循环往复的交流互动，绕

---

① 王志刚. 多中心治理理论的起源、发展与演变 [J]. 东南大学学报（哲学社会科学版），2009，11（S2）：35-37.

过间接代表性与等级制度，直接表达各自的利益诉求。

第三，多中心治理的首要目标是为了实现公民利益的最大化和多样化需求的满足。衡量政府及其官员公共管理和公共服务成效的标准，除了关注行政效率，更看重其能否合理有效地利用公共资源回应社会发展的需求和公民期待。公民、社会团体和企业不仅具备有效表达意愿的能力，还能积极参与到公共事务的治理和绩效评价之中。这一目标的实现，并非仅依靠政府官员的意愿，而是需要精心设计的多中心权力结构、多样化的治理结构设置以及实践性强的民主参与制度支撑。

第四，多中心治理采取"合作—竞争—再合作"的运行模式。在提供社会公共物品和服务的过程中，从政府到公民个体都可能成为供给方，但由于组织力量各异，所付出的成本也有差异。公共物品的创造、使用与维系本质上要求多方合作。由于各中心自治且拥有不同的需求，会追求自身利益最大化，从而在公共物品领域展开竞争。这种竞争通过谈判、协商和制定类似合同的方式来形成一致行动策略。而在形成共识后，各方会在意愿一致的复合体中再次进入合作阶段，共同推进公共物品和服务的有效供给。

4. 多中心治理的功能优势与不足

多中心治理理论在公共管理实践中的功能优势表现得尤为突出：

一是多元化决策与灵活性得到提升。多中心治理允许多元主体参与决策过程，不再局限于单一的政府机构，这带来了决策的多元化视角和丰富性。各主体可以根据自身的专业知识、经验以及本地化需求进行决策，使得公共政策更加贴近实际，更具针对性和灵活性。此外，多中心决策还可以降低单点失效的风险，通过不同主体之间的互补和纠错机制，提高政策的稳健性和可持续性。

二是增强了治理的适应性和创新能力。在快速变化的社会环境中，多中心治理由于其内在的网络化结构和开放性特征，能够迅速感知环境变化，快速响应并调整治理策略。多元主体的参与也促进了不同治理模式和创新策略的涌现，尤其是在解决跨界、跨领域的复杂问题时，多中心治理模式可以实现跨部门、跨层级的资源整合与协同创新。

三是提高了公共服务质量和效率。通过市场竞争、社会参与和社区自治等多种机制，多中心治理能够优化资源配置，提高公共服务的生产率和服务质量。政府可以通过与市场、第三部门的合作，充分发挥各自优势，降低成本，提高服务效率。同时，多元主体的监督作用也有利于确保公共服务的公开透明和公正公平。

四是增强了社会公正与合法性。多中心治理重视公众参与和民主决策，增强了公众对政策制定过程的认同感和接受度，从而提高了政策执行的合法性和社会公正性。在治理过程中，各主体权益得以保障，公民的合法权益得以尊重，这有助于构建更加和谐稳定的社会秩序。

五是减轻了政府负担，同时开始培养公民责任感。在多中心治理模式下，政府不再是唯一的公共产品和服务的提供者，而是转变为规则制定者、协调者和服务质量监管者。这样既可以减轻政府的直接管理压力，也能激发社会各方面的积极性和创造性。同时，公民通过直接参与治理活动，能够培养起更强的社会责任感和共同体意识，形成共同管理、共同受益的良好局面。

不过，尽管多中心治理理论具有诸多优势，但在实际应用过程中也面临一些挑战。例如，责任归属模糊与协调难题，由于多中心治理涉及多元主体，可能出现责任边界不清的情况，导致任务推诿或者重复劳动。同时，由于不同主体的利益诉求、价值观和工作方式各异，协调成本高，可能会出现资源浪费和效率低下问题。还有信息不对称与透明度缺失问题，在多中心治理结构中，信息的流通和共享至关重要，然而，由于信息获取和处理能力的差异，各主体间可能存在严重的信息不对称问题，阻碍了有效决策和资源最优配置。

三、多中心治理理论的实践应用

对于多中心治理理论的实践应用一方面体现在现实的公共管理实务界应用场景中，另一方面则体现在学术研究领域的运用。

1. 多中心治理理论在现实场景中的应用

多中心治理理论作为一种前瞻性的公共管理范式，其实践应用场景广泛且深入，涵盖了环境治理、城市规划、公共卫生、社区发展、教育改革乃至国际合作等多个领域。在环境与自然资源管理层面，多中心治理理论生动体现在诸如公共池塘资源管理的实证研究中，其中，奥斯特罗姆教授的研究工作尤为引人注目。无论是北美森林管理体系、非洲水资源共享实践，还是全球气候变化应对战略，均可见多元主体（包括但不限于社区、政府机构、非政府组织以及科研团体）共同参与决策制定与规则执行，通过协作达成资源的可持续利用，有效应对了过度开采、环境污染和资源耗尽等困境。

在城市规划与社区治理的范畴内，多中心治理理论推动了城市空间规划和社区生活管理的创新实践。例如，新加坡的"邻里中心"项目展示了多中心治理在城市微缩单元中的成功应用，通过建立多元主体共同参与的城市治理结构，包括居民委员会、社区发展理事会等，共同磋商解决城市基础设施建设、公共安全维护以及环境卫生改善等事宜，显著提升了城市治理效能，并增强了居民的生活满足度。同样，中国各地也在积极探索本土化的社区多中心治理模式，通过设立居民议事平台、业主大会等机制，让普通居民在社区公共事务决策和管理中发挥积极作用，实现社区治理的精细化和民生导向。

在公共卫生与疾病防控方面，多中心治理理论的价值在面对全球性公共卫生事件时显现无遗，如 H1N1 流感、艾滋病防控以及新冠肺炎病毒感染等。在这些挑战面前，政府、医疗机构、科研团队、社区组织、非政府组织及公民个体等多元主体共同构建起协同应对网络，通过信息交换、资源调度、健康教育等手段，有力地筑起了公共健康的防护长城。

在教育改革与学校治理层面，多中心治理理论驱动了教育管理体制的深层次变革。多个国家和地区纷纷尝试赋予学校更大程度的自治权，鼓励家长、教师、学生以及社区成员共同参与学校治理，共商教育政策和教学策略，如芬兰的教育体系就充分利用了多中心治理的理念，形成由学校、教师、家长和学生共同参与决策的多元主体结构，推动了教育民主化进程和教育资源的优化配置。

至于全球治理的宏大领域，多中心治理理论同样展现出其强大的指导意义。在诸如制定《巴黎协定》等应对气候变化的全球公共事务中，国际组织、主权国家、非政府组织以及跨国公司等多元主体携手参与决策制定与执行监测，揭示了多中心治理在全球性问题解决中所蕴含的巨大潜能和现实效力。

综上所述，多中心治理理论的实践应用已渗透社会生活的方方面面。通过激活多元主体的参与和协商合作，不仅提升了公共决策的公正性和合理性，也加强了社会治理的韧性和效率，为破解复杂的社会难题提供了卓有成效的策略路径。随着全球社会经济发展面临的挑战日益复杂多元，多中心治理理论的实践形态将继续演进和完善，为构建更为公正、高效、可持续的全球治理体系提供理论支撑与实践启示。

2. 多中心治理理论在学术研究上的应用

多中心治理理论在学术界上的运用重点围绕其致力于回答的治理结构设计、行为选择、制度建设、资源分配和权力平衡等来解释现实现象和针对现实问题提出解决方案。中国学者在探究多中心理论与治理模式的过程中，已超越了制度经济学中对多中心制度结构的传统理解，创新性地发展出适应本土国情的多中心治理理论体系。历经改革开放四十多年的发展，我国的地方政府行政权限获得了显著拓展，企业的自主经营管理权限得到了大幅度释放与全面确立。同时，非政府组织和民间团体如雨后春笋般蓬勃发展，新闻传媒业也逐渐拥有了广泛的舆论影响力。在此期间，各项配套法律法规体系不断完善，为构建多中心的治理体系和决策机制创造了有利的制度环境与体制基础。

国内学者在运用多中心治理理论进行现象分析时大多按照"治理现状—多中心治理理论的适用性—展开分析—对策建议"这一逻辑进行。例如，梁丽芝和莫俊（2015）在研究裸官现象治理时，先是分析了"裸官"现象及其存在的信息不公开、危害性认识不足、制度执行乏力、协同治理不足等问题，然后引入多中心治理理论进行分析并提出了相应的对策①；温雅婷等人（2021）在研究数字化转型背景下公共服务创新路径时，先讨论了数字创新如何赋能推进公共服务创新问题，接着展开了多中心治理理论的适用性分析，然后结合实际案例进行分析，最终从理论和实践层面呈现了数字化转型背景下公共服务创新的治理模式选择和路径实现②。

此外，学者们重点结合多中心治理理论视角，为推动我国的公共事务治理模式革新建言献策。首要举措在于倡导和实施多元主体共同介入，正如谭禹（2012）所强调，要打破我国保障性住房单纯依赖政府供给的旧有框架，必须引入多样化的参与主体，激活保障房领域的整体活力③。同时，强化多主体协同合作机制的构建和完善是关键环节，理想的多中心治理架构需要依托一个互利共生的制度生态系统，确保各参与方责任界限分明，彼此间的交流与协作能够高效有序④。再者，涉及政府职能的重新定位与社会资源的有效整合，何继新（2012）通过对江西瑞安综合农协多中心运行体系的研究案例剖析，建议政府应当扮演引导和扶持的角色，助力农村非政府组织走上可持续发展的稳健路径，为此需提供必不可少的制度保障和资源配置支持⑤。

第三节　新公共管理理论

新公共管理理论与其说是理论，不如说是一个主义，其是一系列有别于传统公共行政的管理思想的综合。新公共管理理论的"新"也正在于其

---

① 梁丽芝，莫俊. 裸官现象及其治理：基于多中心治理理论视角 [J]. 理论探讨，2015（2）：141-145.

② 温雅婷，余江，洪志生，等. 数字化转型背景下公共服务创新路径研究：基于多中心—协同治理视角 [J]. 科学学与科学技术管理，2021，42（3）：101-122.

③ 谭禹. 多中心治理理论与保障性住房的多元供给 [J]. 城市问题，2012（12）：63-67.

④ 郁俊莉，姚清晨. 多中心治理研究进展与理论启示：基于2002—2018年国内文献 [J]. 重庆社会科学，2018（11）：36-46.

⑤ 何继新. 综合农协"三位一体"多中心公共行动分析：基于多中心治理框架理论 [J]. 安徽农业科学，2012，40（12）：7500-7503.

摒弃了传统的官僚制理论和威尔逊的政治—行政两分法思想，借鉴了经济学理论和私营部门管理理论来指导和重构公共部门的管理模式。

一、新公共管理理论的起源与发展

1. 新公共管理理论萌芽的社会经济背景

自资本主义生产关系基本确立以来，特别是进入 20 世纪后，政府职能经历了显著的演变。从 19 世纪末至 20 世纪 30 年代初期，尽管资本主义经济总体趋势由自由竞争过渡到垄断，但在政府管理层面，长期秉持着"最少干预"原则，即政府被视为"必要的祸害"，主张"管得最少的政府就是最好的政府"。然而，随着 1929 年经济大萧条的发生，以美国罗斯福新政为标志，政府开始大幅度扩大其职能范围，不仅强化了对市场经济的调控干预，推行凯恩斯主义宏观经济政策，而且加大了对社会福利制度的建设力度，这标志着政府社会职能的显著扩张。

然而，随着时间推移，特别是进入 20 世纪 70 年代，全球经济形势和国内社会结构发生了根本性变化。两次石油危机的冲击使得西方国家经济陷入了滞胀状态，经济增长乏力，迫使政府不得不调整经济策略，实施大规模减税计划以刺激经济发展，这直接减少了政府的财政收入来源。与此同时，社会环境和社会结构也在急剧转型，原本的金字塔形社会结构逐渐向橄榄形转变，中产阶级迅速崛起并占据主导地位，对于政府依赖增税来应对财政危机的方式持更加批判的态度。

此外，新的社会问题和公共政策领域如环境保护、科技进步等议题引起了社会前所未有的广泛关注，政府需要在这些新兴领域扮演积极的角色。再者，亚洲尤其是日本经济的飞速发展，对欧美国家构成了严峻的竞争压力，迫使它们反思自身的经济状况和社会管理模式。

面对这一系列挑战，西方国家政府发现自己陷入了一种两难境地：一方面，政府肩负的责任和职能不断扩展，尤其是在环保、科技创新等领域以及提升国民生活水平和国际竞争力等方面的需求日益迫切；另一方面，由于经济状况波动及中产阶级反对增税政策的政治现实，政府可用的财力资源愈发捉襟见肘，无法满足不断增长的公共服务和福利支出需求，进而引发了严重的财政危机。

不仅如此，庞大的政府规模和僵化的管理体制还导致管理效能降低，滋生了官僚主义，降低了公众对政府的信任度，进一步演化成政府信任危机乃至合法性危机。在这种内部矛盾与外部压力交织的背景下，西方国家政府亟须一场深度的改革以适应新的社会经济环境。

这场改革运动普遍而深刻，跨越了意识形态的界限，不同国家在改革的方向和目标上呈现出高度的一致性，那就是追求效率、绩效和服务导向的公共管理模式。新公共管理理论就是在这样的土壤中孕育而出，它借鉴私营部门管理的成功经验，倡导引入市场竞争机制，注重结果导向，强调政府部门的服务质量和成本效益，力图实现政府运作方式的根本转变。

2. 新公共管理理论的发展与转型

新公共管理理论自其诞生以来，经历了近四十年的快速发展与广泛传播，对全球公共行政领域产生了深远影响。然而，随着时代的变迁和实践的深入，这一理论体系也逐渐暴露出其局限性，并在某种程度上宣告了其生命周期的阶段性结束。本部分将详述新公共管理理论的发展历程及其面临的质疑与挑战，进而探讨其在新时代背景下的发展趋势与可能的终结。

（1）发展阶段

新公共管理理论在 20 世纪 80—90 年代达到鼎盛时期，其影响力迅速从英美等发达国家扩展至全球范围。这一阶段，新公共管理的核心理念——市场化、管理主义、顾客导向和结果导向被广泛接受和实践。各国政府纷纷采纳新公共管理的改革措施，如公共部门的商业化管理、绩效管理、公私合作、代理外包等，以此提升公共服务效率，减轻财政负担，提高公众满意度。特别是在新西兰、澳大利亚、英国等国的公共部门改革中，新公共管理理论得到了充分的实践检验，这些国家通过引入竞争机制、明确绩效标准、实施结果导向的管理方式，取得了显著的成效，增强了政府的治理能力，提高了公共服务的质量和效率。

（2）遇到的挑战与争议

然而，新公共管理理论在取得成绩的同时，也遭遇了诸多挑战与争议[1]。批评者指出，过度的市场化倾向可能导致公共价值的流失，削弱公共服务的公平性和普惠性。此外，过分强调效率和产出容易忽视公共服务的复杂性和多元性，无法全面衡量公共政策的综合效益和社会价值。同时，新公共管理理论在实践中往往忽视了公共部门的特殊性质和使命，仅简单照搬私营部门的管理方式可能导致公共行政伦理滑坡、民主参与度下降以及公共利益受损。此外，绩效指标的设计和实施也可能导致目标替代、数字游戏等现象，背离了改革初衷。

（3）结束与转型

步入21世纪，随着社会经济环境的进一步变化和公共管理理论的深化，新公共管理理论的局限性日益凸显，其主导地位开始动摇。一些学者和实践者开始反思并提出新的理论框架和改革思路，如新公共服务理论、整体政府理论等。新公共服务理论强调公共服务的伦理价值和公民参与，主张回归公共行政的本质，注重培育公民社会资本和公共价值的实现[2]。而整体政府理论则从政府与其他公共管理参与者互动关系的视角出发，针对新公共管理理论在应对多元化、差异化的管理主体时表现出的局限性进行了批评[3]。有学者认为，后新公共管理理论（学说）已逐渐取代新公共管理理论[4]。

总的来看，新公共管理理论并未完全"结束"，而是进入了自我更新与整合的新阶段。它的一些核心理念和实践手段依然在公共行政领域内发挥作用，但其绝对主导地位已让位于更加多元、包容和全面的公共管理理论体系。这一转型反映了公共行政学识的演进与公共管理实践的变迁，昭

---

[1] 曹现强，王佃利. 新公共管理的冲突：对一种统一范式的诘问 [J]. 文史哲, 2005 (4)：147-153.

[2] DENHARDT R B, DENHARDt J V. The new public service：serving rather than steering [J]. Public administration review, 2000, 60 (6)：549-559.

[3] 鄞益奋. 网络治理：公共管理的新框架 [J]. 公共管理学报, 2007 (1)：89-96, 126.

[4] JUN J S. The limits of post：new public management and beyond [J]. Public administration review, 2008, 69 (1)：161 – 165

示着公共管理理论将在不断地批判、反思与创新中迈向新的篇章。

二、新公共管理理论的主要内容

1. 新公共管理理论的主要观点来源

新公共管理理论的形成是一次深刻的理论渊源融合与实践变革互动的过程，这一过程充分体现了跨学科知识整合与政策实践创新的协同效应。在理论渊源融合方面，新公共管理理论汲取了丰富的管理学、经济学以及政治科学的养分。首先，源自私营部门的管理学理论为新公共管理提供了实质性的方法论基础，诸如目标管理、绩效评估、人力资源管理和市场营销等工具和理念被巧妙地嫁接到公共部门，旨在提高公共组织的效能与效率。其次，公共选择理论对个体行为的经济理性假设延伸至公共部门，主张通过引入市场竞争机制和基于契约的管理模式，约束并激励公共管理者追求最优绩效。同时，新制度经济学的交易成本理论和产权理论也被融入新公共管理理论中，强调通过合理的制度设计和权力界定，降低公共事务的交易成本，引导公共部门向市场导向靠拢。此外，委托代理理论亦在其中发挥了重要作用——通过强化监督和激励机制，确保公共管理者代表公众利益行事，避免代理成本过高。

实践变革与突破方面，新公共管理理论的形成离不开各国政府在应对现实挑战中的大胆改革和创新实践。英国作为新公共管理的发源地，率先拉开了大规模公共部门改革的序幕，包括但不限于公共企业的私有化、内部市场的创设、服务外包、绩效指标设定以及财务责任管理制度的确立。美国政府在20世纪80年代中期积极响应，通过实施政府再造工程，倡导建立客户导向、业务流程再造以及以绩效为基础的评估体系，力求重塑公共管理的形象与效能。此外，澳大利亚和新西兰的公共部门改革也极具代表性，两国在20世纪90年代初通过引进商业原则和实践，彻底改写了政府服务提供的模式，为全球公共管理改革贡献出宝贵的实践经验。

学术界的理论构建方面，新公共管理理论得以系统地构建和深化，得益于诸多学者的辛勤耕耘与锐意创新。如迈克尔·巴泽雷（Barzelay）对公共部门改革的深入剖析①，奥斯本（Osborne）和盖布勒（Gaebler）提出的"重塑政府"理念②，以及特伦斯·库珀（Cooper）对代理关系与责任链的细致研究③，这些学术成果极大地丰富和完善了新公共管理的理论内涵，使其不仅限于一种管理实践，更成为公共行政学说中颇具影响力的理论流派。

2. 新公共管理理论的主要观点总结

新公共管理理论作为一个综合且多维度的理论体系，突破了传统公共行政学的束缚，其核心观点聚焦于提升公共部门的服务效率、效能及公众满意度。其核心理念主要包括以下几个方面：

第一，顾客导向。新公共管理理论借鉴私营部门的成功经验，强调将公民视为"顾客"，并将满足顾客需求置于公共服务的核心地位。奥斯本和盖布勒在其里程碑式的著作《改革政府：企业精神如何改革着公共部门》中明确指出，公共部门应以用户为中心，深入了解并积极回应公众需求，优化服务流程和内容，提高公共服务的品质和可达性。

第二，市场化机制引入。这一观点借鉴经济学原理，倡导将市场竞争机制嵌入到公共服务领域，以提高效率和效益。通过采取公私合作（PPP）、外包服务、内部市场等形式，创造一种类似于市场的环境，迫使公共部门追求更高的成本效益比和服务质量。霍德（Hood，1991）认为，政府的角色应从直接服务提供者转换为服务的购买者和监管者，通过市场力量推动公共服务的现代化和优化④。

第三，绩效管理。新公共管理理论强调建立完善的绩效管理体系，通过设定明确、可测量的关键绩效指标（KPIs）来评价政策执行效果和组织工作效率。戴利（Daley，1992）提出，基于绩效的管理不仅能增进公共部

① BARZELAY M. Breaking through bureaucracy: a new vision for managing in government [M]. University of California Press, 1992.

② OSBORNE D, GAEBLER T. Reforming government: How entrepreneurship is reforming the public sector [M]. Trans. Zhou Dunren. Shanghai: Shanghai translation publishing house, 1996.

③ COOPER T L. The responsible administrator: an approach to ethics for the administrative role [M]. Hoboken: John Wiley & Sons, 2012.

④ HOOD C. A public management for all seasons? [J]. Public administration, 1991, 69 (1): 3-19.

门的透明度和问责制，还能促进资源的合理分配，并激励公务员追求更高层次的工作成就①。

第四，责任与激励机制。该理论提倡明确划分和落实公共部门各级组织和个人的责任，构建层层递进的责任链，并配套相应激励措施以激发公务员的工作积极性和创新潜能。波利特和布卡尔特（Pollitt and Bouckaert，2004）指出，通过物质激励、职业晋升通道建设以及荣誉表彰等多元化激励方式，实现结果导向的管理，确保每一位公务员因贡献和成绩得到公正回报②。

第五，组织扁平化。新公共管理理论还倡导简化组织层级，实现组织结构的扁平化，以加快决策速度，增强组织的灵活性和适应性。通过减少管理层级，赋予基层更大的决策自主权，能够有效促进信息流通，提高公共部门对复杂社会环境变化的响应能力和创新活力③。

一些学者对新公共管理理论的核心主张进行了总结，例如，著名公共管理学学者霍德（Hood）将其归纳为 7 个要点：①公共政策领域中的专业化管理；②绩效的明确标准和测量；③格外重视产出；④公共部门内由聚合趋向分化；⑤公共部门向更具有竞争性的方向发展；⑥对私营部门管理方式的重视；⑦强调资源利用要具有更大的强制性和节约性④。1999 年，国际经合组织（OECD）则将其总结为 8 个点：①转移权威，增强灵活性；②保证绩效、控制和责任制；③发展竞争和选择；④具备灵活性；⑤改善人力资源管理；⑥优化信息技术；⑦提高管制质量；⑧加强中央指导职能。我国学者陈振明也将新公共管理理论的核心主张归纳为 8 个方面：①强调职业化管理；②明确的绩效标准与绩效评估；③战略管理与项目预算；④提供回应性服务；⑤公共服务机构的分散化和小型化；⑥竞争机制

---

① DALEY D M. Performance appraisal in the public sector: techniques and applications [M]. Westport, CT: Quorum Books, an imprint of Greenwood Publishing Group, 1992.

② BOUCKAERt G. Public management reform: a comparative analysis [M]. Oxford: Oxford University Press, 2004.

③ VARNEY D S. Service transformation: a better service for citizens and businesses, a better deal for the taxpayer [M]. London: The Stationery Office, 2006.

④ HOOD C. A public management for all seasons? [J]. Public administration, 1991, 69 (1): 3-19.

的引入；⑦采用私人部门管理方式；⑧管理者与政治家、公众关系的改变①。

三、新公共管理理论的实践应用

1. 新公共管理理论在现实场景中的应用

新公共管理理论在 20 世纪 80 年代兴起并在全球范围内广泛传播，尤其在英美等发达国家，其核心理念和方法论被广泛应用到公共行政改革实践中，对政府运作方式产生了深远影响。以下将详细阐述英美两国在新公共管理理论指导下进行的典型改革实例。

（1）在英国的实践应用

英国是新公共管理理论早期实践的重要舞台，撒切尔政府时期（1979—1990 年）推行了一系列重大改革。在公共部门民营化与私有化方面，英国电信公司在 1984 年的私有化堪称典范，此举打破了政府对通信行业的垄断，引入市场竞争机制，极大地提高了效率并降低了运营成本。此外，英国铁路、煤气、电力等行业也经历了类似的改革，通过开放市场、鼓励竞争，使得这些曾经的国有垄断部门焕发了新的活力。在公共服务领域，英国国民健康服务（NHS）的内部市场改革尤为瞩目。20 世纪 90 年代初，NHS 引入了内部市场机制，将医院和诊所转变成自主经营的基金会信托，通过签订合同的方式为患者提供服务，使医疗资源在内部实现了市场化配置，期望借此提高医疗服务质量和效率，同时控制医疗成本。此外，英国政府还推行了 Next Steps 改革计划，将政府部门的部分职责分离出来，成立执行机构，赋予其更大程度的自主权和灵活性，同时强调绩效管理和财务管理，实施严格的成本核算和绩效评估体系，力图打造更为高效、结果导向的公共管理体系。

（2）在美国的实践应用

20 世纪 90 年代，美国副总统阿尔·戈尔引领了一场声势浩大的"政府再造"运动，旨在简化政府流程、提高工作效率、降低成本并提高服务

---

① 陈振明. 评西方的"新公共管理"范式［J］. 中国社会科学，2000（6）：73-82，207.

品质。这场运动通过撤销重复和无效的机构，推行绩效合同和最佳价值采购，使得政府工作更加透明高效，同时鼓励私营部门参与公共服务的提供，从而大幅提升了政府的运作效率。此外，美国政府在联邦采购制度上也进行了重大改革，强化了竞争投标制度，确保政府采购过程的公开、公平与透明，有效地节省了公共资源，同时也为私营企业提供更多参与公共服务的机会。尤为重要的是，1993 年出台的《政府绩效与结果法案》（GPRA），要求所有联邦机构制定战略目标，建立绩效指标体系，并定期发布绩效报告，从而使政府活动的规划、执行与评估更加注重结果导向，增强了政府行为的可问责性和透明度。

（3）在新西兰的实践应用

新西兰是新公共管理理论实践应用的先锋之一，其改革过程被誉为"新西兰公共管理革命"或"新西兰模式"。在 20 世纪 80 年代后期至 90 年代初，新西兰政府针对传统公共部门存在的效率低下、缺乏责任制和市场导向等问题，进行了大刀阔斧的改革。新西兰取消了大量中央部门和层级，转向部门间竞争和服务契约化管理。例如，通过《国家部门法》（State Sector Act）改革了公共部门结构，创建了半自治的法定机构（Crown Entities），这些机构以商业运营的方式提供公共服务，同时受制于政府设定的绩效目标和输出协议。政府服务提供商之间引入了市场竞争机制，即便是曾经被认为是天然垄断的公共服务领域也开始出现市场化改革，如教育、卫生和福利服务。新西兰的改革特别强调了绩效管理的重要性，建立了以结果为基础的预算制度（Results-based Budgeting），确保公共资源的分配与预期成果紧密挂钩。同时，政府大力推动信息公开和透明度提升，以增强民众对公共部门的信任和监督。

（4）在澳大利亚的实践应用

澳大利亚积极响应新公共管理理论的号召，尤其是在霍华德政府时期（1996 年至 2007 年），其公共部门改革受到了新公共管理理论的深刻影响。澳大利亚引入了"国民成果协议"（National Performance Agreements）体系，这是一种高层级的绩效合约，规定了政府部门必须达成的具体目标和成果标准，确保公共资金使用的有效性。在澳大利亚的改革实践中，政府通过剥离不必要的职能，强化部门间的竞争与合作，以及实施严格的绩效考核，提升了公共部门的效能。例如，在教育和卫生领域，通过引入公立与私立机构的竞争，以及与第三方签订服务供应合同，实现了服务提供方式的多样化和效率提升。另外，澳大利亚政府还在电子政务、公共服务创新等方面积极应用新公共管理理念，利用信息化手段提高服务效率，缩短响应时间，并借助大数据和智能化工具实现精细化管理和个性化服务。同时，澳大利亚也注重保障公民权利和公共服务的公平性，努力在市场化与社会公平之间寻找平衡点（Hood & Jackson，2004）。

（5）在发展中国家的实践应用

新公共管理理论同样影响了许多发展中国家的公共部门改革。例如，印度、巴西等国在公共服务供给中引入了市场化机制，通过公私合作模式、项目招标等方式提高服务效率。同时，发展中国家也在逐步推进绩效管理制度，提高公共部门的透明度和责任感。

2. 新公共管理理论在学术研究中的应用

新公共管理理论自引入中国公共管理学界以来，经历了从理论引进、消化吸收、本土化构建的多层次、全方位的发展历程。20 世纪 90 年代，中国学者开始系统翻译和介绍奥斯本与盖布勒等人的新公共管理研究成果，为国内公共管理理论的国际化拓展打下了坚实基础。理论适应性研究是中国学者对接新公共管理理论的关键环节，如张康之（2000）就深入探讨了新公共管理理论在中国的适用性问题，强调在借鉴其绩效管理、顾客导向等核心理念的同时，需充分考量中国独特的历史文化背景和社会经济条件①。

在此基础上，中国学者积极推动新公共管理理论的本土化构建，如陈振明（2003）在其著作中系统分析了新公共管理的国外理论前沿，并结合

---

① 张康之. 论政府的非管理化：关于"新公共管理"的趋势预测 [J]. 教学与研究, 2000 (7)：31-37.

中国实践提出了具有中国特色的公共管理理论构想①。在实证研究与案例分析层面，学者们密切联系中国政府改革实践，如行政审批制度改革、事业单位改革以及公共服务外包等，以新公共管理视角展开深入研究。张宪法（2005）在探讨中国政府绩效评估时，就具体展示了新公共管理的绩效评估理念在中国的应用潜力②。然而，学界并未止步于单纯的理论借鉴与应用，而是对新公共管理理论在中国的局限性保持了审慎态度。周志忍（2007）在肯定新公共管理理论对我国政府改革的积极影响时，亦指出了过度倚重效率和市场化可能导致的公共利益保护问题和社会公平问题③。

尽管新公共管理理论存在一定的局限性，但它在中国公共管理学术研究领域至今仍保持着鲜活的生命力。如在近几年的研究中，徐国冲（2023）在探究合作治理议题时发现，新公共管理的若干理念、工具以及涉及的行为主体与合作治理有着内在的交织与联系，这一理论框架为此领域的深化发展提供了坚实的理论支撑④。郑文学等（2023）适时运用新公共管理理论中的绩效管理理念，审视了我国数字政府建设的现实状况，进而提出了通过强化政府绩效管理来激发数字政府建设的制度动力的建议，并构建了一套适用于数字政府环境的绩效管理基本架构⑤。与此同时，张杨林等（2022）在研究技能型社会建构问题时，借用了新公共管理的分析视角，细致探讨了政府在这一进程中的角色定位以及实现这一角色的具体途径⑥。另外，张晓丹和高焱燊（2020）基于新公共管理视角，深入剖析了政府采购监管创新机制，强调在实践中亟待进一步挖掘和完善政府采购监管体系，以适应不断变化的公共管理需求⑦。

① 陈振明. 公共管理学原理 [M]. 北京：中国人民大学出版社，2003.

② 张宪法. 论新公共管理下的政府绩效评估 [J]. 当代财经，2005（1）：40-42.

③ 周志忍. 公共组织绩效评估：中国实践的回顾与反思 [J]. 兰州大学学报（社会科学版），2007（1）：26-33.

④ 徐国冲. 迈向合作治理：从新公共管理运动说起 [J]. 江海学刊，2023（2）：117-126，256.

⑤ 郑文学，贾宇云，伍骏骞. 数字政府建设中绩效管理的嵌入与路径 [J]. 党政研究，2023（1）：104-114，128.

⑥ 张杨林，雷世平，乐乐. 技能型社会建设中政府的角色定位及其实现路径：基于新公共管理理论的分析框架 [J]. 职业技术教育，2022，43（31）：35-40.

⑦ 张晓丹，高焱燊. 新公共管理视角下政府采购监管创新机制研究 [J]. 地方财政研究，2020（12）：25-30.

由此观之，新公共管理理论不仅持续影响着我国公共管理学界的前沿研究，而且在合作治理、数字政府建设、技能型社会培育乃至政府采购监管等诸多领域，都展现出强大的解释力和指导价值。

第四节　政策创新扩散理论

政策创新是指政府率先采取并实施的任何一项政策或项目，不论该政策或项目在此之前存在的时间长短，也不论其他政府是否已有先例实施①。而政策扩散则表现为不同层级与地域的政府接续采纳并推广同一项政策或项目的现象。政策创新扩散研究起源于美国，历经半个世纪的蓬勃发展，已成为公共政策过程理论中备受瞩目的新兴分支。这一理论的核心议题集中于揭示政府系统内部和跨层级、跨地域政府机构采纳新政策的动机与机制，以及此类政策创新如何得以有效传播与广泛推行。自20世纪70年代以来，政策创新扩散理论在解析美国行政体制变革过程中发挥了显著作用，不仅快速确立了其在公共政策学术界的地位，而且已成为指导政策实践、理解政策变迁动态的一门主流且引人关注的学科②。

一、政策创新扩散理论的起源与发展

政策创新扩散理论的兴起植根于20世纪复杂交织的社会经济变迁土壤之中，伴随着全球化进程的加速、信息技术的突飞猛进以及经济社会问题的多元化与复杂化，传统政策制定与执行范式遭遇了前所未有的挑战。在这一时期，政策实践迫切呼唤一种能够系统解析政策从创新到普遍应用过程的新理论框架。早期政策实践中，自上而下的线性设计及执行模式在面对高度分异的社会需求、地域差异以及动态变化的环境响应时，暴露出其

---

① WALKER J L. The diffusion of innovations among the American states [J]. American political science review, 1969, 63 (3): 880-899.

② 张克. 西方公共政策创新扩散：理论谱系与方法演进 [J]. 国外理论动态, 2017 (4): 35-44.

在政策适应性、灵活性和效度上的局限性。此外，政策知识和实践经验在时空上的不对称分布，加之采纳主体因认知结构、利益考量、资源禀赋等方面的差异所形成的采纳阻力，使得成功的政策创新难以迅速且有效地扩散至整个政策系统内。同时，深植于特定社会文化语境和制度环境中的障碍亦制约着政策创新的跨域移植与推广应用。基于此，人们开始重视有关政策创新扩散的研究。

1. 政策创新扩散理论创始期

从学理上来说，政策创新扩散起源于创新扩散理论与公共政策实践相结合的交汇点。这一理论根基可追溯至 1903 年法国社会学家加布里埃尔·塔尔德（Gabriel Tarde）在其著作《模仿律》中的开创性见解。塔尔德首次系统性地探讨了创新如何通过个体之间的模仿行为得以传播和扩散，他强调创新与个体现有观念的相似性越高，该创新被模仿和采纳的可能性就越大。他还揭示了创新扩散的时间动态规律，即新事物或新思想的采纳率通常表现为"S"形曲线，从初期的缓慢增长，经历一段时期的加速扩散，再到后期的饱和与稳定。

尽管塔尔德的理论在当时并未立即引起广泛关注，但其思想精髓为后续研究奠定了基础。随后的数十年间，多位学者从多个学科视角对创新扩散现象进行了延伸和丰富。例如，经济学家熊彼特（Schumpeter）于 1912 年引入了技术扩散的概念，强调技术创新的模仿和学习本质[①]。一众英国、德国和奥地利的人类学家，则从文化扩散的角度诠释了文化元素如何在不同社会之间传播并引发变迁。

真正的转折点出现在 20 世纪 30 年代末，当时瑞安（Bryce Ryan）和格罗斯（Neal Gross）对美国艾奥瓦州农场杂交玉米技术的扩散现象进行了实地调查研究，并于 1943 年提出了创新传播和变革研究的新方法，这标志着创新扩散研究开始受到学术界的广泛关注和深度探索。随后，以 1962 年埃弗雷特·罗杰斯发表的里程碑式著作《创新的扩散》为契机，创新扩散

---

① 熊彼特. 了如指掌·西学正典：经济发展理论 [M]. 叶华，译. 南昌：江西教育出版社，2014.

研究迎来了繁荣发展的高潮。自此以后，众多学者在各自的学科领域内，如社会学、传播学、经济学、公共管理学、政治科学等领域，对创新扩散现象展开了广泛而深入的研究。

值得注意的是，在创新扩散研究的早期阶段，公共管理和政治科学虽未在这一研究领域占据主导位置，但通过不断地跨界融合与理论积淀，逐渐成为理解和塑造政策创新扩散过程不可或缺的重要组成部分。随着理论的不断发展和完善，政策创新扩散理论终于崭露头角，成为洞察和指导政策创新如何从源头发端，经过一系列复杂的传播过程，最终在更大范围实现有效推广与应用的关键理论工具。

2. 政策创新扩散理论成形期

美国学者沃克（Walker）是政策扩散研究领域的先驱，他在 1969 年的文章《创新在美国各州的推广》中揭示了一个现象：美国各州的政策制定并非总是渐进而有序，时常展现出跳跃性的"创新"特征，且这些创新政策常在州与州之间，尤其是相邻州之间产生扩散效应，表现为一州的公共政策创新会被其他州学习和采用。针对这一现象，沃克通过回归分析 88 项政策创新案例，发现了大且富裕的州更易创新，并且许多州的创新决策受到了区域内先进州的影响。据此，他提出了政策扩散的内部决定模型和区域传播模型，这两个模型很快得到了学界的认可。

沃克的研究激发了学者们对政策创新扩散机理的深入探讨，引发了对一系列关键问题的关注，包括扩散的速度和模式受何因素影响，扩散过程中的时空特征如何表现，府际关系如何影响扩散，以及如何科学地研究政策扩散等。这一系列问题促使政策扩散研究迅速崛起，成为政策科学领域的热点。在此基础上，格雷（Grey）于 1973 年借鉴其他学科对创新扩散的研究，提出了政策创新与扩散的经验模型，认为政策被采纳在初期较少发生，随着多种因素的作用，采纳率会迅速攀升。沃克与格雷关于创新曲线问题的辩论进一步提升了学界对此话题的兴趣。

尽管大量学者在不同政策领域对创新扩散的决定因素进行研究，但在 1970—1990 年间的成果多侧重于内部决定模型或外部传播模型的某一方面，缺乏将两者整合在一个统一模型中的尝试。这些研究大多沿用相似方法应用于不同政策场景，且集中于美国州政府层级政策，对于构建政策扩散的概念模型和改进经验性研究方法方面的贡献相对有限。初期研究主要聚焦于时间、地理临近性和资源相似性对扩散的影响，而对新政策具体内容的探究较少，因此招致批评，认为此类研究未能深入揭示政策的本质内容。这一阶段，政策扩散研究在一定程度上遭受了质疑和批评，但已经基本成形。

3. 政策创新扩散理论成熟期

1990 年，佛罗里达州立大学贝瑞教授夫妇（Frances Berry & William D. Berry）在《美国政治学评论》上发表了题为《作为政策创新的州彩票制度：事件史分析》的文章。该文在政策扩散研究领域取得了重大突破，首次综合运用混合横截面时间序列分析法和事件史分析方法，整合了内部决定因素和外部传播因素的统一解释框架。这一研究模式和方法论革新在随后的研究中占据了主流地位，并推动了政策扩散研究的复兴。贝瑞夫妇随后的一系列研究，特别是提出的"州政府政策扩散总模型"，为政策扩散理论的发展注入了新的活力。这一时期的研究呈现出深度和广度的拓展：一是研究对象从一般的政策内容细化至具体政策要素如政策工具；二是研究范围由美国州政府内部的政策创新扩散扩展至全球多个国家和地区的政策扩散现象。这一时期，政策扩散机制的研究成为学者们关注的核心议题。以艾林（Erin）、施潘（Charles R. Shipan）和沃尔登（Craig Volden）为代表的研究者归纳整理出 104 种扩散机制，其中大部分成果出自这一阶段。他们提炼出政策扩散的四大主要机制，即竞争、学习、模仿和强制。

进入 21 世纪以来，政策扩散研究取得新进展，学者们不仅持续关注政策工具的扩散，还重视政策扩散的结果。在此基础上，学者们进一步尝试对政策扩散机制进行整合和归类。例如，托本（Heinze Torben, 2011）基于政策选择的理性性、政策参与者信念的转变以及决策结构条件的变化，将扩散机制细分为效仿、社会化、学习和外部性四个基本类别。此时，学者们开始深入挖掘政策扩散的微观运作机制，研究哪些政策更可能被认为是成功的并得以扩散，以及扩散过程中先行政府和跟进政府如何互动等问题。历经半个多世纪的发展，西方学者已在这个领域发表了近一千篇相关论文，展现了政策扩散研究领域的蓬勃生机和深远影响力。

二、政策创新扩散理论的主要内容

政策创新扩散理论是一种深入剖析政策实践发展与变迁机制的学术框架，它专注于探究特定政策创新从原发地向其他政策领域、行政层级乃至不同地域环境跨越并被采纳实施的内在逻辑与外在条件。该理论旨在揭示政策创新传播的决定性要素，如政策属性（相对优势、兼容性、复杂性、可试验性和可观察性）与采纳环境之间的互动关系，同时探讨各种传播渠道（如官僚体制、人际网络及大众传媒等）在政策扩散中的角色及其效能差异。此外，理论还强调了政策创新在扩散过程中所面临的潜在阻力（包括但不限于制度约束、文化障碍、资源限制以及认知偏误等），并寻求有效的应对策略以加速政策采纳进程。更进一步地，政策创新扩散理论致力于理解和量化政策扩散对整体政策体系的演化路径及社会层面深远变革所带来的结构性影响。接下来，本书将从政策创新扩散的动力、类型、机制、过程四个方面来呈现其核心观点和主要理论内容。

1. 政策创新扩散的动力

政策创新扩散的动力可以从内部模型和外部模型两个维度进行深入探讨。内部模型着重分析政策采纳的内在驱动力，强调某一地区政府采纳新政策的决定源于本地的政治、经济和社会特性。其中，莫尔（Mohr）的研究提出政策创新的扩散由创新动机、抵抗阻碍力和可用资源三要素相互作用①。在内部决定模型中，政策创新的采纳与政府官员的选举安全密切相关，政策若有利于提高官员连任成功率，采纳的可能性就较大。同时，创新资源的充足与否也是决定政策能否成功扩散的关键，涵盖对经济成本、政治阻力和社会接纳度的考量，以及政府调动和运用资源解决创新过程中

---

① MOHR L B. Determinants of innovation in organizations [J]. American political science review, 1969, 63 (1): 111-126.

难题的能力。

外部模型，又称扩散—采纳模型，关注政策采纳受外部环境因素的触发，包括竞争压力、学习经验、上级政府的强制或规范影响，以及公民社会的压力。在竞争层面，地方政府在面对周边或其他地区的成功政策时，会基于公共选择理论下的理性行为原则，感受到竞争压力，并为保持竞争优势或满足上级考核而采取跟随策略。学习力量则体现在政策制定者借鉴其他地区的成功实践以降低决策风险，当一项政策在别处获得成效，其他地区政府则倾向于采纳推广。强制或规范力量体现为上级政府通过行政手段或激励机制影响下级政府的政策采纳，同时，规范压力和模仿压力也促使同级或行业内政府组织互相效仿。公民压力是政策创新扩散不可忽视的外部驱动力，随着公众教育水平提高和参政渠道增多，公民对政策创新的呼声越来越高，尤其在信息化环境下，公众能够迅速获知各地成功政策案例，进而要求本地政府响应并实施相似政策，以满足公共利益和提升社会治理水平。最终，贝瑞教授夫妇提出的融合内部决定与外部传播模型的政策扩散总模型，深化了学界对政策创新扩散多元动因及其互动机制的理解与研究。

2. 政策创新扩散的类型

在政策创新扩散的研究领域内，政策创新的扩散类型可以从多个维度进行深入分析和分类，以下是基于不同视角对政策创新扩散类型的阐述。

（1）基于政策属性和实施动力机制的分类

按照此分类标准可划分为三类：①强制性扩散。此种类型着重于政策的权威性和执行力，政策创新由上级政府部门制定并通过行政命令、法律法规等形式向下级或相关部门强制推行。例如，环保标准政策或教育改革政策在国家层面颁布后，各地必须遵照执行，从而实现了政策在地域间的普及。②诱因驱动扩散。政策创新包含了明确的奖励或激励机制，促使地方政府或相关机构主动采纳并推广。诸如经济激励政策（如产业扶持政策）、税收优惠政策等，由于其能够带来直接经济效益，因此在不同地区间易于产生模仿和扩散效应。③学习与示范扩散。政策创新通过成功案例的展示、经验分享以及实地考察，吸引了其他地区或部门对其进行学习和效仿。这类政策创新的扩散过程更侧重于横向交流和自主选择，往往会伴随一定程度的本地化改造和创新。

（2）基于扩散路径的分类

按照此分类标准可划分为三类：①垂直扩散（top-down diffusion）。政策创新自上而下地通过行政链条进行传播，一般始于中央政府或高级别行政部门，然后逐步渗透至地方各级政府，直至基层实施单位。②水平扩散（horizontal diffusion）。政策创新在相同级别或跨级别的不同地区、部门之间平行传播，这种扩散形式常体现在地区间的学习、合作和竞争中，政策创新通过联盟、协议或者自发的观摩、移植得以扩散。③网络扩散（network diffusion）。政策创新通过正式或非正式的网络渠道进行扩散，包括专业社团、智库、国际组织等多重主体参与其中。这种类型的扩散往往跨越传统行政区划界限，呈现出更加灵活、多元和非线性的特点。

（3）基于扩散效果及程度的分类

按照此分类标准可划分为三类：①全盘复制扩散。政策创新在新环境下被完全采纳且不做实质性的改动，保留了原有政策的核心要素和运作模式。②适应性扩散。政策创新在传播过程中考虑到当地具体情况和条件，进行了相应的调整和改进，形成了具有一定本地特色的新版政策，保证了政策的落地实效性。③选择性扩散。政策创新的某些关键要素或部分模块被挑选出来，在新的政策组合中得到应用，而不一定完整复制整个政策设计。

3. 政策创新扩散的机制

公认的政策扩散机制主要有以下五种，分别是学习机制、模仿机制、社会化机制、竞争机制和强制机制。

（1）学习机制

政策制定者在深入理解并评估他方成功政策的基础上，做出理性地采纳决策。这一过程中，决策者面临全面获取信息与深度理性分析的双重挑战，因此，他们更倾向于借鉴那些已经取得显著成效、具有可验证业绩的先进政府政策经验。同时，他们也会优先选择那些信息来源丰富且易于获取的政策案例进行学习，以最大程度地减少信息不对称带来的决策风险，提升政策制定的精准度与适应性，最终实现本国或本地区政策环境的优化与创新。

（2）模仿机制

模仿机制是指落后地区倾向于直接复制先进地区的政策，而不去深入研究政策的实际效果和内容，体现出非理性的决策特点。相较于学习机制，模仿机制更多关注"谁的政策值得模仿"，而非"政策为何有效"。在同一国家内，经济社会发展差距可能导致落后地区盲目模仿发达地区的政策，尤其在具有相似背景的地区间，相互模仿的现象更为常见。学习机制则强调深入理解并评估他方政策的有效性和实施细节，以理性指导自身的决策。

（3）社会化机制

在这种机制下，政府采纳某一政策源于周边普遍采纳该政策所带来的规范压力，以求合法性和一致性。职业群体和专家在此过程中起关键作用，如经济自由化政策在拉美国家的推广就有赖于国际专家的推动，以及世界银行和 IMF 等国际组织的政策推荐。

（4）竞争机制

政府根据比较其他政府所实施政策对自己可能产生的利弊影响来决定是否采纳。竞争机制体现在区位选择竞争（比如各地为吸引人才和资本采纳优惠政策）和溢出效应（先行政府的政策带来正外部性，后行政府可从中获益，但可能因此减少采纳类似政策的动力）两个层面。

（5）强制机制

后行政府因受到其他政府的经济激励或权威指令而被动采纳政策。在横向层面，发展中国家接受发达国家和国际组织援助时，常需附带采纳特定政策；在纵向层面，在联邦制国家中，高级别政府往往运用奖励与惩罚相结合的方式，迫使低级别政府采纳上级制定的政策。

4.政策创新扩散的过程

政策扩散是一个动态的社会现象，指的是创新政策通过一定的时间进程，通过一定的传播渠道，在不同社会系统成员之间逐步推广和应用的过程。

（1）政策创新阶段

政策创新并非指绝对意义上的全新政策发明，而是对某一区域或机构而言未曾实施过的政策实践。政策本身的复杂性、相容性、可见度、相对优势以及试验性等因素，都会直接影响到政策能否成功扩散以及扩散的速度、范围、深度和形式。

（2）政策传播环节

政策创新一旦诞生，便会通过正式或非正式的各种渠道向潜在的接受者传递信息。这些政策信息在时空上的流动使得其他主体有机会了解和接触到新的政策实践，当这些潜在接受者认识到该政策有助于解决本地问题或促进社会发展时，便会积极寻求获取更详尽的政策信息。

（3）政策评价阶段

政策接收者基于所获得的信息，对创新政策进行全面考量和权衡，包括评估政策的可行性和必要性、实施成本与预期收益，以及新政策如何与现存政策体系融合等问题。在这个过程中，涉及上级政府、地方当局、社会各界、利益集团、媒体以及专家学界等多元主体之间的信息交流与利益协商。

（4）政策确认阶段

在全面分析与论证的基础上，决策者最终决定是否采纳这项创新政策。若确认采纳，将会结合本地实际情况调整和完善，进而实现政策在本地的扩散；反之，则扩散未能成功。

整个政策扩散的过程并不总是线性的，它可能呈现出多种形态的发展曲线。经典理论指出，随着时间的推移，创新政策的采纳总量通常会形成一条典型的"S"形增长曲线，初始阶段采纳者较少，随着扩散加速，采纳数量迅速增加，直至达到饱和点后增速放缓，最终稳定下来。然而，学者鲍诗依（Boushey）进一步指出，政策扩散并非千篇一律遵循"S"形曲线，实践中也可能出现较为陡峭的"S"形曲线、"R"形曲线或阶梯式模式等多种扩散路径①。尽管如此，大部分政策扩散案例仍然基本符合"S"形规律，只是其坡度因各种因素影响有所不同，其中，早期采纳者、中期跟随者及滞后采纳者在采纳时间和态度上存在着显著区别，这也是扩散研究深入探讨的问题之一。

三、政策创新扩散理论的实践应用

政策创新扩散理论在国内外公共管理学界具有广泛的应用价值，尤其是在国内公共管理实践中，这一理论被用来解释和指导政策改革、制度变迁以及好的实践模式如何在不同地区或层级政府间传播的过程。政策创新扩散理论经过在中国多年的应用，已经发展成了与西方理论内容有较大差别的，具有中国特色的一项理论。以下将对国内公共管理学界对政策创新扩散理论的应用情况进行概述。

1. 动力研究

探究国内政策创新扩散的动力是政策创新扩散理论在国内公共管理学界的重要应用场景之一。政策创新扩散的动力研究着重分析影响一项政策从起源地向其他区域有效传播的内在驱动力与外在环境因素。这些动力因素不仅包括政策本身的创新性、适应性和实用性等特质，还涵盖了政策发起者与接受者的特性、信息传递网络的结构与效率、政治体制的影响、经济发展水平、社会文化背景以及技术进步等因素。

具体而言，在实际操作层面，学者们通过对政策创新案例的深入剖析，识别出推动扩散的各种动力来源。例如，马亮（2015）通过对中国城市公共自行车项目扩散的实证分析，指出政策扩散受到城市自身属性、公众压力、公共交通需求、政府意愿与能力以及外部利益相关者等多种因素的影响②。吴光芸和马明凯（2021）在针对土地增减挂钩政策的研究中揭示了政策扩散受到问题、诉求双重扩散诱因的影响，该研究凸显了中央和

---

① BOUSHEY G. Policy diffusion dynamics in America [M]. Cambridge：Cambridge University Press，2010.

② 马亮. 公共服务创新的扩散：中国城市公共自行车计划的实证分析 [J]. 公共行政评论，2015，8（3）：51-78，203.

地方政府纵向互动在政策领域融合中的重要作用，以及政策在试点阶段产生多种创新形态并逐渐走向市场化改革探索的过程①。而樊博和石语希（2023）在其关于中国政府数据开放政策创新扩散的研究中指出，府际学习与府际竞争在政策采纳过程中起到显著的促进作用，尤其是外部压力理论相较于成本—收益理论更能有效地解释政策创新扩散的内在机制②。吴光芸和周芷馨（2022）则聚焦于封闭式管理政策在应对重大公共危机时的快速扩散现象，发现其扩散过程符合"S"形曲线规律，且受到毗邻效应、涟漪效应、等级效应和交通效应等多种地理空间因素的影响③。他们强调，地方政府在危机治理中既有被动应对也有主动创新，其间包含了竞争、学习和模仿机制的作用，以及在公共危机的压力下打破常规决策模式，催生了政策创新与扩散。此外，还有学者关注了地方官员异地调任④、地方领导人特质⑤等微观层面的政策创新扩散动力效应。这些研究通过多维度、多层次的实证分析，揭示了政策创新扩散背后复杂的动力机制及其影响因素。

2. 类型研究

在政策创新扩散类型的理论建构与实证研究方面，中国学术界取得了显著进展。魏景容（2021）提出了一个基于"政策势能—政策激励"双维度的分析框架，创造性地将政策划分为四种类别：一是兼具高势能与高强度激励的政策；二是虽有高激励但势能较弱的政策；三是势能强大而激励不足的政策；四是势能与激励均较弱的政策；并进一步对比分析了这四类

① 吴光芸，马明凯. 创新扩散视域下土地增减挂钩政策的扩散诱因、路径和机制研究 [J]. 安徽师范大学学报（人文社会科学版），2021，49（5）：148-157.
② 樊博，石语希. 中国政府数据开放的政策创新扩散研究：成本收益和外部压力的竞争性解释 [J]. 现代情报，2023，43（10）：74-84.
③ 吴光芸，周芷馨. 封闭式管理政策创新扩散的时空特征、路径模式与驱动因素：基于重大公共危机治理的研究 [J]. 软科学，2022，36（3）：16-23.
④ 朱光喜，陈景森. 地方官员异地调任何以推动政策创新扩散?：基于议程触发与政策决策的比较案例分析 [J]. 公共行政评论，2019，12（4）：124-142，192-193.
⑤ 文宏，李风山. 中国情境下的地方领导人特质与政策创新扩散：基于荟萃分析方法的检验 [J]. 公共行政评论，2023，16（6）：111-131，198-199.

政策在扩散速度、扩散路径、内在扩散机制以及扩散内容复杂性等方面的区别①。与此同时，杨正喜（2019）关注到中国特色的政策创新扩散模式，他阐述了一种名为"波浪式层级吸纳扩散"的独特类型，指出这种扩散现象的发生源于多重动力机制的交织作用，包括地方政府间的经济竞赛压力、社会政策的学习借鉴过程，特别是中央政府主动采取的政策吸收与推广策略，往往能够引发政策在全国范围内的快速集聚与爆发式传播②。另外，吴光芸和万洋（2019）通过对中国"证照分离"改革的实例研究，揭示了政策扩散在时间和空间分布上的特征，他们明确提出了我国政策扩散涵盖横向水平扩散、纵向垂直扩散以及斜向关联扩散三种主要路径③。冯锋和周霞（2018）则聚焦于留守儿童社会政策的创新与扩散研究，他们发现在中央政府层面推行的干预手段中，存在着三种不同的扩散类型：一是依赖较为温和的行政指令推动的扩散；二是凭借强有力的行政指令直接驱动的扩散；三是结合了严格的行政指令与有效的政治激励双重手段共同促进的政策扩散过程。这些新的划分方法丰富了对中国政策创新扩散类型多样性和复杂性的理解④。

3. 机制研究

在机制研究方面，我国公共管理学界的应用政策创新扩散理论分析了公共文化服务、环境保护、精准扶贫和治理改革等多个政策领域的扩散机制。例如，袁硕和李少惠（2023）根据经济发展水平、人口密度等因素在公共文化服务政策创新扩散中的综合逻辑作用，提出了政策创新扩散的多元驱动机制，并以国家公共文化服务体系示范区创建政策为例进行了实证

① 魏景容. 政策文本如何影响政策扩散：基于四种类型政策的比较研究 [J]. 东北大学学报（社会科学版），2021，23（1）：87-95.

② 杨正喜. 波浪式层级吸纳扩散模式：一个政策扩散模式解释框架：以安吉美丽中国政策扩散为例 [J]. 中国行政管理，2019（11）：97-103.

③ 吴光芸，万洋. 政策创新的扩散：中国"证照分离"改革的实证分析 [J]. 经济体制改革，2019（4）：19-27.

④ 冯锋，周霞. 政策试点与社会政策创新扩散机制：以留守儿童社会政策为例 [J]. 北京行政学院学报，2018（4）：77-83.

分析①。李胜和周玲（2023）从行为公共管理视角解析了碳中和政策创新扩散的行为机理与模式，识别出四种创新扩散模式，并指出政策扩散的速度和形态受制于中央政策信号、社会压力及地方政府的经济理性动机②。万健琳和杜其君（2022）针对生态扶贫政策创新扩散模式，构建了由多种情境要素组成的分析框架，揭示了政策扩散中的刚性、柔性以及刚柔并济三种运行机制及其在政策执行中的体现③。刘佳和刘俊腾（2020）通过对中国294个地级市"最多跑一次"改革的实证分析，证实了改革扩散的时间与空间特征，以及同级政府间的互动学习、竞争压力和媒体监督对于改革推广的关键作用④。此外，定明捷和张梁（2014）对地方政府政策创新扩散的一般生成机理进行了逻辑分析，突出了创新先驱、跟进者等不同主体的角色定位和扩散机制如学习、竞争等对创新决策的影响。总体而言，这些研究共同揭示了政策创新扩散的动态过程和多元影响因素，为中国公共政策的制定和执行提供了重要的理论指导和实践参考⑤。

4. 过程研究

公共政策创新扩散过程同样是国内公共管理学界关注的重要话题，学者们利用政策创新扩散理论对中国多项政策的实践与推广进行了深入研究。例如，原光（2023）通过分析"一窗受理"政策文件，追踪其从局部创新到全国扩散的历程，识别出不同层次和地域的扩散模式，并总结出六大创新扩散规律，强调了政策试验对发现问题、推动政策发展的重要性⑥。胡占光（2022）借助"三治结合"基层治理模式实例，揭示了其成功扩散

① 袁硕，李少惠. 公共文化服务政策创新扩散的逻辑分析：基于示范区创建政策的考量 [J]. 国家图书馆学刊，2023，32（6）：22-37.

② 李胜，周玲. 碳中和政策创新扩散的行为机理与模式：基于行为公共管理的视角 [J]. 中国人口·资源与环境，2023，33（1）：101-111.

③ 万健琳，杜其君. 生态扶贫政策创新扩散模式的情境机制分析 [J]. 中国行政管理，2022（12）：73-80.

④ 刘佳，刘俊腾. "最多跑一次"改革的扩散机制研究：面向中国294个地级市的事件史分析 [J]. 甘肃行政学院学报，2020（4）：26-36，125.

⑤ 定明捷，张梁. 地方政府政策创新扩散生成机理的逻辑分析 [J]. 社会主义研究，2014（3）：75-82.

⑥ 原光. "一窗受理"政策试验的创新扩散过程追踪：基于政策文件的研究 [J]. 河海大学学报（哲学社会科学版），2023，25（2）：60-72.

的关键在于政治合法性和技术性要素，特别是政策企业家的作用、政策本身的兼容性与成本优势，以及中央与地方政府间互动的影响①。王厚芹和何精华（2021）从央地互动视角研究了上海自贸区政策试验中的创新扩散与政策变迁，提炼出四种变迁模式，强调不同央地互动方式对政策内容与结果变迁的差异化影响②。于溯阳（2016）通过新疆克拉玛依市网格化管理案例，论证了政策创新扩散过程中学习借鉴与简单复制的区别，展示了中国政府治理创新如何通过政策学习有效扩散③。

---

　　① 胡占光."三治结合"何以得到全国性推广？：基于政策创新扩散的视角 [J]. 治理研究，2022, 38（1）：66-78, 126-127.

　　② 王厚芹，何精华. 中国政府创新扩散过程中的政策变迁模式：央地互动视角下上海自贸试验区的政策试验研究 [J]. 公共管理学报，2021, 18（3）：1-11, 168.

　　③ 于溯阳. 政策过程视角下的中国政府治理创新研究：以新疆克拉玛依市网格化管理为例 [J]. 天津行政学院学报，2016, 18（3）：32-38.

第五章 公共管理环境与资源

第一节 资源依赖理论

20 世纪 60 年代之前，组织理论的研究范畴几乎忽略了外界环境因素对组织效应的潜在作用，局限在封闭系统模型的框架内进行探讨①。然而，自 20 世纪 60 年代起，随着学界日益认识到外部环境力量对组织的深刻影响，对外部环境在组织生存与发展中的关键角色有了更加明晰的认知。这一时期，学者们的注意力显著转向探究外部环境如何塑造组织的命运，以及组织与其所处环境之间的动态互动机制，从而催生了开放的组织观念或是开放系统理论的兴起。在此背景下，众多理论尝试阐述组织与外部环境的复杂联结，其中，资源依赖理论作为解释这一关联的有力工具，获得了广泛的学术关注与认可。

资源依赖理论强调，任何组织都无法自足地生成或全面掌控确保其生存发展的核心资源，因而必须通过与外界环境及其他组织的资源互换以维持生存并促进发展。资源依赖理论，作为剖析组织生存发展与外界环境互动关系的核心理论框架，其基本假设在于：没有组织能够孤立无援地自给自足；为了持续生存，所有组织必须不断地与外界进行资源交换。这一理论进一步指出，组织的结构设计、职能履行乃至最终命运，在极大程度上

---

① 马迎贤. 资源依赖理论的发展和贡献评析 [J]. 甘肃社会科学, 2005 (1): 116-119, 130.

受制于并反映其外部环境的特征与需求。在资源交换的过程中，外界环境向组织供应维系与促进其生存发展的关键性或稀缺性资源，从而构建组织对外部环境资源的依赖关系。尤为重要的是，资源的稀缺性与重要性直接界定了组织对外界环境依赖的程度与特性，凸显了外部环境在组织生存策略中的决定性作用①。

一、资源依赖理论的起源与发展

学术界普遍认为，国外对资源依赖理论的讨论和研究起源于田纳西流域改造时，不同机构之间的"共同抉择"问题②。20世纪30年代，田纳西流域管理当局在将电力和现代农业技术引介至美国南部乡村地带的进程中，深刻认识到成功实施此项目有赖于南方本土精英的积极参与。鉴于此，管理当局采取了主动策略，吸纳这些地方精英融入其决策架构中，通过"协同治理"机制鼓励他们积极参与，该做法经塞尔兹尼克（Selznick）阐述，被贴切地定义为"共同抉择"。共同抉择策略蕴含着与行政实践各利益相关方共享权力的内涵，尽管这种共享有时可能仅限于象征层面。随之，如何在权力共享的实践中达到一种相对均衡的状态，成为组织理论学者关注的核心议题，它关乎组织间关系的微妙平衡与动态调整。

1967年，汤普森（Thompson）在整合了爱默森（Emerson）、布劳（Blau）的理论精粹以及迪尔（Dill）关于任务环境的概念基础上，创新性地构建了一个全面的组织权力——依赖模型。该模型核心观点为：一个组织对于另一个组织的依赖程度，正比于其对该组织所提供资源或服务的需求强度，而与市场上可获取的相似资源或服务的替代选择的丰富度成反比。这种对外部资源固有的依赖性及替代资源的不稳定性，为组织的持续生存与健康发展埋下了潜在的挑战。具体而言，社会体系内的个体、团体乃至组

---

① FROOSMAN J. Stakeholder influence strategies [J]. Academy of management review, 1999, 24 (2): 191–193.

② SELZNICK P. Foundations of the theory of organization [J]. American sociological review, 1948, 13 (1): 25–35.

织，为了确保生存并促进良性发展，会与外界环境展开一系列特定的社会互动，这些互动逐渐构筑了相互之间的依赖网络。这种依赖性体现为一系列具体行为的集合，且其状态并非静态平衡，一旦一方因被依赖而占据优势地位，便握有了某种权力；同时，对依赖方而言，则意味着关键资源的掌控权旁落，生存和发展面临潜在威胁。因此，依赖方不断寻求减少对外部环境不确定性的依附，以维护自身控制力，防止生存和发展空间受限，此乃抵抗心理的源泉。随之，依赖方会采取积极策略或措施，以实际行动强化其抵抗能力。这些理论洞见凸显了外界环境因素在组织生存发展中的关键角色，推动组织分析范式从过去的内部封闭视角，转向更深层次地审视外部环境变量的动态影响，标志着组织理论研究的一次重大转向。

沿着汤普森的理论脉络，扎尔德（Zald）在组织理论领域内创造性地融入了政治经济学的视角，深入剖析了政治经济要素在组织演变历程中的动态角色，及其对组织导向、成长路径的深远影响。扎尔德引入的政治经济视角独到之处在于，它既审视了组织内部权力结构的微观布局，又拓展到了组织赖以生存的宏观政治生态，为组织理论研究开辟了新的分析向度。在此基础上，共同抉择理论、组织间依赖模式，以及在政治经济框架下对组织间互动关系的剖析，共同构成了资源依赖理论的坚固基石，标志着这一理论的初步成型与系统化阐述，为其后继的蓬勃发展铺设了理论与实证的双重轨道。

杰弗里·费佛尔（Jeffrey Pfeffer）与杰勒尔德·萨兰奇科（Gerald Salancik）作为资源依赖理论的集大成者，于1978年合作撰写了里程碑式的著作《组织的外部控制：资源依赖视角》，此书的出版，正式确立了资源依赖理论的体系框架。该书深入探讨了组织间权力关系与依赖性的复杂理论，揭示了这些关系如何依据特定资源的可得性和外部环境的具体情境，对组织的生存策略与成长路径施加独特影响，继而渗透到组织内部的决策制定与行为模式之中。组织在此基础上，通过一系列管理和适应措施，对这些外部影响作出响应，这一过程不仅界定了组织的生存状态，还塑造了其在社会中的角色定位及组织边界的界定，充分体现了组织管理外部环境对其存续与发展的决定性作用。同时还提出了四个重要的假设①：即任何组织首先最关心的是维持生存；为了长久生存，组织需要利用各种资源，并拥有保存和摄取各种资源的能力，而组织本身一般不能生产自身生存和发展所需的全部资源；组织必须与它所依赖的外界环境中的资源进行互动，而这些外界环境中的资源通常由其他组织掌握或控制；组织的生存发展因此建立在一个组织控制它与其他组织关系的能力基础之上，其生存发展能力也取决于它控制并主导与其他组织的关系的能力。因为组织需要依赖它的外界环境中的因素来获得这些资源，拥有这些资源的组织就能够对需要相应资源的组织提出一定的要求。组织需要的资源包括人员、资金、技术、信息等，资源交换也成为联系组织和外界环境关系的核心纽带。组织在与外界环境进行资源互动的过程中，会自然形成资源依赖，但同时资源依赖往往与外界控制并存。

费佛尔与萨兰奇科的理论框架明确指出，一个组织对另一个组织的依赖程度，主要受三项核心因素的制约②：首要因素是该资源对该组织生存与发展的关键性；其次，考量组织内部或可接触的外部群体获取并支配该资源的能力；最后，评估是否存在可行的资源替代来源。当一个组织极度依赖某类资源，而该资源在其内部极度稀缺，加之市场上缺乏有效的替代资源时，该组织将极度依赖那些能提供此类资源的外部实体，这一状况不可避免地限制了组织的自治权与独立性，对组织的长期可持续发展构成显著影响。

此外，费佛尔与萨兰奇科进一步强调，组织间的依赖关系是相互交织的，不仅单个组织的维系仰仗于外界的资源供给，两个或多个组织之间亦可形成复杂的相互依赖网络。当这种依赖关系不对等时，权力的天平便会发生倾斜。他们巧妙地援引了霍利（Hawley）的人类生态学见解，将其精髓融入资源依赖理论，并细致地区分了两种类型的互依关系：竞争性互依

---

① 菲佛，萨兰基克. 组织的外部控制：对组织资源依赖的分析 [M]. 闫蕊，译. 北京：东方出版社，2006.

② 菲佛，萨兰基克. 组织的外部控制：对组织资源依赖的分析 [M]. 闫蕊，译. 北京：东方出版社，2006.

与共生性互依。竞争性互依指在市场资源日益紧缩的背景下，组织为了生存与发展不得不与对手争夺稀缺资源，呈现出一种既竞争又相互依赖的复杂态势。各组织在激烈的市场竞争中，既要确保自身利益的最大化，又要面对与竞争对手间不可或缺的合作与依赖，形成了动态的竞合关系。相反，共生性互依则描绘了一幅更为和谐的图景，其中市场上的不同组织因共享利益而紧密相连，一方的输出直接成为另一方的输入，彼此的利益直接挂钩。在这种模式下，组织间的福祉紧密相依，促使它们携手合作，共同对抗外部环境带来的资源瓶颈，从被动适应转变为积极塑造有利环境。为应对和优化这种互依性，组织倾向于采用合并、收购、合资及各种联盟策略，旨在构建一个互利共生的生态系统，实现组织间的协同效益与多方共赢。

费佛尔与萨兰奇科基于组织与外界环境相互依赖的本质及特性，系统性地界定了四种典型的外界环境类型[①]，这一分类深化了我们对组织行为与环境互动的理解。首先是随机分配环境，随机分配环境指的是资源在环境中随机散布，组织需主动搜寻并获取这些对其至关重要的资源。此环境下，组织对资源的依赖强度直接受到资源在环境中的普遍性和对组织生存及成长关键性的影响。其次是群组分配环境，群组分配环境特征在于资源呈现集群式分布，允许组织对其进行一定程度的预见性规划。尽管资源的可预测性揭示了获取路径的难易，组织对资源的依赖程度仍与资源对组织的核心价值紧密相关。再者是抗干扰环境，抗干扰环境描述了一种情境，其中资源控制权归于其他组织，并与本组织的运作及能力息息相关。在此环境中，组织在竞争与合作关系中争取资源，凸显了资源获取过程中的动态平衡与策略互动。最后是混乱环境，混乱环境刻画了一个高度复杂且相互作用的系统，组织既是外界影响的接受者，也是塑造环境的力量之一。此类环境中，不确定性成为常态，源自多方面的因素，且系统内任何未被察觉的变化都能迅速波及组织，对其生存和发展构成挑战。这种环境要求

① PFEFFER J, SALANCIK G R. The external control of organizations: a resource dependence approach [M]. New York: Harper and Row, 1978.

组织具备高度的适应性和预见性，以便有效应对瞬息万变的外部条件。

杰佛里进一步定义了三种不同的组织间依赖关系，即共生依赖、非对称依赖和竞争依赖①。共生依赖指构建于甲乙两组织间，彼此视为实现发展目标不可或缺的合作伙伴。在这种关系下，单独行动被视为成本高昂且效率低下，尽管这并不意味着两者之间存在不可分割的相互依赖性。相比之下，非对称依赖中，甲组织因掌握关键资源而享有权力优势，得以引导其他组织遵循其战略方向，体现出权力分布的不均衡性。竞争性依赖场景发生于甲乙双方单独追求目标时会对对方构成负面效应的情况，此模式本质上鼓励对抗而非合作。值得注意的是，组织追求多元目标的特性，促使它们在竞争依赖与共生依存的动态平衡中游走，灵活调整合作与竞争的界限。共生依赖因其促进合作、互利共赢的特点，被视为组织持续繁荣与发展的理想模式。一旦共生关系减弱，可能需要外部力量，如政府这类权威机构的介入，通过制度安排强制重塑共生格局，哪怕这可能导致关系向非对称依赖或竞争依赖倾斜。尽管如此，此类干预旨在确保组织生态系统内的稳定与和谐，即使是以牺牲某种程度的自主性为代价。

扎克（Zack）对资源依赖理论进行了进一步的完善，提出了非对称性资源依赖理论②。该理论认为，甲方的发展在依赖乙方提供某些资源的同时，乙方的生存发展也一定会需要甲方提供的某些资源，由此形成了两方之间甚至多方之间相互的资源依赖关系，但这种依赖关系往往不是绝对平衡的，一般都存在一方比另一方依赖得更多的情况，即非对称性依赖。如果这种不平衡无法通过其他渠道得以改善的话，那么依赖程度高的一方就必须采取措施，来积极地适应外界环境或改善自身情况，以实现持续发展。

资源依赖理论在 20 世纪 80 年代有了进一步的发展，博特（Burt）在其研究中指出，行动者若能在社会结构中占据一个相对非依赖且竞争压力

---

① VAN RAAK A, PAULUS A, MUR-VEEMAN I. Governmental promotion of co-operation between care providers: a theoretical consideration of the Dutch experience [J]. International journal of public sector management, 2002, 15 (7): 552-564.

② ZACK. Theory of asymmetric dependence [J]. New management, 2013, 8: 13-15.

较小的位置，同时成为那些面临更高竞争压力的行动者的依赖对象，便能在其所处环境中获得优势①。这一观点与贝克（Baker）对组织与环境互动的分析异曲同工，贝克强调，当一组织在资本、市场、信息等关键资源上高度依赖其他组织时，往往会形成持久且紧密的联系；反之，若依赖程度较轻，则这些联系趋向于短暂且保持一定距离②。因此组织对于环境的这种依赖性是组织间相互联系的属性，正是由于各个组织之间存在着相互的联系，同时组织对于环境中的资源有着较强的依赖性，组织与环境中的其他组织间的沟通就会越频繁。

二、资源依赖理论的主要内容

资源依赖理论聚焦于探讨组织如何优化自身以更好地顺应外部环境的变迁，并高效地发掘与利用对持续生存与繁荣发展至关重要的外界资源，旨在确保组织的长期生存与不断进步。此理论着重于解析组织适应性策略、外部资源整合的高效机制，以及如何通过这些手段促进组织在复杂环境中的持续成长与优化发展。资源依赖理论中的"依赖"被学者理解为在外界环境中对资源的需求程度和对资源的可利用程度，外界环境被视为实现组织目标和组织良性运行而获取所需资源的场所，外界环境并非一个给定的现实世界，而是组织通过自己的注意和解释过程所打造的世界。随着社会的发展进步，组织对外界环境的依赖程度只会更加明显，同时组织为更好适应外界环境，组织自身也会表现得更有灵活性，其内部的结构也将更具有适应性。可以说，正是组织对外界环境的资源依赖，促进了组织内部各个子系统之间协调性的改良，这种组织由内而外地对于外部环境的反应正是组织自身发展壮大的动力源泉，同时也将提高组织持久生存发展的概率。

---

① BURT R S. Corporate profits and cooptation：networks of market constraints and directorate ties，in the American economy［M］. New York：Academic Press，1983.

② BAKER W F. Market networks and corporate behavior［J］. American journal of sociology，1990（96）：589-625.

综合来看，资源依赖理论的主要内容有①：

第一，组织的生存与壮大无一例外地仰赖于外部环境所赋予的多元化资源支持。然而，组织难以实现资源的全部自给自足或全面掌控，这一现实促使组织必须向外界寻求资源补给，持续汲取环境中的"养分"，并透过与外部环境的积极互动以维系其长期发展与生存的目标。在这一过程中，组织在获取生存发展关键资源时，自然会受到资源持有组织的间接影响，形成一种资源依赖与外部控制的动态关系。这种对外部资源的依赖不仅深刻影响组织的生存状态与发展前景，还可能重塑组织内部的权力结构与决策流程，凸显组织间相互依赖与环境适应性在组织管理中的核心地位。

第二，没有任何组织可以完全依靠自有资源来维持生存和发展，这就必然导致组织在获取外部资源的同时也将一定程度上失去自主性，但这也并非意味着组织自身的生存发展将会完全受到外界环境控制，外界环境也是被不断塑造改变的，尽管组织一定程度上会受到所处外界环境和形势的影响，但组织并不是被动地适应外界环境，组织也能够不断改变自身的行为结构和模式，积极主动对外界环境进行管理与控制，并适时采取合并、联合、游说或治理等不同战略减小对外界环境资源的依赖和制约及适时改变外部环境，以此建立更为平衡的关系，从而不断适应外界环境的变化。此外，为了保证组织自身发展的独立自主，组织也会通过内部权力的调整、自身定位的改变，以及与其他组织关系的变动，来尽力摆脱或减少对外部环境资源的过度依赖，多途径实现充分利用资源的可能。

第三，组织生存发展的根基在于能否有效获取各类资源，而这些资源的源头广泛存在于外部环境中，迫使组织必须与之建立起依赖关系。值得注意的是，这种依赖并非单向流动，而是构建在相互依存的基础之上，且其紧密程度与方向具有差异性与动态性。随时间演进，组织间的依赖模式会发生变化，包括依赖的程度与方向，反映出一种变动中的均衡状态。尤

---

① 费显政. 资源依赖学派之组织与环境关系理论评介 [J]. 武汉大学学报（哲学社会科学版），2005（4）：451-455.

其在资源依赖关系呈现不均等的情形下，拥有资源优势的组织对资源劣势组织展现出更高的控制力，形成了权力的不对称分布。那些掌握了其他组织生存发展关键资源的实体，自然在合作与谈判中占据了主导位置，能够借助资源杠杆来推动自身利益的最大化，从而在资源互依的网络中强化其战略地位与影响力。

资源依赖理论的核心在于深入剖析组织如何在内部资源与外部环境之间构建有效的互动机制，这一过程内在地体现在组织对其内部结构、要素配置及功能流程的不断优化与动态调整，外在则展现在组织与外界关键资源及其他组织之间的策略互动与影响力博弈。内部资源涵盖组织直接管辖范围内的人力资本、财务资本、实物资产及组织管理体系等，这些都是组织运行与决策的直接依托。而外部资源则更为宽泛，涉及对组织存续与成长尤为关键的政府政策支持、行业合作资源、市场信息渠道等，这些外部要素的获取与管理对组织的长远发展至关重要。

各种组织之间围绕资源建立的协作关系往往需要综合考虑以下三个角度[①]：首先是资源的重要性，资源的重要性体现在组织的多元需求中，不同类型的组织依据其特性和所处环境，拥有并依赖着多样化的资源，而这些资源在组织内部和外部的权重各不相同。在组织内部，某一资源若显著重于其他资源，被赋予了战略性的地位，即被定义为"关键性资源"。跨组织间，若某项资源为单一组织独有，无法轻易复制或获取，此资源则具有"排他性"。值得注意的是，随着时间、空间维度的变化及组织目标的演进，"关键性资源"与"排他性资源"的界定也会随之调整。其次是资源的可替代性，资源的可替代性是影响组织间互动模式的关键因素。当某一组织对生存发展所必需的资源拥有绝对控制权，且不存在有效替代途径时，资源的稀缺性增强了组织间的合作意愿。这是因为垄断资源的组织在合作中占据了谈判的主导地位，而资源需求方则因生存压力被迫合作。反之，若资源的垄断程度不高，可替代性强，则组织间的依赖性减弱，合作

---

① 虞维华. 非政府组织与政府的关系：资源相互依赖理论的视角 [J]. 公共管理学报，2005 (2)：32-39，93-94.

动力亦相应减小。再次是资源所有者对资源的控制程度，资源所有者对资源的调控能力是权力动态的体现。资源所有者能够依据自身意图配置和控制资源交换，无形中对其他组织形成一种权力压制，后者在资源获取过程中不得不接受这种权力的潜在约束。这种权力分配不仅与资源持有直接相关，还受到组织的成熟度、运营效率、政治环境等多重因素的影响，导致资源依赖关系往往呈现不对等状态，权力的行使可能受到政治考量或市场逻辑的驱动，进一步加剧了这种不平衡性。

资源的供应相对于其无限需求而言，总是显得捉襟见肘，于是，那些能够掌控或有效获取丰富资源的组织便享有较高的自主权，并在很大程度上影响着缺乏资源的其他组织，而要解决组织生存发展面临的资源困境有以下两种途径①：一是面对资源的不确定性，组织应从内部着手，强化自我独立性，减少对外部资源的依赖，以降低环境对组织的牵制。这要求组织提升内部资源生成与管理能力，构建更加稳固的自给自足体系。二是组织可通过增强其在环境及共生网络中的影响力，设置"激励机制"，加速并优化与外界资源的交换过程。这一策略侧重于通过构建互利共赢的伙伴关系，提高资源获取的效率与灵活性。实践中，众多组织通过合并、构建网络等战略行动，实现了对环境资源的有效控制。例如，垂直整合策略减少了组织间的共生依赖，实现了供应链上下游的整合；横向扩展通过兼并竞争对手，降低了市场不确定性；而多样化战略则通过涉足多个业务领域，规避了对单一领域主导者的过度依赖，从而增强了组织的韧性与竞争力。这些实践均是对资源依赖理论的实际应用，展示了组织如何通过主动策略管理其与环境的资源关系。

三、资源依赖理论的实践应用

资源依赖理论的产生应用影响了以组织间关系为中心的各种各样的组织议题的研究，强调了外界环境对组织生存发展的重要作用，回应了组织

---

① 马迎贤. 资源依赖理论的发展和贡献评析 [J]. 甘肃社会科学，2005（1）：116-119，130.

是如何受到外界环境约束的？组织为了生存发展又是如何有效适应外界环境的？等问题。近年来，资源依赖理论有关的文献发文量整体呈增加趋势，可见资源依赖理论愈加受到学者们的重视与应用。

1. 资源依赖理论在现实场景中的应用

资源依赖理论的核心在于剖析组织间相互作用的动态，以此作为基本的分析维度。该理论的适用范畴广泛，覆盖了从微观管理层决策到宏观层面的各类实体互动，囊括了个别管理者策略、组织内部结构、企业实体、战略联盟、合资项目，乃至错综复杂的组织间网络关系。此理论深刻揭示了组织在资源寻求中的能动性角色——组织能够主动管理和多元拓展其资源依赖链，旨在发掘和利用可替代资源，以此减轻对外部环境的依附，并削弱外部条件对其发展的限制性影响。这一过程鲜明展现了组织在环境互动中的积极姿态与创新潜力，赋予其更强的适应力与韧性，进而更好地应对外界环境带来的挑战。

经过学界多年的实践应用，资源依赖理论已经较为成熟，特别是在企业并购、战略联盟、董事会、政治行为、领导人继任计划等方面的应用。杰佛里表示通过企业并购可以扩大企业规模，增强企业的竞争能力，减少对外界其他组织的资源依赖。战略联盟一般是存在资源相互依赖的企业之间，通过彼此间的战略联盟合作，增强应对外界复杂环境的能力，从而实现企业的长远发展。董事会的规模方面，董事会成员给企业带来的资源对企业的发展至关重要，因此，若企业的发展需较大地依赖外界环境资源，则董事会的外部董事成员就可能较多。赫尔曼（Hillman）对过去三十年来资源依赖理论在不同组织管理领域的创新结合进行了系统的回顾，描述了资源依赖理论在企业行为、政治行为中不同的理论特点[①]。企业为创造更有利自身发展的外部环境，争取获得更多利益，则会有更强烈的动机去寻求政府支持，与政府建立并保持密切联系。有研究发现，组织内部权力构成会受到外部环境的影响，企业依赖的外界环境不确定性和资源依赖程度

---

① HILLMAN A J, WITHERS M C, COLLINS B J. Resource dependence theory: a review [J]. Journal of management, 2009, 35 (6): 1404-1427.

会影响企业内部继任者的任期长短和专业类型。

2. 资源依赖理论在学术研究中的应用

资源依赖理论的学术探索一是聚焦于其理论内涵的解析以及在企业战略发展中的应用。一方面，理论内容分析维度上，国内著名学者马迎贤（2005）深入评述了资源依赖理论的起源、演进及其学术贡献。他指出，该理论通过对组织间依赖性的深刻洞察，实际上揭示了组织在资源获取上的选择灵活性，即组织能主动探索替代资源路径以缓解外部环境的压力，并强调了组织间权力动态的核心地位。另一方面，通过对费佛尔、萨兰奇科等理论先驱文献的系统回顾，对资源依赖理论的理论根基、发展历程进行了详尽勾勒，同时将其置于与种群生态理论、制度理论等多种组织理论的对话框架中，进行比较分析，细致解构了资源依赖理论与其他理论的共性与差异，为理解资源依赖理论的理论谱系提供了全面而深入的视角。国外学者戴维斯（Davis）阐释了资源依赖理论的内容，分析了其产生的原因，对其具体应用提出了自己的看法[①]。资源依赖理论的学术探索二是聚焦在企业发展方面的应用：姜忠辉（2024）等基于资源依赖理论，采用探索性单案例研究方法，探究了不同层面的跨组织协同如何影响专精特新企业成长模式的形成和演化[②]。张阳（2023）等基于资源依赖理论，研究了子公司声誉对母公司利益侵占行为的影响及子公司董事横向兼任的调节作用[③]。嵇欣（2022）等从社会组织的资源依赖结构、对资源环境的认知能力、资源竞争水平等维度研判了不同类型社会组织的发展特征及其面临的深层挑战，以期找到推动中国社会组织健康发展的有效路径[④]。

总体来说，资源依赖理论的重要贡献就是揭示了组织生存发展与外界

---

① DAVIS G F, COBB J A. Resource dependence theory: past and future [J]. Research in the sociology of organizations, 2010, 28 (1): 21-24.

② 姜忠辉, 李靓, 罗均梅, 等. 跨组织协同如何影响专精特新企业成长?: 基于资源依赖理论的案例研究 [J]. 经济管理, 2024, 46 (3): 1-19.

③ 张阳, 徐向艺. 高声誉子公司能够抵御母公司利益侵占行为吗?: 基于资源依赖理论的视角 [J]. 管理评论, 2023, 35 (11): 305-320.

④ 嵇欣, 黄晓春, 许亚敏. 中国社会组织研究的视角转换与新启示 [J]. 学术月刊, 2022, 54 (6): 125-137, 191.

环境之间的依赖关系，让人们看到了组织采用各种策略来调整自身机制、选择环境和适应环境。资源依赖理论着眼于组织为了管理与其外界环境中其他组织的互依性而采取的策略行动，当开展的研究中需要涉及外部环境的资源变量时，可以考虑以资源依赖理论为依据，构建研究假设。

第二节　社会资本理论

"资本"一词，源自经济学的基本术语，传统上聚焦于物质资本的范畴。然而，随着学术探索的深化，非实体形式的资本，尤其是社会资本，被揭示出其潜在的巨大影响力，这一发现拓宽了资本概念的边界。法国社会学巨擘皮埃尔·布迪厄（Pierre Bourdieu）的开创性贡献在于首次系统性提出了"社会资本"的概念，此理论迅速在学术界赢得了举足轻重的地位，成为解析社会动态的有力工具。社会资本理论的核心议题围绕那些隐含于个人社会网络和广泛社会架构中的资源，探讨这些资源如何被获取并策略性地被利用，进而取得个体行动的成效与利益。近年来，这一理论跨越了单一学科的界限，成为社会学、经济学、管理学及政治学等多个领域研究的共通语言，不仅催化了跨学科的知识融合与创新，也促进了社会资本理论自身的迭代升级与精细化发展，展现了其蓬勃的生命力与深远的学术价值。虽然学者们在社会资本方面的很多观点还未能够达成一致，但可以肯定的是，社会资本已属于我们通常所说的"资本"这一重要的异质性资源大家庭中的一员。社会资本作为人力资本之后的又一种资本形态，在社会科学研究领域扮演着越来越重要的角色。

一、社会资本理论的起源与发展

"社会资本"的概念可追溯至莱达·汉尼芬（L. J. Hanifan）在 1920 年关于社区相关研究的著作中①，他借以阐释社区参与在本土教育成效形

---

① HANIFAN L J. The community center［M］. Boston：Silver Burdett，1920.

成中的功能角色，尽管该概念彼时尚处雏形。伴随社会网络研究的进展，一种与物质资本及人力资本相并列的理论范畴——社会资本应运而生。社会资本融入了价值观念与文化维度，深化了对人类行为动机及现实情境的剖析框架，极大地提升了对个体行动动因的阐释深度，并在描绘及解析集体行动趋势与长期策略选择方面展现出显著的阐释力。社会资本理论显著认可了社会环境对个体决策的双重影响——既限制又激励，且巧妙规避了早前研究中常见的个人与社会二元对立的思维陷阱，缓和了两者间关系的理论张力。这一概念的引入，不仅是对传统资本理解的一次扩容，更为学术界探究经济与社会现象提供了一个崭新的视角，助力我们从更广阔的角度理解社会行为、人际关系结构及其深层逻辑，同时，它也为推动社会发展的理论与实践探索开辟了新的路径，引领我们向更深层次的社会认知与进步迈进。

社会资本理论的主要发展者是布迪厄（Bourdieu）、詹姆斯·科尔曼（James S. Coleman）、普特南（Putnam）这三人，他们的社会资本理论是不断继承并逐步完善的。布迪厄首先提出社会资本理论，后来科尔曼对社会资本理论进行了进一步的完善，而普特南则在前两位学者的基础上，进一步发展了一套自己的社会资本理论。

1980年，布迪厄于在《社会科学研究》上发表了题目为"社会资本随笔"的文章，他阐述了社会资本乃是一种经由体制性关系网络积累与获取的实际或可能资源的集合体，这些资源与基于共识或共有关系的持久网络紧密相连，并在互动交流的动态过程中得以生成、维系及强化①。可见，社会资本可被视作一种蕴含资源、具有持续性特质的社会网络纽带，其特征在于超越了基于血缘和亲缘的自然联结，而是在特定职业、群体及组织框架内形成的一种制度化关系结构。社会资本兼具潜在性与现实性双重属性，在社会网络中，仅当它被激活并应用于实践时，才转化为具体资源形式，发挥其作为现实社会资本的功能；反之，则以一种静态的网络形态存

---

① 布尔迪厄. 文化资本与社会炼金术：布尔迪厄访谈录 [M]. 包亚明，译. 上海：上海人民出版社，1997.

在，体现为潜在社会资本。作为资源的集合，社会资本为网络内的个体或集体提供了受益的可能，然而实际受益程度却与个体或集体的实践能力直接相关——高超的实践能力往往意味着更大的受益潜力，反之则受益受限。布迪厄指出，社会资本由两部分组成：首先是构成社会关联的网络自身，该网络为个体接入集体资源的通道；其次是这些资源的丰富度及优劣度。换言之，个体所累积的社会资本量与质，直接关联于其能激活的社会关系网的广度，及其网络内部成员所掌握资源的量与质。这恰似加入特定团体后所享有的会员权益，会员身份不仅象征着准入权限的扩展，更是获取资源渠道增加的体现。布迪厄从工具主义视角界定了社会资本，其分析框架深受结构主义网络分析法的启发，在社会科学领域内，布迪厄实质上为基于社会网络分析的社会资本研究奠定了先河。尽管如此，他对社会资本的探讨始终未脱离辅助性理论位置，未能予以全面深化，且不无偏重地视社会资本为物质资本的附庸，这一观点蕴含着浓厚的经济决定论色彩。

科尔曼继承并吸收了布迪厄有关社会资本的某些观点，在《社会资本在人力资本创造中的作用》的著作中，对社会资本的概念进行了初步界定①，随后在《社会理论的基础》一书中，对社会资本理论作出了全面的阐释，被认为是社会资本理论的第一个系统阐述者，他建立了社会学领域内社会资本研究的基本框架。美国的布朗教授曾评价：科尔曼提出了有关社会资本的第一个重要的理论表达，其关于社会资本理论的阐释是重要的和富有洞察力的②。他从社会结构功能的角度定义了社会资本，认为社会资本是指个人拥有的以社会结构为特征的资本财产，有两个共同特征：即社会资本由构成社会结构的各个要素组成，为结构内部的个体行动提供便利③。为了更加深入地理解社会资本，他又指出社会资本具有五种表现形式，即义务与期望、信息网络、规范与惩罚、权威关系、多功能社会组织和有意创建的社会组织④。社会资本具有生产性，人们是否拥有社会资本，

① 田凯. 科尔曼的社会资本理论及其局限 [J]. 社会科学研究, 2001 (1)：90-96.
② 张洪兴. 社会资本与新农村建设研究 [M]. 北京：旅游教育出版社, 2014.
③ 科尔曼. 社会理论的基础 [M]. 邓方, 译. 北京：社会科学文献出版社, 1992.
④ 科尔曼. 社会理论的基础 [M]. 邓方, 译. 北京：社会科学文献出版社, 1992.

决定了人们能否实现某些特定的目标；与其他形式的资本不同，社会资本存在于人际关系的结构中，它既不依赖于独立的个人，也不存在于物质生产的过程中。此外，专门为某种行动提供有利条件的特定的社会资本，对其他行动可能根本无益，甚至有害。科尔曼还从社会网络的封闭性、社会结构的稳定性、意识形态、官方认可的富裕及需要的满足等方面分析了影响社会资本创造、保持和消亡的因素。

科尔曼对社会资本理论的研究内容比较全面，从学理上对社会资本进行了全面的界定与分析，其社会资本则主要是针对个人而言的，主要涉及社会中个人的社会资本的作用及如何提高的问题。科尔曼把社会资本作为一种理性行动的选择，将个体在微观互动基础上的选择与宏观的社会选择相结合，从而弥补了过去社会理论研究中宏观与微观相脱离的不足。另外，科尔曼的理论可以作为社会资本理论发展的分水岭，自科尔曼之后，一部分学者用社会资本理论研究宏观现象，如普特南把社会资本与公共生活联系起来研究；另一部分学者用社会资本理论来解释个人的社会地位、社会流动等，如博特的"结构洞"理论。

普特南让社会资本全面进入了经济学、政治学等领域，引起了学界尤其是社会科学界对社会资本的广泛关注，学者们也较为认同普特南有关社会资本的定义，这也让他成为社会资本研究史上继布迪厄和科尔曼之后的第三个标志性人物。他在《使民主运转起来：现代意大利的公民传统》一书中提到，社会资本指的是社会组织的特征，例如社会信任、互惠规范以及公民参与网络，它们能够通过协调的行动来提高社会的效率，社会资本使某些目标的实现成为可能①。普特南指出，社会信任是社会资本的关键因素，而互惠规范以及公民参与社会网络也能够增加社会信任。社会信任、互惠规范和公民参与网络三者之间是相互联系的，它们都是具有高度生产性的社会资本。社会资本被证实能显著提升物质资本与人力资本的投资收益率，这一效应得益于社会网络所赋予的便捷信息获取途径及广泛社

---

① 普特南. 使民主运转起来：现代意大利的公民传统 [M]. 王列，赖海榕，译. 北京：中国人民大学出版社，2014.

会联结的建立。这些社会联系充当未来机遇的桥梁，助力个体突破就业瓶颈、获取社会支援等关键性帮助。尤为重要的是，每一次成功的协作不仅巩固了既有的联系，还深化了信任的基础，为日后的持续高效合作奠定了坚实基础。社会资本的特性在于，它深刻揭示了社会规范在协调个体行动与促进合作中的核心作用。普特南将社会资本的视角拓展至集体行动与公共政策领域，实施了一场宏观层面的理论透视，以此框架诠释社会现象与发展趋势，极大拓宽了社会资本理论的应用疆域。他在科尔曼研究的基础上，实现了从个体到群体层面的理论跃升，标志着社会资本作为社会组织内部网络结构与规范体系的集中体现，这些元素共同驱动成员围绕共享目标凝聚力量、协同作业，有效抑制了机会主义倾向，凸显了自愿性社群参与对民主政治建构的积极价值。普特南的独特贡献，在于他从政治维度出发，深入探讨了社会资本的功能与意义，为该领域的研究开启了新的视野。

博特（Burt）将社会资本界定为一种通过特定网络结构获取与调控资源的能力。他最早把社会资本的分析维度从个人层面拓展至企业层面，主张作为目标导向的社会行为主体，企业同样浸润于社会资本的逻辑之中，从中汲取资源。无论是企业内部的互动还是企业间的联结，皆构成了社会资本的实体，它们在市场竞争的胜败较量中扮演着决定性角色。博特的"结构洞"理论尤为引人注目①，将人们的注意力从网络中的直接资源转向网络结构本身及其产生的配置效应，进而从个体行动的孤立视角过渡到关注个体间连接的复杂网络。这一理论创新性地被运用到社会资本分析中，不仅为理解资源在社会资本体系中的调配机制提供了深刻的解释，也极大地丰富了我们对社会资本理论的认知维度，启发了新的思考路径。然而，博特的理论亦有其局限，主要体现在过分强调网络结构对行为模式的决定作用，而相对忽视了网络成员的个体特征以及文化规范、价值观等社会文化因素在塑造社会资本动态过程中的重要作用。

① BURT R S. The contingent value of social capital［M］. Administrative science quarterly, 1992, 42（2）：339-365.

林南（Nan Lin）着重从社会网络资源的维度探讨社会资本的本质。在其专著《社会资本——关于社会结构与行动的理论》中，他将社会资本定义为"社会资本是投资在社会关系中并希望在市场上得到回报的一种资源，社会资本是一种镶嵌在社会结构之中并且可以通过有目的的行动来获得或流动的资源"，他特别强调，社会资本是镶嵌于社会结构的资源，经由个体有意识地行动被积累与被激活的①。他还进一步揭示了"弱关系"的独特价值，指出其重要性不在于关系本身的脆弱性，而在于这些关系作为桥梁所触及的多样化的社会资源。因为弱关系横跨不同社会阶层与资源持有者，成为跨界资源交换的关键媒介。并且，弱关系不仅为个体开辟了信息获取的渠道，更重要的是，它开启了一扇通往丰富社会资源的大门。当个体通过弱关系网络利用这些资源时，这些关系网络本身就演变成获取资源的重要途径。因此，个人所拥有的弱关系越广泛多样，其社会资本的储备就越为丰厚，从而在社会资源的获取上展现出更大的潜力与优势。

托马斯·福特·布朗（Thomas F. Brown）将社会资本界定为一套社会网络内资源分配的机制，该机制依托于个人间关系的特定布局，并采用系统论的"要素—结构—环境"的三维分析框架，将社会资本划分为三个层面，即微观、中观和宏观层次的社会资本②。微观层面的社会资本聚焦于个体层面，视为个体自我嵌入社会网络的体现，主要体现为基于地缘、亲缘、业缘等人际互依关系的资源获取途径，个体通过这些社会纽带获得必要的社会资源。中观层面的社会资本则体现在组织内部的常规做法、习惯、不成文规则等非正式制度中，侧重于分析个人、企业、社区及团体等如何因其在社会结构中的特定位置而影响资源获取的便利性。宏观层面的社会资本主要包括广泛的国家制度、文化背景、政策导向和法律法规等，着重探讨社会资本网络如何与宏大的政治、经济、文化生态系统相融合，以及这种融合如何显著地影响和指导嵌入其中的社会资本运作，体现了宏

---

① 林南. 社会资本：关于社会结构与行动的理论 [M]. 张磊，译. 上海：上海人民出版社，2004.

② 布朗，木子西. 社会资本理论综述 [J]. 马克思主义与现实，2000（2）：41-46.

观环境对社会资本网络的强有力引导作用。布朗的系统论视角为缓解社会资本研究中常见的一系列二元对立问题提供了有益的理论洞察，有助于构建更为全面和深入的社会资本理解框架。

国内关于社会资本的正式研究始于 20 世纪 80 年代末 90 年代初，大致可分为三个阶段：第一阶段，研究主要从宽泛的经济文化维度展开，普遍认识到文化、信任、规范及制度要素在促进经济与社会发展中的核心价值，这一时期的研究为社会资本概念的初步奠定基础；第二阶段，研究视角逐渐聚焦于制度经济学，深入剖析了制度、规范及社会网络框架如何驱动经济社会的动态演进，此阶段的研究深化了对社会资本运作机制的认识；第三阶段，研究重心转向了社会网络关系的内在机理，学者们致力于探索适合我国国情的社会资本培育路径与策略，旨在构建系统的社会资本生成与优化模型，为推动社会资本的有效建设和利用提供了丰富的理论支撑与实证分析。总的来说，初期研究主要集中在对社会资本概念的探讨和阐述，以及企业社会资本的相关研究，国内学者多从个体和集体层次的角度或微观、中观和宏观的角度来定义社会资本。21 世纪初，受到国外实证研究潮流的影响，我国学者也开始了从社会网络关系的角度对社会资本的实证研究，如社会资本在经济增长、企业发展等方面的影响。

二、社会资本理论的主要内容

纵观学术界对社会资本定义的广泛探讨，一个显著共识已凸显：社会网络构成了社会资本的基石，几乎所有学者均强调社会资本与其所依附的特定社会关系网络之间存在着内在且不可或缺的联系。在此基础上，多数研究者都认同，社会资本本质上是一种具有价值潜能的资源，能够为持有者——无论是个体还是集体——带来实质性的收益。尽管在表达形式上，学者们对社会资本内涵的理解呈现出多样性，但基本上都包含了以下三项关键内容，其一，资源被嵌入于一种特定的社会结构中；其二，个体或组织具备获取此类社会资源的途径与资质；其三，能够通过有目的的行动策略，有效部署这些资源以达成既定目标。因此，镶嵌性、可获取性和行动导向性可被称为社会资本的"三要素"。总而言之，社会资本理论的精髓在于揭示，个人所处的社会网络及其所关联的广泛个体与集体构成了一个潜力无限的资源库，无论社会地位或背景如何，都能为个体追求特定目标的行动赋能，提供有价值的支持与助力。

1. 社会资本的分类

目前学界主要有三种关于社会资本的分类：一是 Gittelll 和 Vidal 将社会资本分为"桥接型社会资本"和"联接型社会资本"两类。"桥接型社会资本"关注的是那些嵌入在个人社会网络中的关系资源，如信息或者知识等，这种类型的社会资本的作用是在不同的社会主体之间建立一种类似桥梁的纽带机制，如不同社会经济地位的人群、不同种族和民族之间的关系等。"联接型社会资本"指的是存在于一个组织或者群体内部的资源，比如信任、责任、规范等，这些资源能够在不同主体之间产生粘合剂，使组织或群体内部的认同感增强，促进互惠和合作。如家庭成员之间、同一宗族之间的关系等。二是 Nahapiet 和 Ghoshal 根据嵌入性的观点，对社会资本进行了更加细致的划分，即结构维度社会资本、认知维度社会资本和关系维度社会资本①。"结构维度"主要是指社会关系和社会网络的结构，关注制度、规范及程序等社会网络的内部联系和结构特点，特别是社会网络的非人格化方面。"关系维度"是指在这些关系中影响人们行为的因素，是行动者在具体行动中建立起来的具体联系，主要关注人际信任和联结性等社会网络的关系特点，是网络的人格化方面，表现为长期互动过程中建立起来的人际认可、信任和依赖等。"认知维度"是指行为主体共享、能影响社会资本产生的因素，反映网络联系的认知质量，表现为共享的价值观、共同的愿景及语言文化等，是三个维度中的最高层次。由于社会资本的嵌入性，这三个层次是层层嵌套的，即认知维度直接作用于结构维度，并通过结构维度对关系维度发生作用。三是从宏观和微观的角度。宏观层面的社会资本紧密关联于社会组织结构与制度框架的构成，具体体现为国

---

① JANINE N, SUMANTRA G. Social capital, intellectual capital, and the organizational advantage [J]. Academy of management review, 1998, 23 (2)：242-266.

家的法律法规体系、权力分配的均衡状态、政治体制的特性及政策制定过程中公民参与的民主程度等关键要素。微观层面则聚焦于那些直接促进个体与群体发展的小型组织和社会网络，特别是这些网络内部所蕴含的价值观念、行为准则及文化规范等。

2. 社会资本的性质

社会资本作为资本的一个独特表现形态，自然而然地承袭了资本的本质属性，比如：一是生产性，生产性特征直接参与生产过程，作为不可或缺的生产要素，促进价值的创造与增值。它不仅融入生产活动，推动社会资本网络的自我扩张，还在此过程中为参与者带来实质性的经济收益。二是积累性，积累性表明社会资本具有在社会互动中不断增长的潜能。通过人际交往的频繁、信任关系的深化及社会规范的遵从与传播，社会资本得以在社会结构内部逐步积累，实现量与质的双重提升。三是规模效应性，规模效应性凸显了其在促进经济社会健康发展中的特殊价值。与小型或封闭的网络相比，规模宏大、开放互联的社会资本网络更能有效地促进资源的流动与整合，为经济的稳定增长和社会的良性运行提供更加稳固的基础。

当然除了具有资本的一般特征外，社会资本还具有一些自身独有的特征。一是无形性，社会资本存续于各种社会网络之中，在人们的后天活动中产生的，是一种看不见的，属于无形资产。二是不可转让性，社会资本嵌入于一定的社会网络，个体或集体对社会资源的获取也必然基于一定的社会网络，虽然个体可从社会网络中获取社会资源，但无法支配或控制其中的资源，社会资本总是与具体的个体或集体联系在一起，每个个体或集体拥有的社会资本都有其特定的适用范围，当社会资源依赖的社会网络消失时，社会资本也将不复存在。三是累积性，社会资本需要长期和连续的投入，社会资本会随着对它的使用而不断增加强化，如果运用得当，社会资本是具有高度生产性的，通过对社会资本的再生产能避免短缺。四是互惠性，社会资本存在于相互联系的社会网络之中，通过个体或集体的相互联系而发生作用，实现互惠共享。五是可传递性，社会资本的一个最关键特征就是信任的可传递性，即若甲信任乙，乙又信任丙，则甲也会因此信任丙，故在一个较大的社会网络中，行为主体无须个体间的直接接触也可以获得相互间的信任，这就体现了社会资本的传递性。

3. 社会资本的测量

由于学界对社会资本的概念尚未完全达成一致意见，社会资本的构成因素和表现形式又各种各样，这就在一定程度上给社会资本的测量增加了难度。即使如此，学者们仍对社会资本的测量进行了较多研究。韦恩·贝克（Baker）提出从个体社会关系网络的规模、结构、成分和侧重点四方面进行社会资本的测量，并指出社会关系网络规模若比较小、比较密集、成分多样性和成分不高，则社会资本比较侧重于内部关系。若社会关系网络规模比较大、不太密集、成分多样性程度高，则社会资本比较侧重于外部关系①。格兰诺维特（Granovetter）主要从互动频率、情感密度、相互信任程度和互惠交换四个方面进行社会资本的测量，这种测量方式对测量社会关系的亲密程度比较有效。国内学者边燕杰（2000）表示个体拥有的关系网络特性决定了社会资本，这主要取决于四个因素：网络规模的大小、网络顶端的高低、网络位差的大小和网络构成②。目前对社会资本的测量虽还没有达成共识，但社会资本是可以被测量的却已经成为共识。目前对社会资本进行测量多是以替代指标，或者是采用虚拟变量的形式，而对社会资本影响力的大小却相对难以衡量，并且研究者各自使用不同的替代指标将使得研究资料间的可比性不强。因此，今后如何更好地对社会资本进行科学测量还需进一步探索和努力③。

三、社会资本理论的实践应用

社会资本理论，作为阐释经济发展与社会进步的关键性理论，自被引

① 曾璨，陈宏军. 社会资本理论研究综述 [J]. 铜陵学院学报，2007（4）：25-30.
② 边燕杰，丘海雄. 企业的社会资本及其功效 [J]. 中国社会科学，2000（2）：87-99.
③ 黄锐. 社会资本理论综述 [J]. 首都经济贸易大学学报，2007（6）：84-91.

入学术研究以来，日益受到跨学科研究者的广泛关注与采纳，其深厚的解释力赢得了学术界的广泛赞誉。在社会学领域内，社会资本的概念被深度挖掘，用于剖析个体行动与社会结构之间的复杂关联，以及这些联系如何影响社会动态与个体福祉。经济学领域则倾向于聚焦社会资本如何作为催化剂，促进资源配置优化、增强合作机制，进而加速经济增长与市场效率的提升。社会资本的资源存在于个人或组织的社会联系的网络结构和内容之中，对个人或组织而言都是非常有益的，社会资本通过影响信息流动，进而影响和巩固社会关系网络，给个人或组织带来效益，从而有效促进社会进步和社会发展。

随着社会资本理论的不断发展，公共管理领域利用社会资本理论开展研究的文献也不断增多，其在公共管理领域中的应用着重于挖掘和利用社会关系网络及其蕴含的信任、规范和合作精神，以提升公共管理的治理效能。主要应用在社区治理、公共政策制定与执行、公共危机应对等方面。

第一，社区治理方面。近年来，在社会治理多元化的趋势下，社会资本理论在社区治理中的作用日益凸显。李诗隽等（2022）运用社会资本理论，基于个体性、群体性、情感性、制度性的社会资本特性，总结了精英式治理、第三方治理、合作式治理与契约式治理等社区治理模式，并指出社区社会资本的特性影响了社区治理模式，面对不同的公共治理事务，应因时制宜地增强不同维度的社区社会资本[1]。王永益（2013）指出社会资本理论所强调的普遍的信任、社会关系网络和共同的规范有助于从多重维度消解社区治理的"德性困境"，对促进社区活力和走向社区善治有着重要的启示性意义[2]。

第二，公共政策制定与执行方面。社会资本理论是公共政策过程科学性、有效性、准确性和公众参与性的前提。黄小青（2008）从社会资本产生的政治和经济效益角度，对公共政策产生延伸和补充作用，尝试提出了

---

① 李诗隽，王德新. 社会资本视域下新时代多元化社区治理模式研究 [J]. 兰州大学学报（社会科学版），2022, 50（3）：77-86.

② 王永益. 社区公共精神培育与社区和谐善治：基于社会资本的视角 [J]. 学海，2013（4）：101-106.

培育社会资本的途径与政策①。刘强强（2015）等指出社会资本在政策网络中对政策结果具有很大的说服力，可将社会资本作为政策网络中的关键变量，以寻求政策网络的完善途径②。

第三，公共危机应对方面。近年来，社会资本作为解决社会问题的重要分析工具和理论途径在公共危机治理中的应用日益广泛。社会资本蕴含的信任、互惠规范和关系网络等基本要素是公共危机治理中的一种重要资源，也是社会力量参与公共危机治理的前提和基础。在公共危机的治理中，要重视参与主体内部和参与主体之间的信任、互惠规范和社会网络建设，更要通过三者的良性互动，实现公共危机多元共同治理的目标。康伟（2014）等总结了社会资本视角下城市社区危机治理过程中存在的问题和困境，依据社会资本理论，从完善社区规范、增进社区信任、健全社区网络和塑造社区危机治理文化四个方面提出改进对策③。王磊（2021）从社会资本层面来分析了社会力量参与公共危机治理存在着参与主体间信任不足、互惠规范匮乏、治理网络缺失以及公共精神尚未形成等影响治理效果的问题，并从三个层面提出了解决路径④。

总的来说，社会资本理论在公共管理学科的应用实践中，核心目标在于通过精心构筑与优化社会网络，促进公共事务的协同管理，以期实现更高效能、更加公正且包容性的发展愿景。为此，越来越多的专家和学者已经深刻意识到，社会资本不仅是人力与物质资本成长的催化剂，更在企业知识创新、技术革新、运营效能乃至国家和地区经济繁盛、社会稳定与进步的征途上发挥着不可或缺的作用。因此，社会资本理论的问世，堪称社会科学界的一项里程碑式贡献，它颠覆了传统上仅聚焦物质与人力资本的

---

① 黄小青. 以社会资本为工具分析对公共政策的影响：从社会资本的政治、经济效益分析 [J]. 内蒙古农业大学学报（社会科学版），2008（4）：144-146.

② 刘强强，邱明红. 政策网络的理论审查和完善途径研究：基于社会资本的视角 [J]. 甘肃行政学院学报，2015（3）：52-61, 127.

③ 康伟，陈茜. 城市社区危机治理的社会资本路径探析 [J]. 学习与探索，2014（11）：40-42.

④ 王磊. 社会力量参与公共危机治理的路径探究：基于社会资本理论 [J]. 辽宁大学学报（哲学社会科学版），2021，49（2）：50-57, 185.

资本范式，着重凸显社会联系、信任及声誉等社会维度在社会经济发展中的关键作用，为深入剖析经济社会发展议题开辟了新的理论视野。诚然，作为一门迅速演进的新兴理论，社会资本理论尚有诸多方面待充实与调整，特别是在中西方的多元文化背景下，其表现形态与影响强度的差异性值得细致考量。鉴于此，中国学者非常有必要重视本土研究成果对社会资本理论的丰富与拓展。

第三节　交易成本理论

交易成本理论是新制度经济学的理论基础，最早提出"交易成本"概念的是美国制度经济学家罗纳德·科斯（Coase），此后肯尼斯·阿罗（Arrow）、奥利弗·威廉姆森（Williamson）、张五常等学者进一步发展和完善了该理论。很多学者从多元学科视角与不同研究维度，对交易成本进行了全面且深入的阐释。时至今日，交易成本理论已演化成为一套成熟而精细的理论体系，该理论根植于人类行为的复杂性，构成了一种深具人文底蕴的科研范式。交易成本作为一种相对概念，必须在与其他成本的对比下才能显现出来，它实质上是存在于交易活动之中，为界定和维护交易双方的权益而必须支付的一笔费用，包括人力、物力、财力、时间和精力的总和。交易成本理论聚焦的重心，在于分析交易双方在协商谈判、合同缔结及保证合约顺利实施所产生的成本，其理论内核尤为关注交易双方如何构筑有效的防御机制，以抵御交易对方可能采取的机会主义行为对其造成的潜在损害，并积极探索各种策略与途径，旨在最大限度地缩减交易成本。

一、交易成本理论的起源与发展

交易成本理论沿袭并发展了美国制度主义者约翰·罗杰斯·康芒斯（John R. Commons）关于"交易"的概念，康芒斯最早精确界定了"交易"概念的内涵和外延，并将此核心概念系统性地融入经济学的分析框架中，视其为理解经济活动中制度运作的基本单位。他创造性地划分了交易的三种基本模式：首先是买卖的交易，体现为平等主体间基于自愿的交换活动；其次是管理的交易，涉及组织内部上下层级间的指令与服从关系；最后是限额的交易，特指政府介入规范个人间交往的行为。这三种交易模式广泛涵盖了所有人与人之间的经济活动①。康芒斯的理论创新在于，他从纷繁复杂的人际交往现象中提炼出了"交易"这一高度概括性的概念，以此为纽带，将先前被视为各自独立的现象统一到一个分析框架下，揭示了不同经济制度不过是这三种基本交易模式以不同比例与方式组合构成的产物。这一理论进展为后续交易成本理论的发展奠定了坚实的基础。

罗纳德·科斯在 1937 年《企业的性质》一文中指出，交易成本即利用市场价格机制的费用，包括市场相对价格、谈判、签订合约及利用价格机制等其他方面产生的成本。虽然在这篇文章中，科斯还并没有真正使用"交易成本"这个词，但首次打破了以往认为交易成本为零的观念，提出了任何交易都会存在成本的问题，并将其引入经济分析中。随后在《社会成本问题》著作中，科斯首次正式明确使用了交易成本的概念，并对其内容进行了补充②。他将交易成本界定为一系列与交易过程紧密相关的费用总和，涵盖但不限于产权的测定、界定与保护，交易伙伴与价格的搜寻，谈判的进行，合同的制定与签署，以及对违约行为的监督、惩罚和整体交易秩序的维护。他进一步强调：为了确保市场交易的顺利，清晰了解交易双方的真实需求与意图至关重要，而这涉及通过议价谈判来明确交易条件，并监控合约的忠实履行等一系列成本耗费的活动。科斯指出，交易成本的降低直接促进交易的便捷实现；相反，高昂的交易成本则成为交易活动的绊脚石，甚至导致本可无须额外成本即可完成的交易无法达成。科斯的研究成果矫正了新古典经济学交易成本为零的假设前提，推动经济理论更贴近现实世界的复杂性，标志着理论发展的重大进步。尽管科斯有关交

---

① 柯武刚，史漫飞. 制度经济学：社会秩序与公共政策 [M]. 韩朝华，译. 北京：商务印书馆，2000.

② 科斯，阿尔钦，诺斯. 社会成本问题：财产权利与制度变迁 [M]. 刘守英，等译. 上海：上海三联书店，1994.

易成本理论的早期研究内容略显宽泛，实践操作层面的具体指导性不足，但是却为后续新制度经济学的蓬勃发展铺设了理论基石并指明了研究方向。

市场经济体系的本质在于其错综复杂的交易活动网络，而这一系列交易行为不可避免地伴随着显著的交易成本生成，进而可能对市场的健康发展构成潜在障碍。1969年，阿罗基于制度经济学的基本原理——即交易活动作为经济制度的构成基础，将交易成本诠释为"经济运行过程中内生的综合成本"[1]，此概念涵盖了利用经济制度本身所需的成本，具体涉及信息获取与甄别的成本、确立并维护财产权的排他性成本，以及设计与执行公共政策的相关成本。阿罗的这一定义，不仅深化了对交易成本本质的认识，也拓宽了其在经济分析中的应用范畴。威廉姆森（1985）以科斯的观点为基础，在对契约系统分析的基础上进一步发展和丰富了交易成本理论，是将交易成本理论发展壮大并成为经济学、管理学重要理论的最主要推动者。他的贡献在于，为科斯的交易成本理论引入了量化的维度与评估标准，他拓宽了交易成本理论的应用边界，促使其在众多研究领域中得到深化与拓展。他巧妙地将交易成本比喻为"经济领域中的摩擦力"[2]，这一生动比喻不仅贴切地描绘了交易成本在经济活动中的阻力效应，而且深刻揭示了其对于理解市场运作机制及优化资源配置过程的重要意义。他认为，交易产生于一种产品或服务在技术上不同界面的转移，为使交易契约得以顺利履行所做出的努力，如起草合同、谈判和签订合同等发生的费用，即为狭义的交易成本；而涵盖了所有与协商谈判、合同执行、信息获取及监督等活动相关的成本即为广义的交易成本。威廉姆森指出，交易成本理论的基本假设是契约人，契约人假设是相对于经济学中的经济人假设提出的。在交易过程中，契约人可通过各种各样的契约来实现他们交易的目的。

---

① ARROW K J. The organization of economic activity: issues pertinent to the choice of market versus nonmarket allocation [R]. U. S. Joint Economic Committee, 91st Congress, 1st Session, 1969 (1): 59-73.

② 威廉姆森. 资本主义经济制度：论企业签约与市场签约 [M]. 段毅才，王伟，译. 北京：商务印书馆，2017.

一般来说，契约人拥有两大核心行为特征，即有限理性和机会主义①。第一，有限理性。主要指个体的理性并不是无穷的，而是存在局限性，交易双方很难对未来可能发生的状况做出全面反应。主要表现在：一是信息的不完整性，属于客观存在的事实；二是交易双方在处理、加工、理解信息时的能力是有限的。当人们出现有限理性后，产生不确定行为的概率就会大大增加，这种行为的不确定性在不同的交易模式中就会扮演着不同的角色，这在不同程度上会制约着交易的顺利进行。若非受限于有限理性，任何外界干扰皆能预知并从容应对，促使交易双方适时调整策略以妥善应对。第二，机会主义。机会主义根植于人类追求个体利益最大化的天性之中，表现为交易参与者竭力在交易中谋取最大收益的普遍倾向。这种逐利的内在驱动即机会主义的本质，其外在表现形式多样，如道德风险与逆向选择等。在缺乏机会主义的情境下，双方可依赖通用规则进行协商，以期达成共识并形成双赢协议。但现实世界中机会主义的存在，容易导致欺诈与违约等不良行为，不仅令契约执行的交易成本陡增，还严重影响了市场的整体运作效率。简言之，有限理性的制约为机会主义行为空间提供了条件，而机会主义行为正是推高交易成本、增添市场复杂性的关键因素之一。

科斯对交易成本的开创性见解吸引了广泛学术瞩目与引用，尽管如此，该理论起初在实证研究与问题解决中的应用尚欠充分，主要原因在于科斯的论述未明确界定评估交易成本成因的各项量化指标。科斯虽然是交易成本理论的奠基人，但交易成本理论的进一步发展很大程度上归功于威廉姆森的卓越贡献。威廉姆森通过详尽分析，明确提出交易涉及的资产专用性、不确定性和交易发生频率是影响交易成本水平的因素②。

资产专用性，是指一项资产可调配用于其他用途的程度，或由其他人使用不会损失其生产价值的程度。资产的专用性越强，表明资产转移到其

① WILLIAMSON O E. Transaction cost economics：How it works；Where it is headed ［J］. Economist，1998，146：23-58.

② 王洪涛. 威廉姆森交易费用理论述评 ［J］. 经济经纬，2004 (4)：11-14.

他用途的能力就越差。可分为：地点的专用性、有形资产的专用性、人力资本专用性、奉献性资产的专用性、品牌资产的专用性等①。

交易的不确定性，分为内生的不确定性和外生的不确定性两类。内生的不确定性源自信息不对等的状况，即交易双方掌握的信息量和质量存在差异；相比之下，外生的不确定性源自自然界不可控的随机变动以及消费者偏好难以预知的变动，这些皆超出了个体或组织的直接控制范围。此外，还有一种特殊的不确定性源于人的行为本身，特别是机会主义行为引致的决策变动，这种由主观动机驱动的不确定性进一步加剧了预测和管理的复杂性。

交易发生频率，即交易实施的频次，是评估不同类型交易方式成本的重要考量因素。这意味着交易发生的频次越高，累积的交易成本总量往往越大，反之亦然。

通过此三个因素可以把交易分为不同的类型，从而使交易成本理论真正成为组织现象的一种分析工具。对有较高的资产专用性、不确定性、交易频率的交易而言，市场的交易成本是比较高的。为了能够使分析更加容易，威廉姆森表示，首先要假设交易的不确定性足够大，这就意味着必须能够做出连续的、合适的交易决策。这样就可以把分析集中在资产专用性和交易频率两个影响因素上。根据资产专用性的程度不同，可以把交易分为非专用交易、特定交易与混合交易。根据交易频率的不同，可以把交易分为一次性交易、重复交易与偶然交易。威廉姆森先排除了一次性交易，根据剩下的两种交易频率和三种资产专用性程度，提出了交易与治理结构匹配的六种交易类型②，确定了具体的六种交易类型后，交易治理的问题就变成了怎样才能使交易类型与契约类型相匹配的问题，怎样尽量降低所需的交易成本，从而实现利益最大化。据此，他提出了四种核心治理机制：市场治理、三边治理、双边治理和一体化治理。这四种机制分别与不

① WILLIAMSON O E. Transaction cost economics：the governance of contractual relations [J]. Journal of low and economics，1979，22（2）：233-261.
② 威廉姆森. 资本主义经济制度：论企业签约与市场签约 [M]. 段毅才，王伟，译. 北京：商务印书馆，2017.

同类型的契约模式相对应：市场治理与古典契约理念相符，三边治理适应于新古典契约理论，而双边治理和一体化治理与关系契约的理念相契合。通过这种契约类型与交易模式的精准配对，加之采用高效的治理机制，可以有效降低交易成本，进而实现最优的治理效能。威廉姆森进一步深化了对交易成本决定因素的探讨，他细致考察了人的行为特征、特定交易的特性，以及交易所在市场的环境条件，这一系列考量极大地丰富了交易成本理论的内容，展现出深远的理论意义与价值。

此外，威廉姆森运用组织结构分析的方法，建立了治理机制与交易特征之间的因果联系。他指出，任何人类社会的关系只要可以被描述为契约或合同问题，就可以用交易成本理论进行解释。他将交易成本用于组织分析的基础工具，还构建了交易分析的框架，他首次对离散组织结构进行比较研究的是制造—购买备选，以一对备选组织形式为观察对象，使原来无法直接衡量的交易成本成为实际应用。

在张五常《论新制度经济学》的著作中，他精辟地阐述了广义交易成本的范畴，囊括了所有非直接生产活动引发的成本，诸如信息搜寻与处理的开销、协商交涉的代价、合同制定与执行的费用，以及产权界定与维护、监管执行和体制结构调整的各类支出。他认为这些成本的产生根源于人类理性的局限、信息的不对称性，以及个体在经济活动中普遍追求效用最大化的本性①。之后他对企业内部机制的深入剖析，促使其对交易成本的理解进一步细化，将其界定为识别产品和服务价值、绩效评估的成本，以及协商过程中的议价成本和借助仲裁机制解决争端的费用。这一认识的演进，反映了他在理论探索中对交易成本复杂性的更深层次把握。

二、交易成本理论的主要内容

科斯在分析中指出，交易成本的构成多元且复杂，涉及诸多方面：获取市场信息的准确性所耗资源、持续的协商与契约成本、搜寻交易伙伴与确定合理价位的成本、议价的成本、合同的订立及其实施成本，以及维护

---

① 张五常. 经济解释：张五常经济论文选 [M]. 北京：商务印书馆，2000.

交易流程秩序的必要成本等。在《企业的性质》一文中，科斯明确界定了交易成本的三项核心组成部分。第一，发现相对价格的工作。在现实情境下，价格并非透明且预先设定，而是需要交易主体主动探寻并承担相应成本以明确。第二，谈判和签约的费用。谈判与合同安排的财务成本不容忽视，无论是协商解决矛盾、合同的拟定与执行，还是通过法律手段维护权益，均需消耗成本。第三，其他方面的不利因素。如采用长期合同虽能减少频繁重订短期合同的累加成本，但同时也引入了因未来不确定性带来的额外费用，体现了时间跨度对成本结构的双刃剑效应。

1. 交易成本的分类

1985年，威廉姆森在其著作《资本主义经济制度》一书中，对交易成本进行了细致划分，将其区分为缔约前的交易成本与缔约后的交易成本，也即事前交易成本和事后交易成本。事前交易成本涵盖了合同起草的成本、围绕合同条款进行的协商成本，以及确保合同可执行性所需的成本。事后交易成本主要涉及因交易偏离预期导致的合作失效成本、持续的议价成本、为解决合同争议而构建并维持治理架构的成本，以及确保各承诺得以实施的额外成本。事前交易成本的存在根源，在于交易双方对未来状况的不确定性，这要求双方在契约订立之初就必须界定清晰的权利、责任与义务框架，而这一界定过程本身即构成成本，其规模大小直接受制于初始产权界定的明晰程度。此外，交易成本的这两个阶段并非简单的前后相继，而是相互交织、互为条件的动态关系。事前与事后成本不仅同时作用于交易过程，还彼此影响，形成了一个复杂互动的成本结构框架，深刻体现了经济活动中的制度设计与执行成本的内在联系。

杨小凯（1998）依据交易过程中是否存在机会主义行为，将交易成本划分为两大类别，外生交易成本与内生交易成本。外生交易成本涉及交易双方在实际操作中直接遭遇或间接产生的费用，涵盖物流运输、仓储保管、延期交付引致的成本，交易执行的直接成本，以及税收等法定成本。而内生交易成本，则是指因机会主义行为导致的分工效率未能充分释放或资源配置偏离帕累托最优状态而产生的效率折损，如道德风险、逆向选择等，本质上反映了一种价值潜力未能充分实现的损失。

黄少安（2013）将交易成本划分为两大类，一是由制度框架本身构建与运行所产生的成本，二是该制度框架下实际交易操作中涉及的成本。进一步细分，第一类成本涵盖制定制度的初始投入、制度执行与运作期间的维持开销、制度监督与保障的成本，以及随外部环境变化所需的制度调整与变革的成本；第二类成本则聚焦于交易实践的微观层面，涉及交易各阶段中人力、物力与财力等各种资源的具体消耗，体现了从交易准备到完成整个链条上每一步骤的经济投入[①]。

2. 交易成本的测量

有关交易成本的测量，一直存在较多争议，虽然在学理上都承认交易成本的存在，但由于缺少一致的交易成本定义，具体度量方式也尚未统一，其量化途径依研究者关注焦点的不同而各异，导致对交易成本本质的理解亦呈现多样性，尚未形成共识，因此，当前交易成本的测量更多是作为一种工具，用于评判不同交易模式效率的相对高低，这也标志着经济分析的一个新兴研究方向。张五常（2009）认为，交易成本的计量价值在于能够在不同的时间与空间维度中进行相对优劣的比较。这意味着，交易成本的绝对数值并非评估的重点，关键在于其相对于其他条件下的比较结果。只要控制其他变量相同的情况下，无论何时何地，不同观测者均能一致认同两种成本状况的相对大小排序，那么便足以满足验证研究假设的需求。这一观点强调了交易成本比较分析的重要性[②]。

威廉姆森同样强调，交易成本测量的难度在于其定义的模糊性，这构成了直接量化前期与后期交易成本的障碍。然而，尽管直接计算这些成本面临困难，我们仍可通过比较不同制度安排间接评估交易成本，关键在于确定成本的相对大小，而非精确数值。假设 S1、S2 代表两套可选的制度安排，它们各自关联的交易成本分别为 C1 和 C2。据此逻辑，若 C1 低于 C2，则 S1 成为优选；反之，则 S2 更为适宜。还需注意，交易成本与交易

---

① 黄少安. 罗纳德·科斯与新古典制度经济学 [J]. 经济学动态, 2013 (11): 97-109.
② 张五常. 中国大陆的经济制度 [M]. 北京: 中信出版社, 2009.

效率之间存在着负相关关系：交易成本上升，交易效率下降；反之交易成本下降促进交易效率提升。交易效率特指在一定时间段内，一个经济体内部交易活动完成的速度快慢或效率高低。直接正面量化交易成本是一项复杂任务，但通过分析交易效率的表现，我们可以间接推断交易成本的高低，为理解这一复杂经济现象提供了一个可行的视角。

对交易成本进行管理的主要目的就是想方设法降低交易成本，降低交易成本主要涉及交易双方特质和交易情境两大因素，具体途径如下：第一，基于交易双方的特质因素，交易对象必须具备共同的价值观点，通过双方信息的交流，以达成理性的交易；通过建立长期的合作关系，使交易双方对交易有共同的期望，且相互信任，从而降低投机的心理，达到降低交易成本的目的。第二，基于交易情境的因素，通过改善交易环境，降低交易环境的不确定性和复杂性形成理性的交易行为，从而降低交易成本；第三，通过信息共享机制的建立，营造交易双方之间的信任气氛，以降低交易监督管理的成本。

从制度主义的角度审视，交易成本呈现双重属性，其一，为创建及维持制度运作所不可或缺的基础成本；其二，则是在既定经济体系下因效率低下而额外衍生的成本。因此在，应对交易成本问题时，应遵循两种逻辑路径：首先是致力于减少制度运行所固有的、不可避免的成本至最低限度；其次是优化现行制度框架，以期减少实际发生的交易成本。前者意在强调，尽管制度的建立伴随着必要的初期及持续运营成本，但缺乏制度将导致更高的交易成本。故此，目标应锁定于以最经济的方式设计和执行制度，确保制度创设与维护的成本效益最大化。后者则指向对现存制度功能与效率的深刻反思与改进，旨在通过制度创新或调整，替换现有较高的交易成本结构，以实现整体成本的缩减和经济活动效率的提升。简而言之，这两种策略共同致力于构建更为高效、低成本的制度环境，促进经济活动的顺畅运行。

三、交易成本理论的实践应用

历经多年的学术积淀与拓展，交易成本理论的边界不断延伸，已广泛渗透至公共部门及其他多元领域。它不仅成为经济学研究的有力工具，还深深植根于社会学等学科土壤之中，为各领域内复杂问题的解析提供了新颖的思路与视角。在公共管理领域，面对行动主体的有限理性、机会主义倾向、信息不对称的常态，以及决策与执行过程中固有的不确定性和复杂性，交易成本的普遍存在不容忽视。因此，交易成本理论在公共管理领域的应用，核心在于优化交互流程，力求减少各类交易中的成本损耗，提升管理效率与效能，为公共事务的高效治理开辟了新的理论路径与实践策略。

目前交易成本理论在公共管理领域中的应用主要体现为行政流程优化、公共政策制定与执行、公共服务购买等方面。第一，行政流程优化方面：公共组织通过流程优化、信息化改革等手段减少内部交易成本，从而提升公共服务的效能。胡业飞（2018）使用交易成本理论分析了议事协调机构的生存逻辑，认为议事协调机构的机制能够帮助牵头部门节省更多交易成本[①]。第二，公共政策制定与执行方面：公共政策制定过程中的交易成本可被看作是政策制定者在公共政策制定过程中所产生的"摩擦成本"。虽然其大小可以变化，但是必然要作为一种政策运行的摩擦力而存在。交易成本理论指导管理者评估不同交易成本下的政策选项，从而选择最优政策路径。傅广宛（2020）等将交易成本理论引入可燃冰开发中的海洋生态环境保护政策制定过程，指出在可燃冰开发的生态环境保护政策制定中，不同类型的交易成本需要强化还是弱化，不能一概而论[②]。第三，公共服务购买方面：公共服务购买是政府提供公共服务的常见形式之一，已经成为公共部门提供公共产品与服务的重要手段。政府购买服务的策略与制度安排，会受到交易成本的影响。黄新华（2013）认为公共服务是否外包取决于外包过程所产生的交易成本。为了降低交易成本，必须厘清公共服务合同外包中交易成本的构成，阐明交易成本的成因和治理机制，从而探究

---

① 胡业飞. 组织内协调机制选择与议事协调机构生存逻辑：一个组织理论的解释 [J]. 公共管理学报，2018，15（3）：27-38，155.

② 傅广宛，王倩，杨杨. 可燃冰开发中的海洋生态环境保护政策制定研究：以交易成本理论为分析视角 [J]. 湘潭大学学报（哲学社会科学版），2020，44（1）：17-22.

公共服务合同外包的决定性因素，深化对合同外包的本质及其治理机制的理解①。蓝剑平（2016）指出公共服务实施合同外包后，交易成本对于合同外包的绩效结果有着密切的关联，改革者必须对其加以慎重考量②。

总体来说，交易成本理论在公共管理领域的导入，其根本宗旨在于实现交易成本的有效管控与降低，尽管交易活动的本质决定了伴随其过程必然产生一定的成本。正是这种内在的、不可规避的交易成本特性，强调了在公共管理实践中对其加以重视和应对的必要性。因此，运用交易成本理论的实质目标，即探索并实施策略，以科学合理的方式减少交易成本，旨在强化社会秩序的稳定性和提升公共管理体系的效能，同时增进公共服务的质量与民众满意度，推动公共管理向更高效、更优质的层次迈进。

进一步而言，交易成本理论因其深刻的见解与广泛的适用性，吸引了跨学科的浓厚学术兴趣并产生了深远的影响。然而，伴随而来的是繁复多样的讨论，其间学科间理论融合的程度尚显不足，深度整合亦有待加强。虽然交易成本理论能够与不同学科广泛结合，成为考虑问题的角度与分析工具，但交易成本理论内在诸多核心概念及定义的共识缺失却成为一个明显瓶颈，特别是在评估机会主义行为与资产专用性等关键维度上，学界尚未能凝练出一套公认的度量准则，这一现状限制了研究成果的可比性与一致性解读，阻碍了该领域研究的深入整合与进步。此外，随着数字技术在各领域应用的不断深入，如人工智能、机器学习、大数据和区块链技术的发展，这些都会影响交易成本。交易成本理论也会被应用来解释各种新兴技术领域下的新现象，同时也可利用这些新现象去进一步拓展完善交易成本理论。数字技术发展势头迅猛，这会如何影响交易成本，进而影响社会合作方式的，这将是未来交易成本理论亟须回答的基本问题，期待未来交易成本理论可以随着数字技术的深入发展，应用于更多学科领域，促使交易成本理论的体系能够不断完善。

---

① 黄新华. 公共服务合同外包中的交易成本：构成、成因与治理 [J]. 学习与实践, 2013 (6)：71-78.

② 蓝剑平，詹国彬. 公共服务合同外包中的交易成本及其治理 [J]. 东南学术, 2016 (1)：128-136.

第四节　风险社会理论

"风险社会"的概念在公众话语中脱颖而出，很大程度上是由于前苏联切尔诺贝利核电站泄漏事故这一灾难性事件，引发了国际社会的深切关注。这一理论构想，实质上是在科技进步对社会发展的负面影响日益凸显的背景下，人们对现代化进程中积累的社会风险进行深刻反思的结果，揭示了风险在当代社会结构中的"内在化"表现形式。当前，世界正步入一个特征显著的风险社会新纪元，其特征在于普遍存在的不确定性，风险不再仅仅是偶发事件，而已然成为现代社会的标志性要素，深刻地重塑着人类的价值观念、行为模式乃至全球治理框架。风险社会理论是西方学者在现代化发展到一定阶段反思现代性危机的背景下提出的，是关于公共治理制度设计，关于责任、制度与伦理的强调，对全球风险社会治理具有重要的启示。

一、风险社会理论的起源与发展

1986 年，德国学者乌尔里希·贝克（Ulrich Beck）在其专著《风险社会：迈向一种新的现代性》中，首次提出了"风险社会"的概念，他深刻剖析了资本主义工业社会以科技理性、工具理性为主导产生的现代性风险，并指出风险是现代化的产物，风险与人们的各项决定紧密相连[1]。当今人类社会正从前工业社会向风险社会转变，且这一转变过程正在全球范围内悄悄地发生，"风险社会"也成为人们观察、理解、解释和分析现代社会的重要概念[2]。后来，贝克又发表了《风险时代的生态政治》《全球风险社会》《风险社会理论的修正》等著作和文章，对风险社会理论进行了

---

[1]　贝克，威尔姆斯. 自由与资本主义：与著名社会学家乌尔里希·贝克对话 [M]. 路国林，译. 杭州：浙江人民出版社，2001.

[2]　贝克. 风险社会 [M]. 何博闻，译. 南京：译林出版社，2004.

系统深入的研究，形成了他关于风险社会理论的基本框架。贝克提出"风险社会"的概念，正是基于对现代社会中风险的直觉感知及风险认知能力的不断提高，这一理论一经提出便引起了学者们的广泛关注。贝克从不同的角度反映了当今社会发展面临的众多问题与不确定性因素，他关注的风险不仅与个人有关，还和整个社会联系紧密。贝克的理论不仅在决策规则和政治实践中，而且也在主流社会体制的思想过程中揭示了各种风险发生的方式，这些都是必要的，因为后工业时代的生态矛盾和科技发展的冲突及其副作用都需要通过这一理论的解释。不可否认，贝克在理论层面的贡献在于他不仅开创性地提出并确立了一种新颖的分析框架，用以透视当代西方社会的现实状况，而且在实践层面，他也积极探索了在全球风险社会背景下，如何从政治维度构建有效的应对策略①。贝克以独到的分析视角，对西方社会现代性理论的内涵、现代化进程的路径、面临的挑战及潜在问题进行了全方位且深刻的剖析，由此构建起以"反思现代化"为中心的风险社会理论。这一理论不仅深刻揭示了现代性的复杂面向，还为理解世界的未来发展趋向及如何智慧地应对无处不在的风险提供了富有洞见的思考，为全球风险社会的研究和治理开辟了新的理论路径。

贝克风险社会理论的研究主要体现在三方面：一是反思现代化。反思现代化是风险社会理论的核心，现代化造就了工业社会的普遍繁荣，也同时破坏着工业社会赖以存在的社会基础，从而迫使现代社会由工业社会向风险社会转型。一味否定现代化进程只会阻碍社会发展的步伐，因此当前亟须的就是对工业社会和现代化自身的再现代化，称为反思现代化。通过反思现代化进而反思现代性，可以找到现代社会方向迷失、风险丛生、主体被风险意识包围的根本，这也正是贝克风险社会理论的主线和核心。对科学等理性思维采取积极反思而不是全盘否定、漠视的态度，是贝克反思现代化理论区别于后现代思潮的核心所在。二是对知识增长的依赖。首先，风险社会理论与知识的增长密不可分。今天我们所面临的许多不确定

---

① 杨善华，谢立中. 西方社会学理论：下卷［M］. 北京：北京大学出版社，2006.

性正是由人类知识增长创造出来的①。在风险是如何被生产出来的问题上，贝克特别强调了风险生产对于知识的依赖。其次，从风险被认识和被界定的角度看，不可忽视知识和大众媒体在其中起到的关键性作用。最后，对发达的工业现代性的危险的反思，最终也是在知识的前提下催生了政治动力②。三是工业社会向风险社会的过渡。风险社会是一个现代概念。它以各种决策为前提条件，并且努力使文明社会各种决策所产生的无法预见的后果变得能够预见和能够控制③。

贝克将人类社会演进历程中的风险划分为三大类别：前工业社会的风险、工业社会的风险，以及标志性的风险社会风险，这些风险分别映射出三种现代性模式：前现代性、简单现代性和自反性现代性④。前工业社会的风险源于自然界无法抵御的力量，尤其是那些威胁农业生产安全的自然灾害；进入工业社会阶段，风险则更多体现为保险业所关注的对象，涵盖了工业化进程中可能遭遇的生产事故、个人伤害以及由失业引发的社会经济困境等。这一时期的风险特征在于，其发生概率可被量化预测，经济损失能够通过经济补偿手段得以缓解，并且通过技术创新和管理优化得以预防。至于风险社会特有的风险，它构成了反思现代性的核心要素，实质上是对现代性自身产生的一种反噬，提出了现代性内部的根本性议题：现代性如何孕育出"风险社会"这一独特现象，以及如何在这一背景下寻求可持续发展的路径，以避免风险社会的负面后果，实现社会的健康再生。

贝克的风险社会理论，其远不止于揭示一个危机四伏的社会景象，更在于借助这一理论框架，对西方社会的现代性困境提出深刻的剖析与治疗方案。在贝克（Beck）与吉登斯（Giddens）、拉什（Lash）所合著的《自反性现代化》序言中，他们清晰阐述了风险社会理论的深层意图：长久以来，现代性与后现代性的辩论僵持不下，令人厌倦且成效甚微。不论采用

---

① 贝克，吉登斯，拉什. 自反性现代化 [M]. 赵文书，译. 北京：商务印书馆，2001.

② 贝克. 欧洲：反思的现代化 [J]. 章国锋，译. 马克思主义与现实，2006（1）：136-144.

③ 贝克. 世界风险社会：失语状态下的思考 [J]. 张世鹏，译. 当代世界与社会主义，2004（2）：88-89.

④ 刘岩. 风险社会理论新探 [M]. 北京：中国社会科学出版社，2008.

何种表述，自反性现代化的理念旨在打破此类辩论对概念创新的限制，开拓理论视野①。贝克风险社会理论的深刻洞察，在于将风险社会的兴起与对现代性的深刻反思紧密结合，视之为传统现代性或工业现代化逻辑的必然结果。该理论的最大贡献，在于提供了一个全新视角，使人们能够更深入地洞察当代社会的本质，详尽分析当前社会问题及其根源，并提出针对性的解决方案，极大丰富了学术界对风险社会问题的认知。其理论视角拓宽了学者们的思维，为正确理解当今世界图景及进一步深化风险社会理论研究开辟了重要的思想通道。因此，贝克的风险社会理论无疑具有重大的理论价值与深远的影响。

贝克的风险社会理论向我们发出警醒，揭示了一个充满风险的社会现实，促使个体重新评价价值观与生活模式，增强了社会整体的风险防范意识。它敦促政策制定者建立健全风险防控机制，以提升现代社会应对各类风险的效能与韧性，确保公众享有更加安全的生活环境，从而彰显了其重大的现实意义。自"风险社会"概念与理论框架问世以来，其影响力在社会学、公共管理和政策研究等多个领域日益增长，获得了广泛的认可。学者们普遍认为，风险社会理论精准描绘并剖析了当代社会结构的本质特征，为深入理解现代社会的发展轨迹与现代化进程提供了一个新颖的分析视角，并引发了有关政策制定的宝贵的思考，丰富了对策研究的内涵与实践路径。

继贝克之后，英国社会学家安东尼·吉登斯通过一系列经典之作——《现代性的后果》《现代性与自我认同》《失控的世界》，对风险社会的概念进行了深化与拓展探究。吉登斯运用历史与逻辑双重视角，细腻剖析了风险社会的演变脉络与当代特质，极大促进了该理论的成熟与完善。在其著述中，他鲜明地提出"风险性乃现代性的内在构成"之论断，将风险社会视作现代性不可或缺的结果②。此举不仅深化了风险社会理论探讨的维度，还显著增强了理论的现实关照性，促使风险社会理论在欧美学界引起

① 邱仁富. 论马克思主义中国化的基本维度与话语建构 [J]. 党政论坛, 2009 (9)：14-16.
② 吉登斯. 失控的世界 [M]. 周红云, 译. 南昌：江西人民出版社, 2001.

热烈反响，并逐步扩散至全球学术视野中。吉登斯的工作超越了单纯的风险描述，而是从现代化的动态变迁与核心内涵出发，将风险嵌入现代化进程的框架内，实现了对现代性概念的重构与再阐释。

吉登斯指出，风险社会实际上指的是由于全球化的发展和科学技术的进步，使当今社会面临着与传统社会不同的风险和不确定因素的社会特性，它是现代性发展的结果。他认为风险社会不仅仅意味着社会中风险不断涌现，更重要的是根据规避风险的原则来组织社会，风险社会是关注人类安全未来的社会。

吉登斯从现代性的三大动力来源角度剖析了风险社会的形成原理：一是时空分离的特性使得时间统一标准化及空间无限扩展，为风险社会形成提供前提；二是脱域机制的抽离性为风险社会的轮廓提供了现实基础；三是知识实践的反思性运用使得知识权威开始衰微和消解。他明确地区分了风险的两种基本形态：外源性风险与人为性风险。外源性风险源自自然或传统因素的稳定性与恒常性，是超出人类控制范围的，只能被动承受的外界威胁①。人为构造风险，或称为人造风险，则是随着人类知识的增长和技术的进步，对自然界与社会进行干预所导致的新型风险，这类风险在历史上鲜有先例，缺乏应对经验，是人类活动对自然和社会环境改造的直接结果。他认为，在传统工业社会及更早时期，社会面临的主要是外源性风险。然而，进入现代社会后，人造风险逐渐占据主导地位，成为社会关切的核心。这一转变标志着社会性质的深刻变化，即社会进入了风险社会的新纪元，其中，人类自身的行为与决策成为风险生成的主要源头。吉登斯认为在全球化的背景下当代社会的风险更具全球性、社会性和人为性。在对现代性的反思上，吉登斯同样主张"制度的自反性"②，吉登斯更重视由社会制度带来的风险，认为现代性的四种制度性维度都存在着严重的风险，第一是经济增长机制崩溃的风险；第二是监督和极权增长的风险；第三是自然生态的破坏和由此带来的灾难的风险；第四是核冲突和大规模战

① 吉登斯. 失控的世界 [M]. 周红云, 译. 南昌: 江西人民出版社, 2001.
② 贝克, 古登斯, 拉什. 自反性现代化 [M]. 赵文书, 译. 北京: 商务印书馆, 2001.

争的风险①。吉登斯的风险社会理论的特色在于：吉登斯比贝克的理论更加微观细致，他分析了风险社会对个人的生活所产生的影响，能直接推导出更多的具有操作性的政策措施②，吉登斯看来，我们生活在一种机遇与风险时刻存在的世界中。

如果说贝克是风险社会理论的奠基人，那么吉登斯则是这一理论向全球拓展的关键推手，他的研究显著增强了风险社会理论的国际影响力，促使该议题跃升为一个全球性的讨论焦点。贝克与吉登斯，作为制度主义视角下风险社会理论的两大巨擘，他们的理论构筑共同根植于对现代性深刻的反省之中，他们认为风险现象的本质是现代性逻辑不可避免的产物，强调风险社会固有的不确定性及其潜在的颠覆力量。因此，解决之道不在于简单摒弃现代制度体系，而是在于对其实施深刻的反思性改革，旨在通过制度层面的自我审视、自我调整与革新，实现对现代性缺陷的修正与超越。风险社会理论为我们提供了一种新颖的视角，用以全面审视现代化进程的多维面向，并构成了社会理论演进中一个不可或缺的理论背景与话语场域。

德国社会学家卢曼（Luhmann）深刻指出，风险已成为我们日常生活和生产活动中不可或缺的组成元素，无所不在，随时相伴。它不仅源自自然环境和制度环境的不确定性，也蕴含于集体及个人的每一次决策、选择和行动之中。基于观察理论，卢曼区分了学术界对风险研究的两种不同取向：第一种是"一阶观察者"，这一视角侧重于从客观现实中直接辨识风险的存在，即卢曼所谓的"一阶观察的风险研究取向"，这类观察者力求从数据和事实中提炼风险的真实面貌。第二种是"二阶观察者"，其核心在于分析和理解一阶观察者如何感知与诠释风险，卢曼将其定义为"二阶观察的风险研究取向"。二阶观察者意识到，即便面对相同的客观事实，不同的观察者也会基于各自的主观认知框架和心智模型，得出相异的风险评估结果，强调了风险认知的主观性和情境依赖性。社会系统内部的沟通

① 吉登斯. 现代性的后果 [M]. 田禾，译. 南京：译林出版社，2000.
② 李培林，李强，马戎. 社会学与中国社会 [M]. 北京：社会科学文献出版社，2008.

机制自然携带风险意识，系统会通过"风险沟通"这一过程，评估引入新元素是否能减少系统与外部环境间的复杂性差距，从而降低潜在风险。社会系统对沟通中固有的风险有所预见，因此，风险沟通的本质在于预先防范可能的损害，旨在通过有效沟通策略最小化风险发生的概率和影响，体现了社会系统对风险的主动管理和适应策略。

英国学者斯科特·拉什等人敏锐地洞察到，科技进步的加速与随之而来的复杂风险管控机制，正孕育着一种跨越社会边界的、对全人类构成潜在威胁的重大危机，预示着风险文化时代的到来。他们从文化反思的维度出发，对风险社会理论进行了深化与扩充。相较于贝克提出的"风险社会"概念，风险文化这一理论框架在全球化的语境中更广泛地渗入社会的各个层面，使得不确定性、受监控和认知的关注点——风险，变得日益普遍且显著，同时标志着一种新的安全文化形态的兴起。这一理论拓展，将风险社会的研究维度引入文化领域，标志着该理论研究迈入了一个崭新阶段①。风险，作为心理认知的产物，在不同文化脉络中拥有各异的阐释语汇，各社会群体对于风险的反应亦承载着各自的理想图景，故而风险在当代社会的凸显，更多地体现为一种文化现象，而非纯粹的社会结构问题。风险文化着重强调文化在认知风险中的作用，倡导共有的文化价值观在应对风险社会中的积极作用。于是，在风险文化盛行的当下，人们的首要任务依然是积极主动地识别、解决风险，这包括防范科技迅猛发展可能引起的环境风险等。因此，拉什等人倡议树立明确的理想和信念，将风险文化作为指导思想，以积极的姿态应对和解决风险文化所面临的种种现实挑战。

二、风险社会理论的主要内容

按照贝克的界定，"风险社会"是一个综合概念，涉及社会、经济、政治与文化多个维度，其特征在于日益增长的人造不确定性，这些因素共同推动着社会结构、制度及人际关系向更高程度的复杂性、偶然性和分散

---

① 拉什. 风险社会与风险文化 [J]. 王武龙，译. 马克思主义与现实，2002（4）：52-63.

性转变。贝克的风险社会理论是在全球化背景下提出的，他深刻洞察到全球化进程背后潜藏的风险景观，以及资本主义发展模式下日益凸显的风险实况，进而将"风险社会"的理论框架拓展至"全球风险社会"的范畴。他的核心论点强调，风险已内化为我们生活与生产的各个方面，是无处不在且不可避免的常见现象，其彻底消除虽不可能，但通过管理与控制，可以减轻其影响，降低发生频率与强度。当前社会的一大特质便是高风险环境的普遍性，全球正悄然经历着向风险社会的转型。科学技术的迅猛发展，虽为全球社会带来前所未有的繁荣与进步，却也伴随着众多未曾预料的副作用与负面结果，凸显了风险管理与风险意识提升的紧迫性[①]。

风险社会理论生动而丰富，其风险独特性构成了风险社会理论的重要内涵。一是从风险的来源和表现形式看，当代社会风险具有人为性。贝克认为，风险是人为风险和人们制造出来的。当代社会风险与人的各项决定紧密相连，产生于人的行为[②]。吉登斯认为被制造出的风险应是人们担心的最主要风险，人造风险已经渗透到我们日常生活的各个方面，他指出全球化背景下当代社会风险更具全球性、人为性[③]，风险社会所潜伏的风险远远超出我们的想象。二是从风险的范围和程度看，当代社会风险具有全球性。贝克和吉登斯指出，人类社会正在经历一场深刻根本性的变革，这种变革向以启蒙运动为基础的现代性提出了挑战，并且开辟了一个全新的全球风险社会时代。现代化风险的危害程度也不同以往。风险的危害已经超越国家边界。三是从风险的历史变迁看，当代社会风险具有二元性。一方面，风险具有不确定性、复杂性，会对社会产生巨大的破坏性；另一方面，风险又是当代社会创新的动力源泉，是促进科技发展、社会进步的助推器。可见风险不光有不确定性和破坏性，也蕴含着继续进取的机会。

风险社会理论的核心观点指出，科技进步的加速与全球化的不断深化正引领人类社会步入一个前所未有的"风险社会"新纪元。相较于传统的

---

① 贝克. 风险社会 [M]. 何博闻，译. 南京：译林出版社，2004.

② 贝克，威尔姆斯. 自由与资本主义：与著名社会学家乌尔里希·贝克对话 [M]. 路国林，译. 杭州：浙江人民出版社，2001.

③ 古登斯. 失控的世界 [M]. 周红云，译. 南昌：江西人民出版社，2001.

风险形态，当代风险社会在本质属性、表现形式及影响层面均展现出显著差异，表现为更高的不可预测性、更强的复杂度与更深远的波及范围，其潜在的破坏力亦更为巨大，对社会构成空前的挑战。其特征如下：一是全球性。"风险社会"是一种全球性的、长期性的现代化产物，随着科技的进步，社会之间、事件之间从空间和时间上都得到了广泛的延伸，人与人之间的联系越来越紧密。二是内生性。即风险的产生来自现代化内部，具有内生性的特点。贝克也认为，风险是现代化的直接产物，是现代性的一个特定阶段。三是整体性。贝克一再强调"风险社会"是现代化的特定阶段的产物。风险的危害不仅仅是对人类生活的单个方面，而是全方位的危害，同时，风险产生的后果也是复杂的。四是不确定性。在风险社会下很多因素都具有不确定性。任何风险的形成都可能是由多种因素、多种主体所引发的，风险的制造主体确定不下来，这就很难确定风险是怎么引起的，具有难以预测性。五是双重性。风险社会的风险既有积极影响又有消极影响。在应对风险时，人们通过对风险进行预警和规避，再加上妥当处理，风险可能会转化为机遇。如果采取不恰当的应对方式，风险所带来的后果不在我们可控制范围内，甚至演变为灾难。六是建构性。建构性是指风险可以随意被社会界定和建构，因为风险意识的核心在于未来，人们的经验受到未来的、不可见的风险的制约。

三、风险社会理论的实践应用

贝克明确指出，人类社会已步入风险社会的新阶段，这一特征成为现代社会的显著标识。针对风险的潜在威胁，贝克着重呼吁增强全社会的风险认知，保持高度的警觉与前瞻性，预先准备，以增强抵御与缓解风险的能力，最大限度地减轻风险带来的不利影响。风险社会理论的引入，深化了我们对当下社会结构与动态的洞察，给政府政策与制度的制定带来重要启示，促使其更加适应风险社会的需求。人们日益意识到，科学合理的风险管理策略与系统的治理方法对于保障社会经济的健康发展、社会稳定和谐以及文化和科技的繁荣进步至关重要。在风险社会理论的观点下，传统的风险管理机制显现其局限性，亟须构建一套适应风险社会特性的新型风险管理框架，以更好地应对挑战，护航社会的可持续发展。风险社会的高度复杂性和深度不确定性给公共管理的高效治理带来了巨大的挑战，风险社会理论与公共管理的结合，意味着公共管理在面对高度不确定性和复杂性风险的时代背景下，必须调整其管理和治理策略。在公共管理领域，风险社会理论的应用主要在公共危机管理、社会治理创新、信息公开等方面。

（1）公共危机管理方面

风险社会理论揭示了现代社会中风险的扩散性和不可预测性，要求公共管理部门提前预警、防范未知风险，并构建灵活、快速反应的风险管理体系。钟莉根据风险的多维度治理思路，表示我国政府公共危机管理能力的提升必须从多角度、多方向来考虑，采取多种有效的措施来提升公共危机管理能力[①]。马万华和张颀（2021）运用风险社会理论分析了新冠肺炎疫情对国际学生流动的影响，提出把握好风险蕴含的格局变动契机，从危机管理转向战略制定，争取未来在国际学生流动竞争中占据有利地位[②]。

（2）社会治理创新方面

风险社会理论倡导的网络化、多元化治理理念，有利于公共管理创新治理体系，整合各方力量共同应对复杂风险挑战。邓剑伟表示通过风险社会理论来研究城市基本公共服务供给机制问题，有助于深化基本公共服务供给的研究和推进"服务型"政府建设，同时在重新构建城市基本公共服务供给机制的基础上，还要加强相关制度设计，从而更好地发挥基本公共服务供给在应对"风险社会"方面的作用[③]。徐艳玲和赵萍（2013）分析了基于西方风险社会理论情景下中国社会管理创新面临的困境，并提出了

---

① 钟莉. 政府公共危机管理能力的提升：基于风险社会理论的视角 [J]. 行政论坛，2009，16（4）：17-19.

② 马万华，张颀. 新冠疫情对国际学生流动的影响与我国的策略选择：风险社会理论视角 [J]. 高校教育管理，2021，15（1）：1-9.

③ 邓剑伟. "风险社会"理论视角下城市基本公共服务供给机制研究 [J]. 成都行政学院学报，2010（2）：23-26.

解决之道①。

（3）信息公开方面

风险社会理论强调了信息公开和公众参与的重要性，公共管理应积极推动公众了解风险信息，参与到风险决策和管理过程中，以增强公众的安全感和社会稳定性。吉龙华和安树昆（2011）从风险社会的视角审视，认为利益分化和制度缺失是我国群体性事件产生重要的原因，提出防范群体性事件的重要途径是建立各个社会阶层的成员充分、有效参与的利益协调机制②。总之，风险社会理论为公共管理提供了一种全新的分析视角和行动框架，促使公共管理不仅要关注日常的行政事务，更要关注潜在的社会风险和危机，要求管理者改变过去传统的线性因果思维，转向更为复杂和开放的风险管理模式，以更好地应对现代社会中的不确定性与风险挑战。

风险社会理论的兴起实质上是对现代性本质的深刻反思与批判，它提供了一个新颖的理论范式，用以透视当代社会发展的种种问题，恰是对时代诉求的积极响应。该理论的首要贡献在于，它促使我们借助对风险、灾难及社会动态的深入分析，重新构建现代性理论框架③，不仅激发了对层出不穷当代风险议题的广泛探讨，还激活了公众的想象，敏锐且精细地捕捉了信息化时代的生活体验，触及了个体内心深处对于科技进步、工业化成就、资本主义体系、消费主义以及政治转型等背后的隐忧。此外，该理论深入剖析了危机表象之下蕴含的社会文化意涵与制度根基④。但风险社会理论并未能深入揭示当代社会风险的根源，这也是以后需要着重关注的议题。

---

① 徐艳玲，赵萍. 西方风险社会理论语境下中国社会管理创新的困境与出路 [J]. 当代世界与社会主义，2013（1）：18-22.

② 吉龙华，安树昆. 群体性事件的风险社会理论分析 [J]. 云南行政学院学报，2011，13（4）：125-128.

③ 周战超. 当代西方风险社会理论研究引论 [C] //薛晓源，周战超. 全球化与风险社会. 北京：社会科学文献出版社，2005：30.

④ 亚当，贝克，龙. 风险社会及其超越 [M]. 赵延东，马缨，等译. 北京：北京出版社，2005.

后记

本书的写作，历经两年时光。在撰写《公共管理热点理论：概要与实践》这本书的过程中，我们深感荣幸能有机会深入探索并剖析这一领域内的重要理论和前沿动态。此书不仅是对公共管理学界诸多卓越研究成果的梳理与提炼，更是我们作为公共管理专业学子的一次深刻学习。

回顾整个写作过程，我们力求以客观、全面的视角梳理、总结从公共选择理论至多源流理论等一系列国内公共管理学界广泛应用的重要理论，试图展现这些理论的总体样貌，包括其诞生背景、核心内涵、演变轨迹、实际应用以及存在的争议与挑战等。在此过程中，我们深刻体会到公共管理理论并非孤立于社会现象之外的抽象理论，它关乎国计民生，牵涉社会公正，是推动社会进步的重要力量。

本书的出版需要感谢在热点理论选取方法、文献资料收集整理、书籍具体写作中给予无私帮助和支持的同仁、朋友，以及西南财经大学出版社的编辑们在稿件审阅中提出的宝贵意见。

公共管理领域的发展日新月异，理论研究永不停歇。书中所述的各种理论虽已力求与时俱进，但仍可能无法完全捕捉到相关理论的最新动态和变化趋势，本书只能算是对众多热点理论的初步整理与呈现。同时，由于我们的理论功底有限，对于理论的总结与阐述可能过于粗糙，因此，恳请读者朋友不吝指正，我们定虚心接受。

作者

2024 年 4 月